BIM 技术推动下的
祁婺高速公路建设数字化转型

Digital Transformation of Qiwu Expressway
Construction Driven by BIM Technology

习明星 肖 斌 刘 安 等著

东南大学出版社
SOUTHEAST UNIVERSITY PRESS
·南京·

图书在版编目(CIP)数据

BIM 技术推动下的祁婺高速公路建设数字化转型 / 习明星等著. — 南京：东南大学出版社，2023.12

ISBN 978-7-5766-1210-3

Ⅰ. ①B… Ⅱ. ①习… Ⅲ. ①高速公路—道路建设—数字化—研究—婺源县 Ⅳ. ①U412.36

中国国家版本馆 CIP 数据核字(2024)第 025361 号

责任编辑：魏晓平　责任校对：韩小亮　封面设计：毕　真　责任印制：周荣虎

BIM 技术推动下的祁婺高速公路建设数字化转型

著　　者	习明星　肖　斌　刘　安等
出版发行	东南大学出版社
社　　址	南京市四牌楼 2 号　邮编：210096　电话：025 - 83793330
出 版 人	白云飞
网　　址	http://www.seupress.com
电子邮箱	press@seupress.com
经　　销	全国各地新华书店
印　　刷	广东虎彩云印刷有限公司
开　　本	787 mm×1 092 mm　1/16
印　　张	22.5
字　　数	516 千字
版　　次	2023 年 12 月第 1 版
印　　次	2023 年 12 月第 1 次印刷
书　　号	ISBN 978-7-5766-1210-3
定　　价	78.00 元

(本社图书若有印装质量问题，请直接与营销部联系。电话：025 - 83791830)

撰写委员会

江西交通咨询有限公司：
习明星　刘　安　邵志超　胡勇勇　万先军
刘　军　陶宣斌　曹胜华　邹军建

江苏狄诺尼信息技术有限责任公司：
肖　斌　梁进军　朱　强　董　磊　姜　军
李明阳　肖志凡　杨文标　柳　放　张　燕

中交公路规划设计院有限公司：
周彦涛　齐一男　王　淼　步永洁　李　聪

江西锦路科技开发有限公司：
沈　阳　卢金勤　傅清丁　杨　明　程　强

序 PREFACE

新时代背景下，数字化浪潮不断地冲击着各行各业，数字化技术已成为高质量发展的利器，数字经济驱动企业数字化转型。交通行业作为国民经济的基础性支柱产业，面临着前所未有的挑战和机遇。

建筑信息模型（Buildign Information Modeling，BIM）不是简单地将数字信息进行集成，而是一种集数字感知、数字处理、数字建模、数字分析、数字应用于一体，并可以应用于公路工程设计、建造、养护、管理与运营，从而促进公路交通效率提升、流程优化、降本增效的数字化方法。

BIM技术的推广和应用，离不开政策、市场和技术等多方面的推动。首先，国家政策大力支持BIM技术的发展，为数字化转型提供了政策保障；其次，市场竞争的加剧，促使企业不断寻求创新和突破，以获得更大的竞争优势；最后，技术的不断进步，为数字化转型提供了强有力的支持。交通运输部《关于推进公路数字化转型 加快智慧公路建设发展的意见》的出台表明，数字化转型不仅是当前的趋势，更是未来的方向。

江西省祁婺高速公路建设项目是江西省第一批公路水运工程BIM技术应用示范项目。BIM技术贯穿于该项目设计、施工、运维等各个环节。通过建立三维模型，祁婺高速公路建设项目实现了公路建设全周期、全过程、全要素的数字化管理和协同工作,实现了各专业之间的信息共享和协同作业,提高了建设效率和质量。祁婺高速公路建设项目在推动数字化转型、建设管理方式变革和项目转型升级的同时,也获得了可喜的成绩,其 BIM 系列成果获得了国家级和省部级奖项 20 余项。

《BIM 技术推动下的祁婺高速公路建设数字化转型》一书,针对祁婺高速公路建设,从 BIM 顶层设计、标准体系、技术实施、应用交付以及数字化平台等方面进行系统性的梳理、归纳和总结,印证了工程数字化建设不仅只是一场技术变革,更是提升决策质量、提高企业核心竞争力的重要途径,对于公路交通交流探讨、技术推广和数字化建设具有非常重大的意义。

未来,高速公路建设的数字化转型将持续深化,通过与 5G、物联网、云计算、大数据、人工智能等其他先进技术深度融合,将实现更加智能化、精细化的建设与管理。

通过阅读本书,读者可以了解数字化转型的重要性和发展趋势,获得公路交通建设和自身职业发展的有益启示和参考。

全国工程勘察设计大师

前言

BIM技术作为当前信息时代背景下工程建设行业的二次革命，吸引全球政府、学者及工程行业从业者的广泛关注。近年来，我国相继出台政策加大BIM推广力度。习近平总书记指出要"加快推动数字产业化，依靠信息技术创新驱动"，住房和城乡建设部、国家发展改革委、科技部等13部门于2020年联合印发《关于推动智能建造与建筑工业化协同发展的指导意见》，重点强调在建造全过程加大建筑信息模型（BIM）、互联网、物联网等技术应用。地方各省市相继出台BIM推广应用政策文件，旨在推动BIM技术进一步应用普及。BIM技术如何在交通建设全寿命周期中持续发挥推动作用，是我们需要共同思考的问题。

为了发挥现代信息技术在工程管理中的作用，贯彻实施《交通运输信息化"十三五"发展规划》，2017年，交通运输部办公厅发布《交通运输部办公厅关于开展公路BIM技术应用示范工程建设的通知》（交办公路函〔2017〕1283号），要求在公路项目设计、施工、养护、运营管理全过程开展BIM技术应用示范，或围绕项目管理各阶段开展BIM技术专项示范工作。2018年，江西省交通运输厅开展第一批公路水运建设工程BIM技术推广应用试点项目，德州至上饶高速公路赣皖界至婺源段新建工程（以下简称祁婺高速）作为第一批高速公路的BIM技术应用试点项目,开展了一系列的设计、施工阶段的BIM技术应用。

山区高速公路BIM技术最大的优势就是时效性和直观性。在施工过程中利用BIM技术可实现质量安全进度的实时监控,直观地了解工程进展情况;通过与传感技术的结合,还能时时有效地对如大体积混凝土施工进行温度控制,对高边坡、隧道、桥梁施工进行监控,减少人为错误,确保施工过程中的质量安全,从而整体上对整个高速公路施工建设工程的质量安全作出保证;并能及时发现问题,分析解决方案,直观上协调各专业施工,从而在整体水平上加强质量安全进度管理,提升建设施工水平。

全书撰写过程中,江苏华宁工程咨询有限公司章剑青先生、南京林业大学李强先生、北京道桥碧目新技术有限公司陈倬先生、南京紫城工程设计有限公司陈国佳先生、江西省交通设计院陈国先生给予了大力帮助,再次表示感谢。

限于作者的水平和经验,书中难免有疏漏之处,敬请读者批评指正。

江西交通咨询有限公司
江苏狄诺尼信息技术有限责任公司

目录

1 绪论 ······ 001
　1.1　BIM 技术的现状及分析 ······ 002
　1.2　祁婺高速建设概况 ······ 015
　1.3　祁婺高速 BIM 应用背景 ······ 016
　1.4　祁婺高速 BIM 应用需求 ······ 020
　1.5　祁婺高速 BIM 应用特点 ······ 028

2 BIM 应用顶层设计 ······ 031
　2.1　BIM 技术实施总体规划 ······ 032
　2.2　BIM 技术应用范围 ······ 036
　2.3　BIM 实施组织模式 ······ 040
　2.4　BIM 技术实施规划 ······ 048

3 BIM 技术实施过程管理 ······ 055
　3.1　BIM 管理原则 ······ 056
　3.2　BIM 实施保障 ······ 057
　3.3　BIM 工作管理 ······ 060
　3.4　BIM 实施管理 ······ 065
　3.5　BIM 实施考核 ······ 070
　3.6　BIM 实施文件 ······ 077

4 BIM 应用标准 ······ 081
　4.1　标准应用体系 ······ 082
　4.2　BIM 建模标准 ······ 083

  4.3 桥梁工程信息模型交付技术规范 …………………………………… 083

  4.4 桥梁工程信息模型应用技术规范 …………………………………… 094

5 BIM 技术应用 …………………………………………………………… 115

  5.1 设计阶段 BIM 技术应用 ……………………………………………… 116

  5.2 BIM 软件二次开发 …………………………………………………… 137

  5.3 施工阶段 BIM 应用 …………………………………………………… 155

  5.4 服务区 BIM 技术应用 ………………………………………………… 210

6 BIM 创新应用 …………………………………………………………… 225

  6.1 基于 BIM＋北斗技术的沥青路面应用 ……………………………… 226

  6.2 基于 BIM 技术的二维码钢梁管控系统 ……………………………… 228

  6.3 基于 BIM 技术的钢梁设计施工一体化 ……………………………… 233

  6.4 基于 BIM 技术的交通导改模拟 ……………………………………… 252

  6.5 基于 BIM 技术的高强螺栓智能化电动施拧扳手及监控系统 ……… 258

  6.6 基于 BIM 技术的边坡生态修复应用 ………………………………… 264

7 BIM＋GIS＋IoT 数字建管平台应用 …………………………………… 267

  7.1 平台设计总体概述 …………………………………………………… 268

  7.2 BIM 管理平台 ………………………………………………………… 274

  7.3 OA 办公系统 ………………………………………………………… 279

  7.4 计量管理系统 ………………………………………………………… 284

  7.5 进度管理系统 ………………………………………………………… 290

  7.6 质量管理系统 ………………………………………………………… 293

  7.7 安全管理系统 ………………………………………………………… 296

  7.8 智慧监理系统 ………………………………………………………… 299

  7.9 智慧工地管理系统 …………………………………………………… 307

  7.10 智慧党建系统 ………………………………………………………… 307

  7.11 智慧工地应用 ………………………………………………………… 308

  7.12 运维阶段 BIM 技术应用 …………………………………………… 318

8 BIM 成果交付管理 ……………………………………………………… 321

  8.1 BIM 成果交付范围 …………………………………………………… 322

8.2　BIM 成果交付格式 …………………………………………………………… 323

8.3　BIM 交付资产管理编码 ………………………………………………………… 324

9　祁婺高速实施的 IT 技术 ……………………………………………………… 327

9.1　BIM 软硬件实施要求 …………………………………………………………… 328

9.2　网络接入与数字建管平台 ……………………………………………………… 333

9.3　BIM 实施 IT 人力资源 ………………………………………………………… 336

9.4　项目 BIM 培训 …………………………………………………………………… 337

10　探索与展望 ……………………………………………………………………… 341

10.1　BIM 数字平台 …………………………………………………………………… 342

10.2　BIM 软件 ………………………………………………………………………… 343

10.3　展望 ……………………………………………………………………………… 344

附录　荣誉与奖励 ……………………………………………………………………… 346

绪论 1

1.1 BIM 技术的现状及分析

1.1.1 BIM 技术概述

随着科技的快速发展,传统的高速公路建设方法已经不能满足现代社会对于基础设施的需求。为了提高工程质量、降低成本以及加快建设速度,越来越多的工程项目采用了建筑信息模型(Building Information Modeling, BIM)技术。本书将对高速公路 BIM 技术的应用现状进行分析,探讨其在高速公路建设中的优势、面临的挑战以及发展趋势。

随着技术的发展和应用的深入,BIM 的含义也在发生变化。广泛阅读国内外文献发现,BIM 名称可扩展为 Building Information Modeling、Building Information Model 和 Building Information Management 三种含义。《美国国家建筑信息模型标准》(National BIM Standard-US,NBIMS-US)第一版指出:"Building Information Modeling 是一个建立设施信息模型的行为,其目标为可视化、工程分析、冲突分析、设计规则标准检查、工程造价管理、竣工产品的数字化表达等等。Building Information Model 是一个共享知识资源,为该设施从概念设计到拆除全生命周期提供基础可靠的决策服务。"Building Information Management 则是在整个建筑资产生命周期中,利用数字模型中的信息实现信息共享的业务过程的组织与控制。

国际标准组织设施信息委员会(Facilities Information Council,FIC)有如下定义:BIM 使用开放的行业标准来数字化地表示设施的物理和功能特性以及相关的项目生命周期信息,为项目决策提供支持,有利于更好地实现项目的价值。该定义强调了标准化的要求,准确地描述了 BIM 在当前建设工程领域中的角色和地位。这是 BIM 技术能够在建筑行业中得到应用并推动其发展的前提条件。BIM 的标准化分为两个部分:一部分是标准化建筑模型,包括建筑构件、材料配件、设计等的标准化问题;另一部分是标准化信息模型数据,包括数据的结构和管理以及输入、输出等技术问题。目前建设工程领域普遍接受和应用的 BIM 数据标准是由国际协同联盟(International Alliance for Interoperability,IAI)制定的数据交换标准工业基础类(Industry Foundation Class,IFC)标准。

建筑信息模型(BIM)技术通过建立虚拟的建筑工程三维数据化和信息化模型,使工程项目在前期策划、设计施工和后期运营维护的全生命周期中进行可视化数据管理。BIM 技术既方便工程技术人员对各类建筑信息进行有效读取和高效应对,也为包括设计团队和建筑、运营单位在内的各方建设主体提供了协同工作的基础平台,进而达到提高生产效率、缩短工期和节约成本等效果。BIM 技术通过建立一个完整且与实际情况相符的建筑工程信息库，把所有可描述构件的几何信息、状态信息和专业属性，以及对非构件对象（如空间、运动行为等）的状态信息进行集成。该信息库是动态变化的，在应用过程中可不断地进行更新和丰富。目前，BIM 技术在全球范围内已经得到业界的广泛认同和应用。

综合各种 BIM 的定义，BIM 的基本含义应包括如下三个方面：

（1）BIM 是建筑设施全部信息共享的数字化表达。在 BIM 技术的支持下可以数字化地建造一座建筑的一个或多个准确的虚拟模型。

（2）BIM 是基于开放标准的信息互用平台。在建设项目的不同时期，项目参与者在 BIM 中插入、查询、更改和修改信息，以帮助并反映项目的各种需求。

（3）BIM 是一个公开的、可反复的、可检查的、可持续的协同工作环境。在这个工作环境中，项目参与者可以在整个项目的生命周期中传递、共享和协同分析项目信息，并做出合理的科学决策，使项目得到有效管理。

1.1.2　BIM 技术特征

1. 统一的数据模型

可视化是将数据利用计算机和图形处理等技术转换成图像或图形的方法。而在工程建设领域，可视化的运用具有较高的价值。在传统的二维图纸中，工程结构物大多是以线条形式绘制而来的，设计的表达比较抽象，真实的立体结构物形状基本依靠从业人员的想象和以往经验来实现。BIM 技术则为工程设计提供了可视化的思路，它将项目传统的线条设计变成了可以直观展示的三维立体的图形。部分传统的工程设计也包含效果图，但仅仅展示结构物的大小、位置和颜色等信息，并不包含模型的尺寸、材料用量等基础数据，缺少了各个构件之间的交互性。BIM 技术的可视化则使各构件和结构物之间可以进行联动反馈，并以可视化的方式呈现出来，通过 BIM 的可视化展示，工程项目从设计、施工到运营维护阶段都可以在可视化环境下进行研究讨论和项目决策等工作。

2. 多学科协同设计

协调性是工程建设中的重点之一。在项目实施阶段，参建各方都会进驻现场开展各自工作，从业主、设计单位到施工和监理单位，各方的工作都有交集，需要通过协调配合来完成。由于工程设计和施工现场情况的相对独立，在施工过程中往往会产生现场与设计不符的问题，这时业主或者监理方就会针对问题组织多方会议进行协调，通过研究讨论制订新的方案，并对原有设计进行变更，最终解决施工中的问题，这体现了项目施工的协调性特征。但在设计阶段，由于项目涵盖的专业类别较多，各专业设计人员之间缺乏沟通，导致工程设计缺陷和各专业类别设计的碰撞问题。在施工过程中，这些设计缺陷还会导致不同专业的施工工序产生冲突，由于协调工作的时效性，很多问题都是事后处理，这样的冲突势必降低工作效率，增加施工成本。而利用 BIM 技术来进行协调性工作可有效地规避上述问题。在设计阶段，各专业的基础数据被录入构件库，各类结构物和工序都可以利用模型进行碰撞检测和施工模拟，这就将各专业的施工协调工作前置，让参建各方协同工作，有效提高了工作效率，降低了施工期的协调工作难度。

3. 可视化和模拟性

BIM 技术具有模拟性，可以对真实施工过程进行虚拟体现，如提前对施工工序进行虚拟测试。BIM 技术提供的模拟工具不仅限于建筑物模型，更多地集中在无法在真实世界中实现的操作场景。例如，在设计阶段进行节能模拟、紧急疏散模拟、日照模拟、热能传导模拟等；在施工阶段根据施工组织设计模拟现场施工的具体流程，根据时间节点的统计调整和优化实际的施工方案；利用 BIM 的基础数据，根据相应的材料用量，还可以模拟施工过程中的资金用量情况，从而控制投资，节约成本。

4. 数据优化管理

BIM 技术可以在已有施工项目管理模式基础上实现项目优化。在项目的设计和建设过程中，通过发现问题来解决问题是对项目的一种优化过程，但是由于传统项目管理在很大程度上采取的是事后发现问题再进行整改的模式，很多问题并不能被及时避免，而利用 BIM 技术后，通过对设计的优化，就可以在设计阶段发现此类问题，这将大大降低施工期的压力，节约人力、物力，加快项目建设进度。

5. 可出图性

在项目设计阶段应用 BIM 技术，不仅可以将项目主体以三维的形式展现出来，而且可以在构件信息库中录入每个结构物的二维平面信息。BIM 技术可以像计算机辅助设计（Computer Aided Design，CAD）一样进行二维平面出图，并且涵盖的专业类别更广、数据更多样，工程表达更详细。

6. 一体化性

BIM 的生命周期涵盖了从初始设计师实施规划和设计到现场施工，再到后期运营和维护，直至拆除建筑的全过程。基于 BIM 技术，可以对项目的整个生命周期进行综合管理。BIM 技术专注于使用计算机生成的数据库，这些数据库不仅存储建筑设计信息，还包容了从项目初期的设计到完成使用，乃至建筑拆除终结的全过程信息。

7. 参数化性

参数化建模是指通过参数而不是通常使用的数字建立和分析模型。BIM 中图元通过构件的方式展现，利用参数的调整展示不同的构件，参数包含了图元的所有信息。信息的完整性体现在 BIM 技术不仅可以描述工程物体的三维几何信息和拓扑关系，还可以描述项目的完整信息，如对象名称、结构类型、建筑材料、工程性能等设计信息，施工过程、进度、成本、质量以及人力、机械、物资等施工信息，工程安全性能、材料耐久性和其他维护信息，对象之间的工程逻辑关系等。

8. 信息共享性

随着云服务和移动互联网的不断深入应用，目前基于 B/S 架构的网页端 BIM 应用已成为一个重要的应用趋势和方向，并对 BIM 的轻量化提出更高要求。BIM 实施的核心在于提供信息共享平台，信息共享平台使得参与项目的各方都可以以此实现资源共享，提高项目的可靠性。

BIM 包含的构件数量多，几何信息和属性量大，造成模型打开耗时长、浏览不畅、交互体验差。模型轻量化是 BIM 应用中需要解决的关键问题。BIM 交付标准中一般规定了模型的精度等级，精度等级越高，包含的信息越多。在模型显示和交互时，通过降低精度等级的方式可以实现模型轻量化。面向设计平台的 BIM 轻量化处理技术包括部件删减、部件合并、部件减面、工程控制（Engineering Control）轻量化模块、导出用于复核的 3DXML、分区域分专业建模等。面向 Web 浏览器的轻量化技术包括 WebGL（Web Graphics Library）轻量化、基于 glTF（Graphic Language Transmission Format）格式的轻量化、"数据网格划分与重组－几何数据压缩"轻量化、基于 Web3D 的 BIM 轻量化等。

9. 全生命周期

BIM 技术应用的最大价值在于打通建筑的全生命周期。随着三维建筑信息模型数据从规划、设计到施工、运营维护各个阶段不断得到完整、丰富、整合与升级，其核心价值如可持续设计、海量数据管理、数据共享、工作协同、碰撞检查、造价管控等也不断地得到发挥。

10. 虚拟现实和增强现实

BIM 技术可以与虚拟现实（Virtual Reality，VR）和增强现实（Augment Reality，AR）相结合，实现更加直观和交互的设计和施工过程。设计师和施工人员可以通过 VR 和 AR 技术来模拟和演示建筑物或结构物的设计和施工过程，以便更好地理解和掌握工程的要求和限制。

11. 可重复性和可扩展性

BIM 技术具有可重复性和可扩展性，能够快速地生成多个版本的设计方案，并且能够根据需要进行扩展和修改。

12. 高精度和高准确性

BIM 技术能够提供高精度和高准确性的建筑模型和相关数据，减少设计和施工中的错误和遗漏，提高工程的质量和效率。

13. 可追溯性和可管理性

BIM 技术能够实现建筑信息的全生命周期管理，追踪工程的设计、建造和运营过程，方便管理和维护。

14. 可持续性

BIM 技术能够实现可持续设计和建造，优化建筑物或结构物的能耗、材料使用和环境影响，实现可持续发展的目标。

15. 自动化和智能化

BIM 技术可以实现自动化和智能化的设计和施工过程，例如自动生成构件、自动排布管线等，提高工作效率和减少人为误差。

16. 后勤管理

BIM 技术可以用于建筑物或结构物的后勤管理，例如建筑物的保养和维护、设备管理和使用、物资采购和供应等。通过 BIM 技术，可以实现信息的共享和交互，提高后勤管理的效率和质量。

17. 智慧城市建设

BIM 技术可以用于城市规划、交通建设、水利工程、环境保护等的智慧城市建设。通过 BIM 技术，可以实现城市信息的全面管理和掌控，优化城市规划和建设，提高城市的可持续性和发展水平。

18. 科学研究

BIM 技术可以用于科学研究，例如建筑物或结构物的抗震性能研究、建筑物或结构物的热力学性能研究、建筑物或结构物的可持续性研究等。通过 BIM 技术，可以实现科学研究的数字化和模拟化，提高研究的准确性和可重复性。

19. 教育培训

BIM 技术可以用于建筑教育和培训，例如建筑设计、结构设计、机电设计等。通过 BIM 技术，可以实现建筑教育和培训的数字化和模拟化，提高教育和培训的效率和质量。

总的来说，BIM 技术具有多种特征和应用，能够实现建筑信息的全生命周期管理，提高工程的质量和效率，为建筑行业的数字化转型提供了支撑和基础。同时，BIM 技术也具有广泛的应用前景，涉及建筑、城市、科学、教育等多个领域。

1.1.3 BIM 技术发展历程

BIM 技术的发展历程可以追溯到 20 世纪 60 年代，以下是 BIM 技术的主要发展历程。

1. 20 世纪 60 年代至 70 年代初

BIM 技术最早的雏形可以追溯到 20 世纪 60 年代，当时的计算机技术还很落后，主要采用二维 CAD 技术进行建筑设计和制图。70 年代初，出现了第一批 3D 建模软件，例如

Sketchpad 和 SynthaVision 等。这些软件虽然不能算是 BIM 技术，但为 BIM 技术的发展奠定了基础。

2. 20 世纪 70 年代中期至 80 年代初

在 70 年代中期，出现了第一批计算机辅助设计软件，例如 AutoCAD 等。这些软件虽然仍然采用二维设计方式，但已经具备了一定的数据管理和共享功能，为 BIM 技术的发展提供了基础。

80 年代初，出现了第一批 3D 建模软件，例如 CATIA、Pro/ENGINEER 和 SolidWorks 等。这些软件采用的是参数化设计思想，能够实现设计参数的关联和更新，为 BIM 技术的发展奠定了基础。

3. 20 世纪 80 年代中期至 90 年代

在 80 年代中期，出现了第一批建筑信息模型软件，例如 ArchiCAD、Revit 和 MicroStation 等。这些软件采用的是对象化建模思想，能够实现建筑模型和相关数据的统一管理和共享，为 BIM 技术的发展奠定了基础。

90 年代，BIM 技术开始逐渐走向成熟，出现了一批优秀的 BIM 软件，例如 Revit、Tekla 和 Bentley 等。这些软件不仅能够进行建筑设计和制图，还能够进行施工和运营管理，实现建筑信息的全生命周期管理，为 BIM 技术的广泛应用提供了支撑。

4. 2000 年至今

随着计算机技术和互联网技术的不断发展，BIM 技术逐渐成为建筑行业的主流技术，得到了广泛应用。同时，BIM 技术也逐渐向城市规划、交通建设、环境保护等多学科领域拓展。

近年来，BIM 技术也在不断地更新和升级，例如，引入人工智能、虚拟现实和增强现实等技术，实现更加智能化和交互化的设计和施工过程。

总的来说，BIM 技术经历了几十年的发展，从最初的二维 CAD 技术到今天的三维建模和全生命周期管理，为建筑行业的数字化转型提供了基础和支撑。

BIM 概念的产生，历经了一个跌宕波动的过程。BIM 最初起源于 20 世纪 70 年代的美国，由查克·伊士曼（Chuck Eastman）博士率先开始提出。其被界定为建筑信息建模，也就是在生命周期内，将某个建筑项目的所有几何特点、构件或是功能要求整合进一个单一的模型里。同时，这个单一模型的信息中还包含施工进度、建造过程的过程信息。查克·伊士曼将其命名为建筑模拟系统（Building Description System），由此，他被认为是 BIM 之父。而伴随 BIM 的持续发展与应用普及，其概念的内涵与外延也在不断地增加。

1986 年，美国学者罗伯特·艾什（Robert Aish）提出了建筑模型（Building Modeling）的概念，该模型包含了三维建模、施工图纸自动创建、参数化构件、实时的施工模拟等内容。

1992 年，G. A. 范·尼德文（G. A. van Nederveen）和 F. P. 托尔曼（F. P. Tolman）在此基础上加以完善，提出了建筑信息模型（Building Information Model）的概念。托尔曼教授进一步完善该系统，并将其命名为建筑信息建模（Building Information Modeling）。

Autodesk 公司在 2002 年计划对 Revit 公司进行收购，在收购谈判过程当中，Revit 公司首席执行官大卫·莱蒙特（Dave Lemont）阐释了建筑信息模型。在收购结束之后，Autodesk 公司开始将"建筑信息模型"当成一个重要的市场营销术语。随后，Autodesk 公司副总裁菲尔·伯恩斯坦（Phil Bernstein）针对 Building Information Modeling 词组当中的三个单词首字母予以整合，由此出现了 BIM 一词。

Autodesk 公司启用"BIM"并在市场中进行宣传。在同一阶段，不少软件公司则将术语当做推广的工具。比如 Bentley 公司构建了单个建筑模型或是项目建模，Graphsoft 公司引入了虚拟建筑模型以及生命周期管理等。杰里·莱瑟林（Jerry Laiserin）教授对此给出了个人的主张：使用多样化的名词来对同一件事物进行表述，可能会造成理解上的障碍，致使业内人士无法对多个软件供应商研发的软件进行区分，不清楚它们的差异和优势，严重时，可能会对技术创新和行业交流产生不利。此外，欧特克公司并没有将 BIM 注册成公司专利。

基于上述原因，杰里·莱瑟林教授从 2002 年开始致力于推广"BIM"，他认为"BIM"在描述未来土木工程行业发展规划时能更为精准，试图在业内针对"BIM"形成统一的共识。而在"Building""Information"以及"Modeling"的词语选择方面，杰里·莱瑟林教授的解释是："建筑"相较于"项目"有更大的优势，"建筑"对某个特定的行业范围予以明确，适用于设计、运行或是施工等诸多阶段。"项目"有比较宽泛的范围，适用于很多不同的行业，比较典型的有计算机开发项目。"信息"囊括的内容中，有长、宽、高、厚、方位以及体积等多元化的几何属性；而密度、供应商或是导热系数等，均为非几何属性。"模型"代表了模拟未来的某种行为，可将其用于对竣工的虚拟建筑过程进行表述。

在经过多方共同努力之后，Bentley 公司、Vectorworks 公司、Nemetschek 公司、Graphisoft 公司以及很多刚兴起的软件开发公司都表示愿意用"BIM"这一专业术语来进行理论研究和技术研发推广。

由于业务需求（无论是主动需求还是被动需求）引发了 BIM 的应用，形成了 BIM 的动态发展链条，业务人员（专业人员）运用 BIM 工具和规范标准产生 BIM 数据信息及模型，使得 BIM 和信息支持等相关业务的需求得到优质而高效的实现。BIM 的世界就此而得以诞生和发展。

与建筑行业相比，BIM 技术在公路和市政行业的应用起步较晚，但在近两年发展迅速。很多相关企业已经完成了 BIM 技术调研、软硬件采购、技术探索等过程，把 BIM 技术应用于道路工程、桥梁工程、隧道工程等项目的实际工作中。

BIM 技术在铁路、公路和市政公用工程中的应用，目前能够查到的公开资料多集中在铁路和市政建设。当前国内的 BIM 发展缺乏完善的技术指导规范和数据标准，而且 BIM 系列软件的技术发展缓慢，从业人员中掌握 BIM 技术的人才严重不足。当前设计阶段是我国隧道 BIM 应用的主战场，多采用建设单位为主导、设计单位与施工单位共同参与的方式，即建设单位总体规划，设计单位建模、设计、展示和分析，施工单位应用 BIM 拟定施工方案的方式。BIM 技术的优势体现得尚不明显，即使是设计阶段的应用也多体现在展示功能方面，设计应用多采用翻模，距离完全的 BIM 设计模式还有不小的距离。此外，BIM 中的信息更多的是建筑结构本身的信息，对于建设环境的考虑多为空白，或者说尚在探索之中。

1.1.4 国外 BIM 状况分析

BIM 技术经历了几十年的发展，成为建筑行业的主流技术之一，为建筑行业的数字化转型和可持续发展提供了支撑和基础。

2002 年，Autodesk 推出的 Revit 软件成为 BIM 技术的代表软件之一。Revit 软件采用对象化建模思想，能够实现建筑信息的全生命周期管理。

2004 年，Bentley 公司推出的 Bentley Building 软件成为 BIM 技术的另一代表软件。Bentley Building 软件采用同步建模思想，能够实现实时的数据共享和协同设计。

2006 年，Tekla 公司推出的 Tekla Structures 软件成为 BIM 技术在结构设计和施工中的代表软件。Tekla Structures 软件采用钢筋混凝土建模思想，能够实现结构设计和施工过程的数字化和自动化。

2011 年，建筑信息模型国际标准《有关建筑工程信息的组织——使用建筑信息建模的管理》(ISO 19650) 正式发布，标志着 BIM 技术迈向国际化和标准化。

BIM 技术起源于美国，通过多年的发展和应用，已经逐步在各个发达国家普及开来，但就 BIM 技术的成熟度和应用深度而言，美国仍处在行业的尖端位置。在美国，BIM 技术的应用已经普及到工程领域的各行各业。截至目前，各大设计软件开发商如 Bentley 和 Autodesk 等公司都提出了建筑全生命周期管理（Building Lifecycle Management，BLM）模型和建筑信息模型（BIM）的概念。

由于对 BIM 技术的研究和应用起步较早，美国的 BIM 技术应用已粗具规模，政府和行业已出台了 BIM 标准，各建设单位、设计单位、施工单位和监理单位也在各自的项目中主动应用了 BIM 技术。根据最新的统计数据显示，2009 年美国建筑业 300 强企业中 80% 以上都应用 BIM 技术。

21 世纪初期，美国总务管理局（General Services Administration，GSA）采取资金资助等措施对其重点项目建设中采用 BIM 技术的企业进行扶持和奖励。美国总务管理局推出了国家 3D-4D-BIM 计划，旨在提升建筑行业信息化水平，提高建筑行业生产效率。

其在重点项目中挑选了一批 BIM 试点项目,通过在这一批建筑项目中应用 BIM 技术来探索 BIM 技术规则、方法和运转模式等建筑项目全周期的应用方案。美国总务管理局大力推行建设方在施工过程中使用 3D-4D-BIM 技术,并且对使用了该项技术的承包商根据应用开发程度的不同给予相应的资金补助,通过这一措施,美国总务管理局掌握了 BIM 技术在建筑领域的大量数据和经验,并对其进行修改完善。2007 年,美国总务管理局通过对多年来 BIM 技术应用的经验和数据,发布了 BIM 应用指南,用于规范和引导 BIM 在实际项目中的应用。

美国陆军工程兵团的 BIM 战略以最大限度和《美国国家建筑信息模型标准》(NBIMS-US)一致为准则,对 BIM 的认识基于如下两个基本观点:

(1) BIM 是建设项目物理和功能特性的一种数字表达;

(2) BIM 作为共享的知识资源为项目全生命周期范围内各种决策提供一个可靠的基础。

在一个典型的 BIM 过程中,BIM 作为所有项目参与方不同建设活动之间进行沟通的主要方式,当 BIM 完全实施以后,将发挥如下价值:

(1) 重复利用设计成果,减少重复设计工作;

(2) 改善电子商务中使用的转换信息的速度和精度;

(3) 避免数据互用不适当的成本;

(4) 实现设计、成本预算、提交成果检查和施工的自动化;

(5) 支持运营和维护活动。

在日本的建筑领域,由于地理因素的影响,大部分建筑在设计施工时要考虑防震因素,BIM 技术的应用可在设计阶段进行不同等级地震时的结构物动态模拟,有效提高建筑物的安全系数。所以日本政府大力推广 BIM 技术在建筑领域的应用,应用领域包括各类建筑物、交通设施的建设与运营、工程造价管理等。2010 年,日本国土交通省对外宣布,在建筑行业的各类项目中推广 BIM 技术的应用,并根据具体项目的设计内容开发相应的 BIM 应用。

总结 BIM 技术在国外的推广经验可见,BIM 技术起初从国家层面自上而下地推动,政府在这一阶段的鼓励提倡是至关重要的。但是其推广过程并不是一帆风顺的,也出现了很多问题,很多项目都出现了反复的过程。目前,虽然很多发达国家都在工程领域使用 BIM 技术,尤其是美国的使用率已经过半,但并不是所有的工程项目都已使用 BIM 技术,因为部分中小型的工程项目仍无法支撑利用 BIM 技术后的成本上升。

1.1.5 国内 BIM 现状分析

我国在 20 世纪 90 年代开始了 BIM 方面的研究,1998 年国内专业人员已开始接触和研究 IFC 标准。2000 年,国际协同联盟(IAI)组织与我国政府有关部门和科研组织进行了接触后，介绍了 IAI 的组织目的和宗旨，并重点解释了 IFC 标准应用的相关问题。IFC 标准是 IAI 针对建筑模型数据交换制定的国际标准，它是一个 BIM 时代的三维建筑信息交换标准，借鉴了国际产品数据标准《产品模型数据交互规范》（Stanard for the Exchange of Product Model Data，STEP）的技术，具有技术的先进性和开放性。

2001 年，在对 IFC 标准的相关应用问题充分了解后，为了便于数字社区信息表达和基础数据的交互，国家"863"计划提出基于 IFC 标准制定"数字社区信息表达与交换标准"，这一标准的制定为社区信息的交换提供了必要的机制和定义。

通过对 IFC 标准的了解，并结合 IFC 标准在我国建筑行业工程领域的应用问题，接下来要进一步完善以下三个步骤：第一步是深入研究 IFC 标准并掌握基础数据交互的原理；第二步是基于 IFC 标准开发一个 CAD 系统，第三步是基于 IFC 标准开发 BIM 施工信息化管理系统。

首先，在项目初期应该基于 IFC 标准，利用相应的设计软件，打造一个数据化的系统框架。2010 年，清华大学和美国设计软件 Autodesk 公司共同开展了中国 BIM 标准框架研究，它们组成了一个庞大的课题组，参与了欧盟关于建筑领域统一 IFC 标准的研究项目，其主要目的就是研究 IFC 标准在建筑行业产业链当中的适用性，并进行了统一标准、制定基础标准和编制执行标准的相关工作。

通过这些年的发展，我国部分行业也已经逐步制定了相应的 BIM 标准。上海申通地铁股份有限公司 2014 年 9 月发布了包含《城市轨道交通建筑信息模型建模指导意见》《城市轨道交通建筑信息模型交付标准》《城市轨道交通建筑信息模型应用技术标准》《城市轨道交通建筑信息模型族创建标准》《城市轨道交通建筑信息模型设施设备分类与编码标准》等 5 个部分的城市轨道交通 BIM 应用系列标准。

深圳市建筑工务署在 2015 年 5 月发布了《深圳市建筑工务署政府公共工程 BIM 应用实施纲要》《BIM 实施管理标准》，这是全国首例政府公共工程 BIM 标准，这一标准包含了 BIM 应用的指导思想、形势与需求、需求分析、应用目标、实施内容、保障措施、成效预测和政府工程项目实施 BIM 的必要性等内容。

《数字建造技术应用现状与展望》一文提出，随着计算机三维技术的发展和 3D 建模的普及，以 BIM 为交互对象的数字建造技术将解决建设项目精细化管理的最大难题——难以实时提供项目管理各条线所需的基础数据。

2016 年投入使用的国家会展中心（上海），是 BIM 技术有效应用的典例。国家会展中心（上海）的内部建筑结构非常复杂，其土建工程、钢构工程、房建工程以及幕墙和机电工程等各种工程错综复杂，交叉施工。为了使整个施工过程高效、快捷、精细、有序，建设方使用了 BIM 技术对会展中心的主体进行了 BIM 建模，最终将各专业建好的模型和主体结构模型进行合模，及时发现了各专业交叉施工存在的矛盾和隐患，避免了不必要的返工和修正。

从上述 BIM 技术的应用方向可以看出，BIM 技术在引入我国使用后多应用于房建和市政工程。BIM 技术的发展和应用是在平面和二维制图后的一次技术革命，它的显著特点是将二维平面图转变为三维模型图。纵观 BIM 技术在我国交通领域的应用，它的发展是比较滞后的，由于铁路建设特有的管理模式，BIM 技术在铁路建设领域的发展和应用虽然起步较晚，但是已经逐步得到推广。

住房和城乡建设部 2012 年发布了《关于印发 2012 年工程建设标准规范制订修订计划的通知》（建标〔2012〕5 号），包括《制造工业工程设计模型应用标准》《建筑工程信息模型应用统一标准》《建筑工程信息模型存储标准》《建筑工程信息模型交付标准》《建筑工程信息模型分类和编码标准》等 5 类关于 BIM 的国家标准。由于 BIM 技术在铁路建设领域的推广，中国铁路 BIM 联盟委托有关单位制定的铁路 BIM 标准，已经获准成了国际铁路 BIM 标准。在公路行业，交通运输部也要求中国交通建设集团有限公司开始编制 BIM 技术在公路行业的相关标准。

2015 年 4 月 28 日至 30 日，以"中国桥梁技术发展战略"为主题的第 524 次香山科学会议在北京香山饭店成功召开。会议提出的"中国桥梁 2025 计划"以"智能桥梁"作为主题展开，其目的是加快打造以工业化、信息化、智能化和绿色建造为特征的桥梁技术发展体系和产业链。2015 年 11 月，交通运输部颁布了《交通运输重大技术方向和技术政策》，文件中指出，将"桥梁智能制造技术和 BIM 技术"共同列入十项重大技术方向和政策中。

智能建设养护技术是桥梁乃至整个公路行业发展的大趋势。在国家信息化建设中，桥梁建设的信息化是重要组成，为了解决交通领域的发展难题、提升交通行业的管理水平，在交通建设领域利用信息化手段将是解决问题的有效途径。在公路桥梁建设施工和运营维护的各个阶段中，存在着大量的信息和数据，而传统的建设和运管方式使这些数据相对独立，且难以共享，信息的"孤岛效应"非常明显，这就需要利用 BIM、云计算（Cloud Computing，CC）、物联网（Internet of Things，IoT）和大数据（Big Data，BD）等前沿技术，推动桥梁设计、建造、施工、运营、养护全寿命期内建养技术创新、协同管理创新，实现全寿命周期内的信息融合，从而提升桥梁的建养一体化水平。

通过国内 BIM 技术应用现状不难发现，BIM 技术在交通行业领域的应用已经逐步开展，不仅在铁路领域得到普及，也在高速公路领域得到推广。在高速公路建设时，我们可以利用 BIM 技术对建筑结构物进行建模，并结合地理位置信息，有效地进行设计选线，并利用 BIM 对初步设计中存在的问题进行排查，在施工期也可利用基础信息的交互，准确计算工程量和费用信息。基于 BIM 还可开发大量的专项应用，以有效地控制施工中的安全、质量等各项环节，这一技术的应用大大加快了高速公路项目的建设速度，确保了项目建设品质，减少信息堵塞造成的一系列问题。

》》 1.1.6 基建信息化现状分析

在桥梁设计方面，CAD、地理信息系统（Geographic Information System，GIS）、全球定位系统（Global Positioning System，GPS）等技术已经在规划、勘察、设计等方面全面应用，内业工作已经基本实现计算机化，相当一部分单位已经利用局域网和互联网开展网上联合设计，大大提高了工作效率和设计水平，加快了基础设施建设的前期工作。在施工方面，大型桥梁建设采用了信息化的施工技术。如润扬大桥北锚碇基坑开挖过程中，通过上千个传感器，对各项施工数据进行监测、分析，使基坑施工始终处于受控状态，为施工过程中的科学决策提供了有力的支持，做到了施工技术的科学化、信息化。在养护管理方面，路面养护管理系统（China Pavement Maitenance Management System，CPMMS）、桥梁养护管理系统（China Bridge Maintenance Management System，CBMMS）、公路 GIS 等系统在大部分省市得到了应用。基于网络计划技术的工程项目管理软件主要来源于国外，比如 Harvard Project Manager、P3 软件系统、Microsoft Project 系列、CA-Super Project 等，这些管理软件在京沪高速公路施工、润扬长江公路大桥建设、杭甬高速公路、沈铁高速公路等国内许多建设项目中得到应用。

针对国外项目管理软件的不足，国内软件企业近年来开发了一些项目管理软件，如广东 HCS 公路项目建设管理系统、高速公路施工项目管理信息系统（Construction Project Management Information System，CPMIS）。除了建设项目管理系统外，国内软件企业在建设项目招投标、质量控制和评定、交竣工验收、进度控制等各个方面，基于国外软件存在的问题和市场需求，也开发了相应的工具和系统，如 TZ-Project、同望 EasyPlan 项目计划管理系统等等。

但是，从当前各种系统的使用情况来看，建设中的各子系统相互独立，数据重复录入、数据一致性低；建设完成后，由形形色色的子系统备份出来的数据几乎全部作废，养护系统无法使用；各类养护系统数据格式不统一，养护部门积累的重要的原始数据无法在各个系统中通用。信息系统的分散开发和引入，使信息被封存在不同的应用平台和数据库中，定义和采集相互独立，从而形成了许多信息孤岛，大量有用的信息分散在各个"死角"，不能被有效利用和共享，建立一个高效的协同工作环境的首要条件就是保证信息的畅通无阻和高效利用。

BIM 技术于 2002 年进入中国建筑领域，住房和城乡建设部在 2015 年 6 月发布了《关于推进建筑信息模型应用的指导意见》，推动 BIM 技术在建筑领域的应用。铁路领域在中国铁路总公司倡议下，已形成铁路 BIM 技术联盟，发布中国铁路 BIM 技术路线图和标准框架体系，沪通长江大桥、芜湖长江二桥等一些大型桥梁工程开始试点 BIM 应用实践。在市政交通领域，上海市率先发起成立了上海城市轨道交通 BIM 技术联盟。在公路交通基础设施领域，BIM 技术应用推广相对滞后，2014 年 11 月，交通运输部原总工程师周海涛在广东虎门二桥工程技术专家委员会上才首次提出要试点应用 BIM 技术。公路交通领域应用 BIM 稍晚，最早有影响的应用实例是广东虎门二桥。

国内大型桥梁和隧道应用 BIM 的项目有广东虎门二桥，浙江瓯江北口大桥，浙江乐清湾大桥，江苏沪通长江大桥，贵州大小井特大桥，滇黔铁路新白沙沱长江大桥，张家界晏家堡隧道，广州地铁 4、7、9、13 号线等。其中浙江瓯江北口大桥是国内首次全寿命周期应用 BIM 的工程，其余项目 BIM 应用主要集中在三维建模、碰撞检查、净空校核、工程量统计、施工图深化设计、施工工艺流程模拟等方面。

BIM 技术是工程建设行业信息化的重要发展方向，它的优势在于通过 BIM，将施工过程实施状态和控制数据与运营养护管理各项工作有机联系起来，从二维信息管理转变为三维可视化信息管理，大大增加结构状态的表现力和各阶段信息的提取能力，为工程建设和管养阶段的各项业务提供便捷化、人性化的数据服务。但是，即使是 BIM 应用领先一步的建筑领域，当前对 BIM 的应用绝大多数局限于三维模型的简单应用，例如碰撞检查、施工图深度检查、工程量自动计算等，也有一些项目着手实践 4D-BIM 施工方案模拟和 5D-BIM 进度＋成本管控。对 BIM 的理解和应用呈现出碎片化的局面，背后很重要的原因是缺乏统一数据平台。

移动互联网、物联网和 BIM 是近几年刚刚兴起的新型信息化技术，基于 BIM＋互联网的桥梁建管养一体化信息技术是在大数据时代背景下的重要创新实践，两者结合才能让技术更好地服务于生产和管理。正是 BIM 技术拥有的优势和潜在价值，使得这项技术在工程领域才得以迅速发展。目前，BIM 正在由项目级小范围、企业局部范围的多方协同实践，逐步向全产业链协同、全生命周期实施应用迈进。

"互联网＋BIM"技术，使 BIM 的应用和大量的协同工作摆脱物理、地域、行业等界面的桎梏，具备全球范围内实现信息协同的基础。例如，项目基于 BIM 技术不仅实现项目前期的深化设计、精准算量、施工模拟等静态效益，同时能够在采购、物流等动态实施阶段结合互联网技术优化采购、物流方案，从而有效地实现经济成本与时间成本的控制。

"BIM＋PM"技术，是目前国内项目管理软件开发企业的一个核心发展方向。现今工程项目规模的日益扩大，导致了传统的基于分部分项和管理文件的系统结构已经无法实现有效的项目信息管理。例如最基本的查找困难、版本管理不及时等问题在工程管理过程中造成严重的沟通障碍。BIM 技术可以充分发挥其可视化的天然属性，为项目各层面的参与人员提供直观的信息入口。

"BIM＋物联网"技术，在 BIM 技术发展过程中是一个"小革命"性的里程碑。BIM 技术与物联网概念与技术的结合，真正实现了虚拟世界（模型）和现实世界（工、料、机、构筑物）的互联互通。例如说现在发展势头迅猛的"BIM 梁场管理"软件及应用，在模型世界里（BIM）可以追踪到现实世界中的梁片从原料到安装甚至到运维阶段的全生命周期的生长与变化的全部数据。

由于现阶段 BIM 技术在管理应用层面的实践都基于项目定制化要求，针对各个项目对于这一层面的应用要求不同，目前市场上并没有形成完整的成熟标准化产品。

除了"跟管理要效益"的行业内部需求管理升级，国家外部政策也在积极驱动 BIM 技术在交通运输行业中的深度应用与推广。国家创新驱动发展的战略，推动着"十三五"交通运输行业战略性新技术和高科技产业的发展，绿色、健康、智能已成为创新重点方向，多点突破、交叉汇聚已成为新的科技发展趋势。

现阶段，我国在交通行业领域已经加大了对于 BIM 技术应用推广的力度。交通运输部先后在 2015 年 6 月香山科学会议"中国桥梁技术发展战略"、2016 年 1 月印发的《交通运输标准化"十三五"发展规划》、2016 年 3 月发布的十大重大技术方向和技术政策，以及后续发布的《关于推进公路钢结构桥梁建设的指导意见》《关于实施绿色公路建设的指导意见》《关于打造公路水运品质工程的指导意见》（交安监发〔2016〕216 号），以及 2017 年发布的《关于推进公路水运工程 BIM 技术应用的指导意见》（征求意见稿）中均强调要加强 BIM 技术在公路工程中的应用。

1.2 祁婺高速建设概况

1.2.1 工程概况

祁门—婺源高速公路（简称祁婺高速）是德州—上饶高速公路（简称德上高速）的重要组成部分，全线位于江西省上饶市婺源县境内。本工程是国家高速公路网中 G0321 的重要组成部分，是"10 纵 10 横 21 联"高速公路网中"10 纵"之一，路线全长 40.747 km，按照双向四车道高速公路标准建设，路基宽度 26 m，设计速度为 100 km/h，设计荷载为公路-Ⅰ级。主线桥梁全长 15 685 m/24 座，隧道全长 6424.56 m/6 座，桥隧比 52.3%。本工程于 2019 年 9 月 23 日开工建设，于 2022 年 12 月 29 日建成通车。

按照《江西省公路水路交通运输"十三五"发展规划》，祁婺高速已被列入江西省"十三五"期间重点建设高速公路项目和重点打通的出省通道之一。其建设对完善高速公路网布局，促进沿线旅游资源的整合开发，加快省际产业融合，提升区域社会经济的竞争力具有深远含义。而 BIM 技术在其中的深化应用不仅对提高工程质量、降低成本以及推进基础建设行业的升级改造等具有深刻的现实意义，也对加快江西省公路建设中 BIM 技术的应用和发展具有极大的引领、推动及示范作用。

祁婺高速工程线路起点位于赣皖两省交界的安徽省黄山市祁门县，途经江西省上饶市婺源县沱川乡、清华镇、思口镇、紫阳镇、婺源县工业园区，终点接 G56 景婺黄高速公路

（婺源枢纽互通），划分3个标段。其中A1标段为土建起讫：K0+000—K9+860全长9.86 km；路面任务起讫：K0+000—K40+747全长40.747 km；A2标段为起止里程为K9+860—K26+000，线路全长16.140 km；A3标段为起讫K26+000—K31+256、K31+416—K40+747，项目主线长14.587 km。

1.2.2 建设理念

祁婺高速工程以创建省部级高速公路品质工程为目标，以项目工程、地域文化特征为基础，以"齐心团结，务实求真"的团队精神为支撑，提出"齐心铸精品、细心保安全、精心护生态、交旅深融合、智能提效率"的建设理念。具体内涵如下。

（1）齐心铸精品：齐抓共管，提升工程实体品质。

（2）细心保安全：持之以恒，夯实工程安全品质。

（3）精心护生态：生态穿越，打造绿色环保品质。

（4）交旅深融合：路地共赢，促进旅游发展品质。

（5）智能提效率：数字引领，创建智慧高效品质。

1.3 祁婺高速 BIM 应用背景

近年来，BIM作为以三维数字技术为基础引领土木行业走向高层次信息应用的一项新技术，在建筑行业得到了迅速发展，在缩短设计和施工周期、降低成本、提高设计和施工水平及质量等方面得到了广泛的应用。

1.3.1 政策背景

高速公路BIM技术应用政策背景主要包括国际和国内两个方面。

国际方面，BIM技术在全球范围内得到广泛应用和推广，各个国家和地区相继出台了相关的政策和标准。例如，美国交通部在2014年发布了《全国3D高速公路建模规范》，要求在高速公路建设中采用BIM技术进行建模和数据管理。欧盟在2014年发布了《欧盟BIM行动计划》，提出了欧盟推广和应用BIM技术的目标和任务，其中包括在道路和桥梁建设中推广BIM技术的应用。

国内方面，随着BIM技术在建筑行业的逐渐推广和应用，政府开始逐步推动BIM技术在公路行业的应用。例如，2016年，住房和城乡建设部发布了《建筑业BIM技术应用试点示范工程管理办法》，明确了BIM技术在公路建设中的应用范围和标准。2018年，交通运输部发布了《关于积极推进公路建设信息化工作的指导意见》，提出了公路建设信息化的总体思路和目标，明确了BIM技术在公路建设中的应用方向和重点。

作为国家基础设施建设的重要组成部分,交通建设是带动区域经济持续快速健康发展的先导。BIM 技术如何在交通建设全寿命周期中持续发挥推动作用,是需要项目建设方和 BIM 工程师共同思考的问题。目前交通运输部已多次发文助力 BIM 技术在基础设施建设行业的快速发展。

(1)《交通运输部办公厅关于开展公路 BIM 技术应用示范工程建设的通知》(交办公路函〔2017〕1283 号)。为了发挥现代信息技术在工程管理中的作用,贯彻实施《交通运输信息化"十三五"发展规划》,2017 年,《交通运输部办公厅关于开展公路 BIM 技术应用示范工程建设的通知》发布,要求在公路项目设计、施工、养护、运营管理全过程开展 BIM 技术应用示范,或围绕项目管理各阶段开展 BIM 技术专项示范工作。开展公路 BIM 技术应用,旨在通过跟踪 BIM 技术应用过程,把握推进过程中的难点和关键环节,注重总结和提炼 BIM 技术在实际工程应用中的经验教训,优化建设管理组织流程,对建立完善 BIM 数据标准提出建议,为江西省未来全面推广 BIM 技术应用和制定完善相关政策积累成功经验。

(2)《交通运输部办公厅关于推进公路水运工程 BIM 技术应用的指导意见》(交办公路〔2017〕205 号)。为提升公路水运工程建设品质,落实全生命期管理理念,实现工程设计、施工、养护、运营管理信息传递共享和工作协同,促进工程建设项目全程信息化,交通运输部决定在公路水运工程中大力推进 BIM 技术的应用。该指导意见的发展目标是到 2020 年,相关标准体系初步建立,示范项目取得明显成果;公路水运行业 BIM 技术应用深度、广度明显提升;行业主要设计单位具备运用 BIM 进行设计的能力;BIM 技术应用基础平台研发有效推进。同时,建设一批公路、水运 BIM 示范工程,技术复杂项目实现应用 BIM 技术进行项目管理,大型桥梁等项目初步实现利用 BIM 数据进行构件辅助制造,运营管理单位应用 BIM 技术开展养护决策。

(3)《交通运输部关于印发交通运输科技"十三五"发展规划的通知》(交科技发〔2016〕51 号)。

(4)《交通运输部办公厅关于印发推进智慧交通发展行动计划(2017—2020 年)的通知》(交办规划〔2017〕11 号)。

(5)《交通运输部关于印发〈数字交通发展规划纲要〉的通知》(交规划发〔2019〕89 号)。

(6)《江西省交通运输厅关于公布 2018 年公路水运建设工程 BIM 技术推广应用试点工程的通知》(赣交建管便字〔2018〕221 号)。

1.3.2 国内交通 BIM 应用现状

1. 应用范围逐步扩大

交通 BIM 应用范围越来越广泛,不仅包括公路、桥梁等基础设施建设,也包括市政、铁路、机场、港口、地铁等领域。公路和桥梁建设：交通 BIM 技术在公路和桥梁建设中的应用是最为广泛和成熟的，主要涉及道路、桥梁、隧道、边坡、涵洞等基础设施的设计、施工和运营管理。市政基础设施建设：交通 BIM 技术也被广泛应用于城市市政基础设施建设，包括供水、排水、污水处理、环境治理等领域，能够实现全生命周期管理和智能化运营。铁路和城轨建设：交通 BIM 技术在铁路和城轨建设中的应用越来越广泛，包括铁路线路、隧道、车站、轨道交通等领域，能够实现线路和车站的优化设计和精细化管理。机场和港口建设：交通 BIM 技术在机场和港口建设中的应用逐渐增多，能够实现航站楼、码头、跑道等设施的设计和管理。运营和维护管理：交通 BIM 技术还可以应用于交通设施的运营和维护管理，包括设备监测、维修保养、安全管理等方面，能够提高设施管理的效率和质量。

2. 应用水平逐步提高

交通 BIM 在一些重要项目中得到了广泛的应用，例如北京大兴国际机场、上海虹桥交通枢纽等。同时，一些省市也在探索和推广 BIM 技术在交通领域的应用，例如浙江、江苏、山东等省份的 BIM 示范工程。

3. 应用模式逐步丰富

交通 BIM 应用模式越来越多样化，体现以设计方案优化、施工方案制定、工程管理、设施维护、运营监管等方面。设计方案优化：通过 BIM 技术，可以对交通基础设施的设计方案进行优化，提高方案的可行性和效益。例如，在公路建设中，可以通过 BIM 技术模拟不同方案的交通流量、路面情况等，从而确定最优的设计方案。施工方案制定：BIM 技术可以实现施工过程的可视化和模拟，有助于施工方案的制定和优化。例如，在隧道施工中，可以通过 BIM 技术模拟隧道的开挖、支护、衬砌等施工过程，从而确定最优的施工方案。工程管理：BIM 技术可以实现交通基础设施建设过程的数字化和智能化管理，包括进度管理、质量管理、成本管理等方面。例如，在公路建设中，可以通过 BIM 技术实现工程进度的跟踪和管理，提高工程管理的效率和质量。设施维护：BIM 技术可以实现交通基础设施的数字化和智能化维护管理，包括设备监测、维修保养、安全管理等方面。例如，在公路维护中，可以通过 BIM 技术实现路面状况的监测和分析，从而对路面的维护工作进行精细化管理。运营监管：BIM 技术可以实现交通基础设施的数字化和智能化运营监管，包括交通流量监测、安全管理、环境监测等方面。例如，在城市轨道交通运营中，可以通过 BIM 技术实现列车运行状态的实时监测和安全管理，从而提高轨道交通的安全性和运营效率。同时，BIM 技术结合其他技术，例如无人机、激光雷达、人工智能等，实现了更加精确和高效的应用。

4. 政策支持逐步加强

随着 BIM 技术在交通领域的应用逐步发展，政府开始逐步加强对 BIM 技术的支持和引导。例如，交通运输部在2018年发布了《关于积极推进公路建设信息化工作的指导意见》，提出了交通BIM的应用方向和重点，要求各地积极推广和应用BIM技术。

近年来，BIM作为以三维数字技术为基础引领土木行业走向高层次信息应用的一项新技术，在建筑行业迅速发展，在缩短设计和施工周期、降低成本、提高设计和施工水平及质量等方面发挥了重要作用。

随着国家政策的强力推进，交通基础建设行业的BIM技术得到了极大的发展，交通建设项目在设计阶段的BIM应用已初具规模。软件方面，行业中除了国外的Autodesk、Bentley、Dassault Systèmes等常见的土木工程建模软件外，也出现了基于BIM的二次开发道路软件，如EICAD、鸿业、纬地等具有自主知识产权的国产软件，这些软件均基于国标、地标及行标等规范要求进行开发，确保了设计参数的准确性和合规性；同时软件界面友好，信息的传递和存储也更符合中国设计师的工作习惯和设计流程。

施工建设阶段，各地区BIM技术的应用发展并不均衡。除交通运输部每年指定的BIM示范项目以外，深圳、雄安、港珠澳大湾区等热点地区BIM技术的实施应用相对领跑，但更多集中在设计阶段，在施工阶段BIM技术的落地实施也属于初期尝试，尚未形成一整套完整的成体系的解决方案。但一些细化到点的BIM应用，已形成对应用单位的效益提升。如施工期交通组织模拟、场地标准化建设及管理、复杂工法工艺模拟、三维作业指导、特殊工序施工组织方案模拟等方面，BIM技术的3D表现应用可发挥"所见即所得"的信息沟通优势，消除二维平面展示的弊端，为工地标准化建设带来质的飞跃。

作为BIM技术应用的另一大利器，BIM建设管理平台可为工程参建各方提供数据共享、智慧建造的项目协同管理环境。平台大数据工程信息看板可为建设单位工程决策提供数据依托，工程参建各方亦可通过平台实时查看项目质量、进度、安全等工程信息，为日常施工管理提供参照。项目信息实现云端存储，并且平台实现了构件级别的信息关联，竣工交付模型可携带大量信息为后期运维管理平台提供数据接口，实现全寿命周期的工程BIM应用。总之，BIM技术应用在交通基础建设行业内正如雨后春笋般迅速成长。

当然，由于BIM技术在交通行业的应用尚处于初级阶段，还面临无统一国标以及地标不健全、软件不成熟、投资回报期长等现实问题和困难。

1. 涉及专业种类多且差异大

交通工程是线路工程，一个公路项目涉及的专业种类多，这种细化的分工导致专业接口多，专业间界面复杂，信息很难在整个项目中实现集成和形成闭环。同一项目不同专业间信息充分共享和关联的目标，对BIM技术提出了更高的要求。

2. 行业标准不成熟

BIM需要在项目整个寿命周期不同参与方的各种软件间交换信息，当前国际上比较主流的BIM核心建模软件都集中在国外，国内各相关行业普遍缺乏大型软件开发商，同时，不同厂商软件之间缺乏交互性，很难实现数据间直接调用。因此在制定BIM数据标准方面面临很多困难。

目前交通行业缺乏明确而权威的BIM标准格式。交通领域BIM标准在与国际标准接轨的同时，要优先满足国家BIM标准的要求。技术标准主要目标是实现项目建设全生命周期内不同参建方间的交互操作，用于指导和规范交通领域BIM标准软件开发。实施标准是技术标准的使用规范，主要用于指导和规范规划、设计、施工、建设管理、运营维护等具体操作层面实施BIM标准。

3. 综合数据处理技术亟待提高

BIM与GIS的融合是BIM技术在交通行业应用的一个方向。交通领域工程项目不同于工点式的单体建筑工程，呈长线路带状分布，与沿线地质、水文、地形等空间地理信息密切相关，每一类别空间地理信息因素的差异，都可能引起线形、桥位、桥型等设计方案的巨大反差，而建立和处理满足设计深度要求的空间地理信息数据是海量的，一定程度上超过专注于主体结构的BIM本身，需要采用云计算技术，二者的融合对现有软硬件技术都提出了挑战。

目前及今后在开展交通领域辅助设计软件开发时，要统筹兼顾BIM和GIS的数据标准和集成平台等关键技术，实现二者的优势互补和良好融合。同时，BIM技术的应用也从建设阶段逐渐延伸到运营和维护阶段。

1.4　祁婺高速BIM应用需求

1.4.1　祁婺高速建设难点

祁婺高速项目特点为"一高、两重、四大"，针对具体重难点，将BIM技术作为一项强有力的工具，解决建设疑难。祁婺高速同时又是交通运输部的平安百年品质工程示范、交旅融合示范项目，建设标准高，外界关注多，探索祁婺高速全寿命周期BIM技术应用对此具有重要意义。祁婺高速项目特点、难点包括：

1. 里程短但桥隧比高，整体施工难度大

主线桥梁24座，隧道6座，桥隧比高达52.3%，高于江西全省已通车和在建高速公路项目。其中，4座特大桥和1座大桥在全国首次应用60 m π型钢混组合梁，总用钢量超过5.8万t。受地形地貌影响，特长隧道为两省共建，全线特大桥梁两两紧密相连，桥隧有3处紧密相连，造成了关键工程只能单向流水作业，施工管理难度较大。

2. 地形陡峭、地质复杂，施工组织难度大

山峦起伏，山势陡峭，高墩密集，同墩左右幅相对高差大；断裂构造明显，板岩、千枚岩等变质岩体节理裂隙发育，边坡稳定性较差，易产生滑坡。现场施工组织难度大，施工便道、墩位开挖和生态保护之间矛盾突出。

3. 区域路网交叉点多，安全管控压力大

路线跨越S303省道、杭瑞高速、九景衢铁路，跨越协调难，安全防控等级高；与德婺高速、S302省道、X109县道等连接，需改造原有枢纽，交通维护难，安全风险大；多次穿越地方旅游景点和旅游公路，交叉安全隐患多，社会影响大。

4. 全域旅游规划、征地拆迁难度大

路线处于全国闻名旅游县，土地资源附加值高，项目建设用地及临时用地与地方旅游开发矛盾突出；红线范围内茶园、生态旅游农庄等地域特色产业发达，征迁难度较大。

5. 沿线生态敏感，环保要求高

婺源被誉为"中国最美的乡村"，沿线跨越婺源森林鸟类国家级自然保护区、大鄣山灵岩洞国家森林公园以及文化名村、文物保护遗址等10处环境敏感点，5处涉及生态红线，生态环境优美而又脆弱；路线跨越清华水、凤山水、沱溪、延村水4处县域主要河流，施工污染管控难，环保压力大。

6. 填挖数量大，土石平衡任务重

深挖高填路段多（高填路基18处、深挖路基21处），取土和弃土量较大，跨桥调运难、隧道弃渣多，土石方调配和平衡任务艰巨，容易对沿线生态环境和景观产生不利影响。

7. 线位廊道狭窄，土地资源的节约利用和保护任务重

沿线穿越多个人口密度较大的集镇、工业园区，密布优质农田，土地资源紧缺，部分路段建设与集镇、工业园区规划有冲突，建设阶段的土地资源最大化节约利用和建设后土地复垦与生态恢复任务艰巨。

1.4.2 祁婺高速BIM应用需求

祁婺高速BIM技术应用需求主要包括以下五个方面：一是设计方案优化。利用BIM技术，对祁婺高速的设计方案进行优化，包括线路设计、桥梁隧道设计、设施布局等方面，以确保设计方案的最优化。二是施工方案制定。通过BIM技术，对祁婺高速的施工过程进行模拟和优化，制定最优的施工方案，提高施工效率和质量。三是工程管理。利用BIM技术，对祁婺高速的建设过程进行数字化和智能化管理，包括进度管理、质量管理、成本管理等方面，以提高工程管理的效率和质量。四是设施维护。通过BIM技术，对祁婺高速的设施进行数字化和智能化管理，包括路面状况监测、设备维护、安全管理等方面,以提高设施维护的效率和质量。五是运营管理。利用 BIM 技术,对祁婺高速的运营管理进行数字化和智能化管理,包括交通流量监测、安全管理、环境监测等方面,以提高道路的运营效率和安全性。

祁婺高速施工阶段 BIM 技术应用需求主要包括如下五个方面:一是施工方案优化。通过 BIM 技术,对祁婺高速的施工方案进行优化,包括施工工序的安排、施工机械的选型、施工人员的分配等方面,以提高施工效率和质量。二是工程管理。利用 BIM 技术,对祁婺高速的施工过程进行数字化和智能化管理,包括进度管理、质量管理、成本管理等方面,以确保施工过程的安全、高效和质量稳定。三是施工过程监控。通过 BIM 技术,对祁婺高速的施工过程进行实时监控,包括施工现场的实时监测、施工进度的实时跟踪等方面,以及时发现和解决施工中的问题。四是施工安全管理。通过 BIM 技术,对祁婺高速的施工安全进行数字化和智能化管理,包括施工现场的安全监测、施工人员的安全培训等方面,以确保施工过程的安全性。五是施工质量控制。通过 BIM 技术,对祁婺高速的施工质量进行数字化和智能化控制,包括施工材料的质量监控、施工工艺的质量控制等方面,以确保施工过程的质量稳定。

分析建设特点,归纳 BIM 应用需求如表 1.1 所示。

表 1.1 建设工程不同阶段的 BIM 应用点

工程阶段	应用点	应用内容	应用优点
方案设计阶段	可视化展示	创建方案体量模型和周边环境模型,利用 BIM 三维可视化的特性展现项目构筑物设计方案	直观、形象地展示整个项目情况; 对不合理处等进行评估和调整
		BIM 可视化应用宜包括虚拟仿真漫游、设计方案对比、可视化校审、可视化设计交底和可视化空间协调	
		利用 BIM 可视化、信息化的特点,进行多种路线方案的比选	
		可视化设计交底应重点对项目的重点和难点部位、特殊部位、特殊构造要求等进行模型展示,辅助施工人员快速理解设计意图	
		BIM 可视化设计交底应用交付成果包括根据速度在模型中漫游、渲染图片模型截图等	
		项目设计方案展示视频和渲染图片宜利用设计模型生成,不宜另建模型	

(续表)

工程阶段	应用点	应用内容	应用优点
初步设计阶段	现状场地建模与分析	场地现状建模依据资料并通过对项目用地的现状和周边环境进行调查收集,包括地勘报告、工程水文资料、现有规划文件、建设地块信息、既有管网数据、地貌数据、原始地形点云数据、GIS数据等	通过BIM与GIS相结合,充分发挥GIS定位以及BIM对海量数据信息存储和分析的能力,对项目场地周边的地理环境、建筑物空间数据等建立模型,经过分析快速得出令人信服的数据结果,帮助项目在规划阶段评估决策; 通过BIM中数据的分析及计算结果,可以准确算出建筑中场地的土方量以及模拟挖取和回填; 基于BIM的关联性,不必再担心之前设计中问题修改的麻烦与困难,只要对某处进行修改,他处即联动修改
		场地现状建模应确保勘察数据的准确性,宜采用3D扫描、3D测量、GIS等技术手段	
		场地现状模型应包括现场场地边界、地形表面、建模地坪和场地道路、市政管网等	
		场地分析宜利用场地模型对场地设计方案影响因素和可行性进行模拟和评估	
		场地现状模型分析宜交付场地现状仿真视频和可视化的模拟分析数据	
	场地现状仿真	检查道路桥梁项目范围内与红线、绿线、河道蓝线、高压黄线及周边建筑物的距离关系	
	概算工程量清单	根据公路工程BIM元素的几何信息和非几何信息计算概算工程量,形成概算工程量清单	
	管线搬迁和道路保通模拟	管线搬迁与道路保通模型,宜包括施工围挡、管线、道路现状、各阶段建模及周边环境建模,以体现搬迁过程各阶段道路布局变化及周边环境变化	利用BIM技术开展模型深化设计,优化施工方案,减少施工材料的浪费,加快施工进度; 深化设计,提前发现影响实际施工的碰撞点,加快施工进度; 运用三维模型更快找到最优方案,并找出困难点
		管线搬迁和道路保通模拟应用交付的成果宜包括现状场地模型、管线搬迁与道路保通方案报告	
		管线搬迁与道路保通方案报告宜包括现状三维场地模型和图纸、障碍物报告、架空管线探查成果报告、管线搬迁与道路保通模型和图纸,及实施过程模拟视频;实施过程模拟视频宜反映管线搬迁内容、道路保通方案、施工围挡范围、管线与周边建构筑物位置的关系及道路保通方案随进度计划变化的状况	
		管线搬迁与道路保通模型的创建宜基于场地现状模型,根据管线搬迁与道路保通方案;管线搬迁与道路保通方案宜包括方案图纸、施工进度计划	

(续表)

工程阶段	应用点	应用内容	应用优点
施工图设计阶段	碰撞检测和净空检查	进行各专业之间及专业内部的碰撞检查，提前发现设计可能存在的碰撞问题和净空不足问题	事前发现设计错误，有效控制成本；提高设计图纸的质量和进度
	二维图纸表达	在施工图模型的基础上，生成复杂部位、复杂节点和复杂剖面的二维图纸	
	图纸复核	若施工图纸模型是在图纸基础上翻模得到，可采用施工图模型生成二维图纸，对原设计图纸进行复核	
	图纸会审	在图纸会审阶段，采用三维模型的可视化特点，进行复杂部位和节点的形象展示，辅助图纸会审	
	预算工程量计算	根据公路工程 BIM 元素的几何信息和非几何信息计算预算工程量，形成预算工程量清单，辅助施工招投标	BIM 中的工程量可以实现自动计算方法，以获取测量、数量和成本的数据
	数字化交互虚拟沙盘	在施工图模型的基础上建立项目的虚拟沙盘，用户可通过触屏互动、VR/AR 等方式沉浸到项目虚拟现场场景中，更深入地认识到项目建成后的实际效果	不受场地限制；表现效果更为优美、逼真，具有很强的交互性，走进三维虚拟仿真中的虚拟环境，恰如身临其境
	性能仿真分析	性能仿真分析宜包括受力性能分析、路面性能分析、抗震性能分析、抗风性能分析、交通仿真模拟、灾害作用性能分析等，复杂造型项目还包括空间分析、结构动力分析	施工难点提前反映；展现施工工艺流程；优化施工过程管理
		建筑性能仿真模型创建应与方案设计模型数据保持一致	
		性能仿真分析应用宜提供性能分析模型及生成的分析报告	
	方案比选	根据现状模型建立多个方案模型，模型宜包含各方案完整、准确的设计信息，周边环境模型	BIM 技术的直观性、可视化对建筑工程方案的优化更有优势，通过三维模型导出所需数据，有模型对比数据分析，让方案分析更为可靠，让方案的直接比选更有说服力
		方案比选应用成果包括多方案模型、基于模型的漫游视频、图片，多方案对比报告等	
		设计方案比选宜收集的数据包括电子版地形图、图纸，电子版地形图宜包括地形、建筑、道路等信息模型，图纸宜包括周边环境图纸、勘察图和管线图	
	虚拟驾驶	在虚拟沙盘中模拟实时行驶在项目上的汽车，展现汽车驾驶者的视角，进行驾驶体验分析、驾驶视距分析、夜间和雨雾天气驾驶视野分析	表现效果更为逼真，具有很强的交互性，走进三维虚拟仿真中的虚拟环境，恰如身临其境

(续表)

工程阶段	应用点	应用内容	应用优点
施工准备阶段	模型出图	模型制图应基于模型及其对应的视图内容生成，图纸内容应与相应版本模型数据一致	信息更新BIM进行协同验证，从而使各个参与方各个专业的信息数据在BIM的统一平台进行协同作业。信息数据完全共享使得各个环节沟通更加流畅，图纸质量得到保证，解决施工前期的不协调问题
		图纸发布应同时发布对应的模型，并将图纸与对应版本模型建立关联	
		出图内容应包括平面图、断面图和关键复杂节点详图，宜包括复杂节点轴测图	
		模型及图纸发布后，发生变更时，宜基于修改的模型生成变更图纸；不能保证基于模型生成变更图纸时，图纸的修改内容应及时反馈到模型中	
	大型设备运输路径规划	大型设备运输路径规划需准备的数据资料，宜包括施工图设计模型、大型设备相关图纸、设备安装路径检修路径方案	在BIM中模拟提前规划好的大型设备运输路径，验证方案可行性，辅助展示设计意图，避免实际安装无法进行
		大型设备运输路径规划模型宜包括现状场地模型、大型设备模型、大型设备模型安装及维修路径设定	
		大型设备运输路径规划宜交付运输路径检查模型、运输路径模拟视频、运输路径检查报告	
	钢结构深化设计	在施工图模型的基础上，进行钢结构三维深化设计，导出钢结构零部件设计图、各级材料清单、焊缝设计图等深化设计图纸	利用钢结构及混凝土结构钢筋BIM，在钢结构、钢筋加工前对具体构件、节点的构造方式、工艺做法和工序安排进行优化调整
	混凝土结构深化设计	在施工图模型的基础上，进行混凝土结构三维深化设计，包括钢筋深化设计、预埋管线和构件设计，导出钢筋加工图、预埋管线和构件设计图	
	施工场地建设规划	在施工图模型基础上建立临时场地模型，包括办公生活区、生产区、施工机械设备、堆料区等。进行吊装设备工作模拟，大型设备进出场模拟、生产和运输路径模拟等模拟仿真	可以形象直观地模拟各个阶段的现场情况，灵活地进行现场平面布置，实现现场平面布置合理、高效
	施工组织模拟	将施工进度计划整合进施工模型中，形成4D施工模型，模拟项目整体施工进度安排，检查施工工序衔接及进度计划合理性	根据项目确定的多条方案，通过BIM比对，各方沟通确定最优的施工方案
	交通组织模拟	对于改扩建项目需要进行临时交通管制的，根据交通管制要求进行路段的交通组织仿真模拟，形象展示管制路段的临时行车路线、交通拥堵情况等	可视直观；便于汇报、交流；减少汇报频次
	施工工艺模拟	建立复杂和高风险施工工艺的施工模型，进行施工工艺仿真，提前发现施工可能产生的结构和机具碰撞、作业空间不足等问题。施工工艺模拟可导出视频，加强施工作业人员对该工艺的理解	根据项目确定的多个方案，通过BIM比对、各方沟通确定最优的施工方案

(续表)

工程阶段	应用点	应用内容	应用优点
施工阶段	BIM维护	设计变更跟进	根据BIM建立BIM数据中心，使得后续施工能更好地开展
	标准执行控制	标准执行监督检查	形成满足质量要求与今后运维需求的BIM
	数据资源提供资源计划	进度款支付数据提供； 采购数据提供； 提供材料用量审核； 签证索赔管控； 专业分包工作量审核； 材料用量分析对比； 控制材料飞单	快速完成审核，避免超付，提供数据支撑； 提前在模型中发现图纸问题，精确统计工程量，形成精确的工程量清单； 核对材料用量是否在控制范围内，出现问题时，协助现场管理人员查找原因，避免因材料飞单引起的材料偏差
	施工协同管理平台	建立以施工期模型为基础的协同管理平台，进行进度、质量、安全、计量等工作的综合协同管理，将各环节产生的数据与模型构件关联，形成数据协同	—
	施工测量放样	将现场测量和放样点与模型关联起来，从模型中直接提取所需安装或施工的控制点位置信息进行施工放样，将自动测量仪器的测量数据导入模型进行施工监控管理	—
	计划进度管理	将计划进度和实际进度导入协同管理平台并与模型关联，以不同颜色区分未完工和已完工模型，形象展现工程进度，并辅助进度分析和进度管控	根据BIM中所需材料数量，快速准确地制定相应的采购计划
	预制加工	预制加工应用宜包括混凝土预制构件生产、钢结构构件加工和机电产品加工 预制加工宜沿用施工图设计模型，并依据预制厂商产品参数规格进行细化 预制加工宜衔接物料跟踪定位技术，实现构件深化设计、加工、定位、安装一体化 预制加工模型构件信息包括构件编号信息、加工信息、物流信息、安装信息等 预制加工方案宜包括加工范围、预制厂商信息、预制加工构件编号规则、预制加工模型、构件加工图纸及配件表、预制加工工艺及设备等 预制加工交付物宜包括预制加工模型、预制加工图纸、材料统计表	—

(续表)

工程阶段	应用点	应用内容	应用优点
施工阶段	质量管理	将施工中发现的质量隐患和质量问题与模型相关联，进行可视化的质量隐患统计分析，及时发现和处置质量通病	根据 BIM 建立 BIM 数据中心，使得后续施工能更好地开展
	计量支付管理	将计量支付信息导入协同管理平台并与模型形成关联，平台可形象地展示项目各施工区域的工程量统计和支付情况	根据项目实际计量情况，利用 BIM 技术进行多算对比，控制飞单
	安全管理	将施工中发现的安全隐患和安全问题与模型相关联，进行安全隐患统计分析和安全风险源识别防范	利用移动终端（智能手机、平台电脑）采集现场数据，建立现场质量缺陷、安全风险、文明施工等数据资料，与 BIM 及时关联，缺陷问题可视化，方便施工中、竣工后的质量缺陷等数据的统计管理
	变更管理	变更发生后，及时更新模型，并将变更产生的工程进度变化、工程量变化关联到模型中，实现对项目变更信息的形象统计	快速完成审核，避免飞单、浪费等；提供工程量变更依据，避免超额签证
	竣工模型交付	在施工深化模型的基础上，随着施工进程不断更新施工模型，最终交付工程竣工模型	业主获得的是富含大量运维所需数据和资料的 BIM；实现 BIM 竣工模型（虚拟建筑）的信息与资料录入
	施工监理	施工监理应用宜包括监理控制和监理管理	—
		施工监理应对总承包单位及专业分包单位的 BIM 成果进行监督和审查，核查施工现场与图纸、模型的一致情况	
		施工监理应对审查的问题提出书面意见和建议	
		针对工程项目中关键或重要节点应提交 BIM 质量评估报告	
	竣工结算工程量计算	在竣工模型的基础上进行工程量统计计算，生成竣工结算工程量清单	实现对过程中签证、变更等资料的快速创建，方便在结算阶段追溯；实现结算工程量、造价的准确快速统计，有效控制结算造价；通过造价指标对比，分析审核结算造价

(续表)

工程阶段	应用点	应用内容	应用优点
施工阶段	资料档案管理	在BIM中建立工程资料档案	基于BIM技术的业主方档案资料协同管理平台，可将施工管理、项目竣工和运维阶段需要的资料档案列入BIM中，实现高效管理与协同
运维阶段	资产管理	资产信息统一纳入BIM运维管理平台，利用运维模型统筹管理公路项目的资产信息	—
运维阶段	养护管理	基于公路BIM，对公路设施设备常态的养护管理以及大修、翻新工作进行提前规划和方案预设，对设备的养护和翻修记录进行统计分析	
运维阶段	设施集成与监控	市政道路桥梁设施设备信息，宜包括监控信息、实时状态信息、原始采集信息等	
运维阶段	设施集成与监控	通过设施设备编码与设施设备模型关联，将设施设备监控状态集成到模型运行管理平台中	
运维阶段	设施集成与监控	设施设备集成及监控运行管理平台宜包括道路桥梁模型设计荷载、设计及施工单位，及其主要构件的混凝土强度检测、裂缝检测、承载力检测、钢筋腐蚀及氯化物含量检测、疲劳问题检测等健康检测、损伤识别等数据，以及日常监管人员养护信息等内容	
运维阶段	设施集成与监控	利用BIM运维管理平台实时查看和监控公路工程相关集成设备。通过可视化的展示，在运维操作台面统一分类、定位和管理	
运维阶段	应急事件处置	运用公路BIM，进行常规的应急事件模拟应对，制定突发事件应急预案	

1.5 祁婺高速BIM应用特点

祁婺高速BIM技术应用的特点主要有以下五个方面：一是复杂性。祁婺高速建设规模大、难度高，包括线路设计、桥梁隧道设计、设施布局等方面，BIM技术的应用需要处理大量的设计和施工数据，需要应对复杂的工程结构和施工流程。二是效率性。BIM技术可以实现数字化和智能化管理，提高工程管理的效率和质量，例如通过BIM技术可以快速模拟不同的设计方案，提高设计效率；通过BIM技术可以实现施工过程的实时监控，提高施工效率。三是精细性。BIM 技术可以实现精细化管理，例如通过 BIM 技术可以实现设备监测、路面状况监测、施工过程监控等，从而实现对工程的实时监测和精细化管理。四是可视化。BIM 技术可以实现工程建设过程的可视化，例如通过 BIM 技术可以实现工程 3D 建模、虚拟现实等，使设计和施工过程更加直观、易于理解。五是智能化。BIM 技术可以实现工程管理的智能化，例如通过 BIM 技术可以实现数据分析、预测等，从而实现对工程建设和运营过程的智能化管理。

BIM 技术利用强大的计算机技术将建筑工程设计中所涉及的大量数据有机地整合在一起，借助于计算机强大的计算能力完成建模仿真，以此来完成建筑工程设计。此外，在建筑工程项目施工中通过将施工中所涉及的各项参数输入所建立的模型中进行模拟分析，可以更直观地发现建筑工程中所存在的各种问题，并就各问题的特点及时地采取措施，予以解决。

BIM 应用顶层设计 2

2.1 BIM 技术实施总体规划

祁婺高速 BIM 技术实施总体策划从目标和需求、应用范围和标准、实施方案、实施团队、培训计划、应用推广策略、评价和改进机制等方面进行全面考虑，以确保 BIM 技术的实施顺利进行，并为高速公路的可持续发展提供支撑和保障。

(1) BIM 技术实施的目标和需求，首先需要明确祁婺高速 BIM 技术实施的目标和需求，包括提高工程设计效率、降低施工成本、提高工程质量等。

(2) BIM 应用范围和标准确定：根据祁婺高速的特点和实际需求，确定 BIM 技术的应用范围和标准，包括哪些阶段需要应用 BIM 技术、BIM 数据的收集和使用标准等。

(3) BIM 技术实施方案制定：制定 BIM 技术的实施方案，包括技术支持、人员培训、管理制度、数据标准等方面，并确定实施的时间和阶段。

(4) BIM 技术实施团队组建：根据 BIM 技术实施方案，组建 BIM 技术实施团队，明确团队成员的职责分工，配备相应的技术人员和设备。

(5) BIM 技术的培训计划：根据 BIM 技术实施方案和团队成员的实际情况，制定相应的 BIM 技术培训计划，包括培训的内容、方式和时间等。

(6) BIM 技术的应用推广策略：针对祁婺高速的实际情况，制定 BIM 技术的应用推广策略，包括宣传、示范、奖励等方面，以促进 BIM 技术的推广和应用。

(7) BIM 技术的评价和改进机制：建立 BIM 技术的评价和改进机制，通过对 BIM 技术的应用效果进行评估和调整，不断提高 BIM 技术的应用水平和效果。

2.1.1 总体目标

建立健全江西省内交通 BIM 技术应用标准及流程，树立江西省内高速公路 BIM 应用典范。祁婺高速基于 BIM 管理应用平台，建立一个全面的三维动态可视化集成平台，满足高速公路工程建设项目"点多线长结构复杂且与地形地貌结合紧密"的特点，从各个角度全面诠释设计、投资、质量、进度、安全、现场管理等工作的内容，以直观的方式快速表达工程建设的全过程。分层级、分段落、分多视角对工程进行冲突检测，对建设实体实施关联分析，达到对实施进度、质量、效率、安全的全面管理，并满足业主管理、施工单位管理、设计单位交互的不同层面的业务要求。

2.1.2 具体目标

BIM 管理平台是基于现场数据，融合 3D 模型、GIS、信息管理、手机 App 而构建的面向各参建单位的应用管理平台，将项目管理过程从平面转向立体，将静态转向动态，将封闭转向协同共享,实现工程项目可控可视。结合祁婺高速项目特点,通过 BIM 技术在祁婺高速项目的全面应用,预期在各个阶段达到以下实施效果。

1. 设计阶段

设计阶段采用 BIM 技术进行方案研究和比选论证。使用 BIM 技术提升设计精细度,选取地理地质、大型桥梁、隧道、复杂路线开展三维设计建模。建立 BIM,模型精细度达到 LOD 300,并符合后续施工阶段 BIM 管理平台的数据要求。基于 BIM 开展模型应用,将 BIM 导入相应的分析类软件进行相应的力学分析、结构分析、土石方优化分析、碰撞检查等。

2. 施工阶段

施工阶段利用 BIM 技术改进施工组织,进行施工模拟,统筹利用模型信息、地理信息、时间信息、工程量和物料信息,合理安排施工方案和施工周期,减少库存和资源闲置,强化现场实时管控能力,鼓励有条件的施工单位利用 BIM 为钢结构加工、构件预制、施工设备提供基础数据,提高数字化施工能力。

基于 BIM 打造自主技术的项目管理平台,将安全管理、质量管理、进度管理、计量支付管理、变更流程管理等全面过渡到电子化流程控制,全方面提高建设管理的效率和质量,工程竣工时要同步提交相应深度的数据成果,形成电子化档案。

基于 BIM 技术在全过程的应用,提高施工单位的 BIM 自主应用能力,培养一批 BIM 技术应用型人才。

3. 竣工阶段

竣工阶段主要完成对全线所有 BIM 成果及所含数据、信息、资料的归档整理,配合项目建设方开展数字化模型竣工验收。基于 BIM 技术的数字化竣工移交,是对施工竣工 BIM、施工过程数据及运营维护数据进行科学整合,使建设管理平台中的"模型+数据"涵盖设施设备完整的工程信息、参数信息和资产编码信息等,为后续基于 BIM 的平台开发提供数据接口。移交运维阶段的 BIM 应用目标,通过数字化竣工移交,让前阶段形成的 BIM 和数据可通过接口应用到运营单位采用的运营管理系统,解决运维的前期建设数据积累、录入困难的问题,同时将运维阶段的数据管理由二维图纸管理升级为三维可视化管理。

BIM 技术在竣工阶段的应用价值:

(1) 竣工资料数字化。竣工数据包含大量设计图纸、送审文件、施工规范、测试记录及操作手册,相关数据以数字化形式保存并纳入 FM 平台数据库,可避免数据散佚,并确保数据完整性与连贯性。

(2) 节省资料复制费用。BIM 竣工模型可应用于建筑物的整个生命周期,由于 BIM 保留了完整信息,故进入建筑物维运阶段时,可直接汇入 FM 平台,以节省传统设施管理系统中数据必须重制的人力成本与时间，并减低人为错误的可能。

（3）降低维运风险。设备信息的正确性与完整度是营运维护管理工作成功的关键，例如，机电与给排水管线多数隐藏于建筑构件或装修内，未来设施变更与维护如经由FM平台，可确保BIM与实际状况一致，大幅缩短故障查修及维修施工之时间。

（4）强化监控作业。建筑、机电、空调及消防的监控操作系统，借由FM平台经由设施通信协议整合后，可将各种不同系统及厂商的监控信息整合至同一平台，强化监控作业并提升人力维运效率。

（5）便利未来设备汰换及施工作业。在建筑物的维运期间势必会发生装修工程及机电、空调及消防设备汰旧更新或建筑物局部改建或增建作业等，此时FM平台除可迅速提供相关图片文件及详细资料外，另可运用3D模型，迅速执行设计规划及施工管理。

（6）加速管线设备巡检。BIM技术的3D模型工程数据，可清楚显示建筑设施各个功能区的空间分布，用以支持建筑物或设施的整合管理，辅助建筑设施的空间管理，并大幅缩短巡检维修时间，提高管理效率。

（7）缩短维护人员文书作业时间。现行设施基础数据、竣工图、维护记录保存多以人工纸本记录，纸本保存不易，且难查找。利用3DBIM的知识管理功能，及信息可视化优势、可仿真分析等特点，可大幅改善管理流程及节省设施维护成本。

（8）维修作业信息化、行动化。BIM系统可支持行动装置（如手机、平板计算机）进行设备盘点作业，除在盘点过程中检视设备的相关信息、提供盘点设备批注及报修外，亦能针对异常设备项目实时举报，相较传统纸上盘点作业更具效率。

2.1.3　BIM应用策划

祁婺高速在设计、施工阶段开展BIM技术应用，同时考虑全过程生命周期的养护，运营管理阶段的数据对接、移交等工作，其核心目标是"提质、增效、降本"，打造"数智引领，智见未来"的新基建时代高速公路。BIM工作分为BIM设计及应用、基于BIM协同管理平台施工管理。一是应用BIM技术提升设计精细度，选取地理地质、大型桥梁、隧道、复杂路线开展三维设计建模，通过模型技术应用提升工程的建造水平，为实现工程的精益建造提供技术支撑；二是通过BIM协同管理平台，集成数据，达到信息共享、管理协同、提质增效的目的，为实现工程精益管理提供技术支持；三是延续建设期的BIM和数据，形成一套合法化的电子资料档案，预留运维阶段数据接口，以数据标准化、数据专业化和管理规范化为基础，建立完备的资料体系，形成有价值的数据汇聚。

祁婺高速BIM技术应用于项目建设的全寿命周期，其应用主要划分为设计阶段、施工阶段、运维阶段。

设计阶段使用BIM技术进行方案设计、初步设计、施工图设计，该阶段的主要目的是为道路、桥梁、隧道、建筑、机电等专业的设计提供依据和指导性文件，论证拟建项目的技术可行性，确定设计原则和标准，并交付完整的模型及应用报告等设计成果。

施工阶段使用 BIM 技术管理施工 BIM 实施内容和过程，借助 BIM 协同管理平台来管理整个施工过程，并完成 BIM 竣工验收及交付。本阶段主要是为施工、监理进行必需的技术准备，包括施工方案深化、施工组织准备、施工过程控制。祁婺高速项目应用点贯穿于道路、桥梁、隧道、机电、建筑、钢构等各主要专业（表 2.1）。

表 2.1 BIM 应用点分布一览表

序号	阶段	应用点	道路	桥梁	隧道	机电	建筑	钢构	承担单位
1	设计阶段	方案设计	●	●	●	●	●	●	设计单位
2		初步设计	●	●	●	●	●	●	设计单位
3		施工图设计		●	●	●	●	●	设计单位
4	施工阶段	施工方案模拟		●	●		●		施工单位
5		设计施工一体化制造技术		●			●		施工单位
6		3D 作业指导		●	●		●		施工单位
7		施工场地管理		●	●				施工单位
8		倾斜摄影测量土方算量	●						施工单位
9		大型预制梁场的信息化管理		●	●			●	施工单位
10		物料跟踪技术							施工单位
11		智慧工地	●	●	●		●		施工单位
12		BIM 协同管理平台	●	●	●	●	●	●	平台单位
13		碰撞检测		●	●	●	●		设计单位
14		混凝土结构深化设计		●					施工单位
15		钢结构深化设计						●	施工单位
16		预制加工							施工单位
17		方案比选	●	●	●	●	●		施工单位
18		交通组织模拟	●						施工单位
19		预算工程量计算		●					施工单位
20		数字化交互虚拟沙盘	●	●	●		●		施工单位
21		数据资源提供资源计划	●						施工单位
22		BIM 维护							施工单位
23		竣工模型交付	●						施工单位
24		资料档案管理	●	●	●	●	●	●	BIM 咨询
25		BIM 培训							BIM 咨询
26		BIM 标准建设							设计单位
27		资料数据移交							BIM 咨询
28	运维阶段	设施管理	●	●	●	●	●	●	运管单位
29		运营维护决策支持	●	●	●				运管单位
30		能耗管理				●			运管单位
31		安全管理	●	●	●				运管单位

2.2 BIM 技术应用范围

2.2.1 BIM 建模范围

祁婺高速 BIM 建模范围应包括以下内容：

（1）高速公路线形和地形。包括高速公路线形、地形、地貌等信息，用于设计和施工阶段的地形分析和规划。

（2）设计图纸和模型。包括设计图纸和模型，用于建立数字化的设计模型，支持数字化设计和协同设计。

（3）施工图纸和模型。包括施工图纸和模型，用于建立数字化的施工模型，支持施工过程的数字化管理和协同施工。结构构件：包括高速公路上的各种结构构件，例如桥梁、隧道、涵洞、立柱等。设备构件：包括高速公路上的各种设备构件，例如交通信号灯、道路标志、路灯等。土建施工构件：包括高速公路的土建施工构件，例如路基、路面、排水系统等。交通流构件：包括高速公路上的交通流构件，例如车流、人流等。环境构件：包括高速公路周围的环境构件，例如河流、建筑物、植被等。祁婺高速 BIM 详细建模规划如表 2.2 所示。

表 2.2 祁婺高速 BIM 建模规划表

序号	项目名称			建模精度	备注
一	路基工程			LOD 200	
1	路基工程 K3+878.466—K4+025.5； K5+144.5—K6+965.5； K7+404.5—K8+298.28； K9+497—K9+860；沱川互通	填方	土方	LOD 200	
2		挖方	土方	LOD 200	
3		路基附属填方		LOD 200	
4		路基附属挖方		LOD 200	
二	T 梁桥梁工程			LOD 300	
1	樟村大桥	混凝土		LOD 300	
2	三望源特大桥	混凝土		LOD 300	
3	紫阳大桥	混凝土		LOD 300	
4	王家座大桥	混凝土		LOD 300	
5	汪村大桥	混凝土		LOD 300	
6	黄余源大桥	混凝土		LOD 300	
7	黄余源分离立交桥	混凝土		LOD 300	
8	成美大桥	混凝土		LOD 300	
9	婺源枢纽主线桥	混凝土		LOD 300	
10	婺源枢纽 A、D、F 匝道桥	混凝土		LOD 300	
11	A、B、N、NZ 前亮亭中桥	混凝土		LOD 300	

(续表)

二		T梁桥梁工程		LOD 300	
12	N、NZ陷田中桥		混凝土	LOD 300	
13	高奢大桥		混凝土	LOD 300	
14	坦头大桥		混凝土	LOD 300	
15	金龙大桥		混凝土	LOD 300	
16	白石源大桥		混凝土	LOD 300	
17	观音堂大桥		混凝土	LOD 300	
18	长滩大桥		混凝土	LOD 300	
19	满堂大桥		混凝土	LOD 300	
20	龙腾大桥		混凝土	LOD 300	
21	龙腾互通A、B、C匝道桥		混凝土	LOD 300	
22	清华互通主线桥		混凝土	LOD 300	
23	清华互通A匝道桥		混凝土	LOD 300	
24	月岭大桥		混凝土	LOD 300	
25	篁村大桥		混凝土	LOD 300	
26	沱川互通主线桥		混凝土	LOD 300	
27	沱川互通A匝道桥		混凝土	LOD 300	
三		钢混组合桥		LOD 300	
1	南山路特大桥		60 m "π"型钢梁	LOD 300	
2	凤山水特大桥		60 m "π"型钢梁	LOD 300	
3	新亭特大桥		60 m "π"型钢梁	LOD 300	
4	十亩特大桥		60 m "π"型钢梁	LOD 300	
5	花园大桥		60 m "π"型钢梁	LOD 300	
四		隧道工程		LOD 300	
1	沱川隧道		混凝土	LOD 300	
2	月岭隧道		混凝土	LOD 300	
3	汪平坦隧道		混凝土	LOD 300	
4	清华隧道		混凝土	LOD 300	
5	紫阳隧道		混凝土	LOD 300	
6	婺源隧道		混凝土	LOD 300	
五		临建工程		LOD 300	
1			钢筋加工棚	LOD 300	
2			预制区域	LOD 300	
3		桥梁	存梁区	LOD 300	
4			机械设备	LOD 300	
5	预制场		搅拌站	LOD 300	
6			钢筋加工棚	LOD 300	
7		隧道	标识标牌	LOD 300	
8			搅拌区域	LOD 300	
9		水沟	边沟	LOD 300	
10			边沟盖板	LOD 300	

（续表）

11	临建办公	A1 项目管理部	LOD 300	
		A2 项目管理部	LOD 300	
		A3 项目管理部	LOD 300	
六	房建工程			
1	服务区	建筑	LOOD300	
2		结构	LOOD300	
3		给排水	LOOD200	
4		暖通	LOOD200	
5		电力	LOOD200	
6		绿化	LOOD200	
七	地理信息			
1	地形	道路模型	LOOD200	
		河流	LOOD200	
2	路基	挖方路基	LOOD200	
		天方路基	LOOD200	

2.2.2 BIM 应用周期要求

BIM 应用周期是指 BIM 技术在工程建设和运营过程中的全周期应用，包括设计、施工、运营和维护等各个阶段。在设计阶段，BIM 技术应用要求对工程的各个方面进行数字化建模和分析，包括线形、结构、设备、土建施工等方面，并对模型进行多方案比较和优化，以达到设计的最优化。在施工阶段，BIM 技术应用要求将设计模型转换为施工模型，并对模型进行施工过程的模拟和优化，提高施工效率和质量，并实现现场施工过程的数字化管理。在运营阶段，BIM 技术应用要求对工程运营过程进行数字化管理和监控，包括设备维护、交通管制、运营数据分析等方面。在维护阶段，BIM 技术应用要求对工程维护过程进行数字化管理和监控，包括维护计划制订、维护过程管理等方面。

祁婺高速在工程建设的设计、施工阶段应用 BIM 技术助力高速公路智慧建设，在设计、施工阶段循序渐进地推动 BIM 技术应用落地。

BIM 技术应用在招投标阶段开始规划。在设计阶段，BIM 技术应用涵盖初步设计、施工图设计，从初步设计阶段开始启动，从无到有，依据设计内容的增加逐步建模，在继承上一阶段模型的基础上一步一步深化扩展。在施工阶段，BIM 技术应用侧重于进度、质量、安全等的管理，注重施工过程数据与 BIM 数据的融合，推动施工阶段向运维阶段的运用。BIM 应用周期要求 BIM 技术在工程建设和运营过程中的全周期应用，涵盖设计、施工、运营和维护等各个阶段，以提高工程建设和运营的效率和质量，为高速公路的可持续发展提供支撑和保障。

2.2.3 参与人员范围

祁婺高速BIM技术应用参与人员涵盖祁婺高速代建监理部、设计单位、BIM咨询单位、平台单位、三个主线标施工单位、房建施工单位、现场监管处、钢梁制造单位、设备供应商等。参建单位不因BIM技术实施改变管理职责和管理范围，按照BIM技术实施要求输入BIM数据及施工信息，并将BIM工作成果纳入考核要求。

BIM技术应用需要涉及如下三类参与人员。

(1) 业主。作为BIM应用的主要承担者，业主需要负责BIM技术的引入和推广，确定BIM应用的目标和需求，并对BIM应用的效果进行评估和改进。

(2) 设计师。设计师需要负责将设计方案转化为BIM，并进行模型的分析和优化，支持多方案比较和决策，提高设计效率和质量。

(3) BIM工程师。BIM工程师需要负责将设计模型转化为施工模型，并进行施工过程的模拟和优化，支持数字化施工管理和协同施工。

(4) BIM技术人员。BIM技术人员负责BIM技术的开发和维护，提供技术支持和培训，并协助各参与方进行BIM应用。

BIM技术应用在施工单位中主要涉及以下四类人员参与。

(1) BIM技术负责人。BIM技术负责人负责BIM技术在施工过程中的应用和管理，协调各个部门之间的工作，确保BIM技术的有效应用。

(2) BIM技术员。BIM技术员负责施工过程中BIM的制作、更新、维护和管理，协助BIM技术负责人完成BIM技术应用的具体实施，并负责将设计模型转化为施工模型，完成BIM的构建和更新，支持数字化施工管理和协同施工。

(3) 施工员。施工员需要从参与BIM技术应用的培训和教育开始，逐步参与到BIM的构建和更新以及数字化施工管理和协同施工等方面，从而提高数字化施工的能力，为BIM技术在施工过程中的应用提供支持和保障。

(4) 质量检查员。质量检查员负责对施工过程进行质量检查和控制，需要利用BIM对施工过程进行质量控制和监督；负责对施工过程进行安全监督和管理，需要利用BIM对施工过程进行安全控制和监督。

2.2.4 BIM应用深度

BIM应用深度是指在工程建设和运营过程中，BIM技术应用的程度和广度。BIM应用深度的高低决定了BIM技术能够发挥的作用和价值，也影响着工程建设和运营的效率和质量。BIM应用深度一般分为以下四个层次。

(1) BIM基础应用。BIM基础应用主要包括数字化建模、多方案比较和优化、3D可视化等基本功能，适用于设计、施工和运营等各阶段。

（2）BIM 协同应用。BIM 协同应用主要包括数字化施工管理、数字化运营管理等功能，能够支持多方协同工作，提高工程建设和运营的效率和质量。

（3）BIM 智能应用。BIM 智能应用主要包括自动化设计、智能决策支持、数据挖掘等功能，能够提高工程建设和运营的智能化水平，支持高效、智能的工程决策和管理。

（4）BIM 全生命周期应用。BIM 全生命周期应用是指在工程建设和运营过程中全面应用 BIM 技术，包括设计、施工、运营和维护等各个阶段，实现数字化管理和协同工作，提高工程的可持续性和效益。

BIM 是祁婺高速 BIM 应用深度的基础，为了深层次挖掘并满足数据应用，根据祁婺高速项目特点及实际情况满足 BIM 应用深度，对祁婺高速项目模型精细度及应用进行规划（表 2.3）。

表 2.3　模型精细度表

序号	阶段模型	模型精细度	备注
1	总体方案设计模型	LOD 200	满足项目前期报建、报批等要求
2	常规桥梁施工图模型	LOD 300	满足空间利用合理性审图、工程量统计、输出二维图纸等需求
3	钢混组合梁桥施工图模型	LOD 300	
4	隧道施工图模型	LOD 300	
5	道路施工图模型	LOD 200	满足空间利用合理性审查、效果展示等需求
6	土建施工图模型	LOD 300	满足空间利用合理性审图、工程量统计等需求
7	机电施工图模型	LOD 300	满足管线综合设计、大型设备运输路线优化、工程量统计需求
8	主线机电系统安装模型	LOD 300	满足管线排布设计、支架设计、工程量统计、施工管理等需求
9	装饰施工图模型	LOD 300	满足空间冲突检查、工程量统计、装修效果表达等需求
10	临建施工场地布置模型	LOD 400	满足施工场地优化利用、施工仿真、临边防护设计、大临设施进出场、占用土地规划设计、文明施工、企业形象识别（Corporate Identity, CI）设计、施工管理等需求
11	竣工模型	LOD 400	满足竣工验收、数字化归档移交运维、形成企业数字资产等需求

2.3　BIM 实施组织模式

2.3.1　祁婺高速 BIM 应用组织关系

作为江西省第一批公路水运建设工程 BIM 技术推广应用试点工程项目，祁婺高速可借鉴的经验少,在项目的运行过程中可能遇到各种问题,尤其是在 BIM 技术的实施过程中,涉及设计、施工、监理及检测等多个单位之间的相互配合。为了避免可能存在因不能协调一致工作而耽误项目进度的情况,在祁婺高速项目成立之初,便确立了一把手责任制、例会制及考核制等运作机制。

BIM 应用人力资源的建设,对 BIM 技术能否顺利地实施起着决定性的作用。BIM 团队的管理模式,需要基于项目的建设目标,并结合各参建单位的自身特点而制定。

为保障 BIM 应用工作的顺利实施,祁婺高速项目组建了项目办层面的 BIM 技术领导小组,全面负责 BIM 应用的推进工作。BIM 技术领导小组组长由山西交通控股集团有限公司分管领导担任,组员由各参建单位分管领导组成。

BIM 技术领导小组下设 BIM 实施管理办公室。BIM 实施管理办公室主任由项目办分管领导担任,办公室成员由项目办有关科室领导、参建单位项目经理组成,负责 BIM 应用目标的落实及日常工作的安排,协调处理 BIM 技术应用过程中存在的问题。

BIM 实施管理办公室下设各参建单位 BIM 技术组,组长由参建单位 BIM 总监担任,实施具体 BIM 应用,设立 BIM 专员,负责工作联络及 BIM 技术指导,其他 BIM 技术人员由经验丰富的工程师担任。

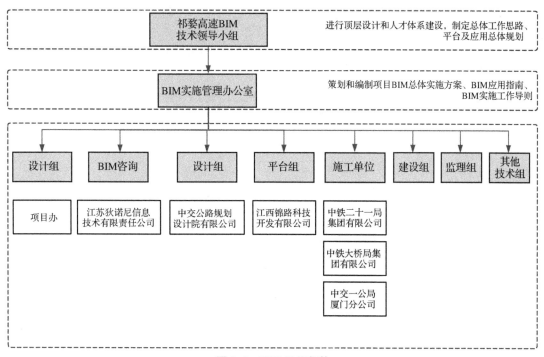

图 2.1　BIM 组织架构

祁婺高速项目根据江西省住房和城乡建设厅 BIM 技术试点工作、信息化管理和科技创新等要求增设 BIM 创新办公室。BIM 创新办公室是一个专门负责 BIM 技术创新和研发的机构,它的管理制度包括以下七方面:

1. 组织架构

BIM 创新办公室应该设立明确的组织架构和职责，包括 BIM 技术研发部门、BIM 应用部门、BIM 技术支持部门等。

（1）BIM 技术研发部门：负责 BIM 技术的研发和创新，包括 BIM 软件和硬件设备的研发、BIM 设计和管理的研发、BIM 技术应用的研发等。

（2）BIM 应用部门：负责 BIM 技术的应用推广和实践，包括 BIM 技术的应用方案设计、BIM 的设计和管理、BIM 技术的应用效果评估等。

（3）BIM 技术支持部门：负责 BIM 技术的支持和维护，包括 BIM 软件和硬件设备的维护、BIM 的管理和协同支持、BIM 技术的使用培训等。

2. 人员配备

BIM 创新办公室应该配备专业的 BIM 技术人员，包括 BIM 技术专家、BIM 软件开发工程师、BIM 设计师等。

（1）BIM 技术专家：拥有丰富的 BIM 技术经验和专业知识，能够独立完成 BIM 技术的研发和创新工作。

（2）BIM 软件开发工程师：具备 BIM 软件开发经验，熟悉 BIM 软件的开发规范和标准，能够开发和维护 BIM 软件的功能和模块。

（3）BIM 设计师：具备 BIM 设计经验，熟悉 BIM 的构建和管理规范，能够独立完成 BIM 的设计和管理工作。

（4）项目经理：负责 BIM 技术创新和研发项目的管理和协调工作，具备项目管理经验和技能。

（5）技术支持工程师：负责 BIM 技术的支持和维护工作，具备 BIM 技术使用和维护经验。

（6）培训师：负责 BIM 技术的培训和教育，能够为组织内部的人员提供专业的 BIM 技术培训和支持。

（7）数据管理专员：负责 BIM 的数据管理和协同支持，具备 BIM 数据管理和协同支持经验。

（8）质量控制专员：负责 BIM 质量管控和检查工作，具备 BIM 质量控制和检查经验。

（9）专利申请专员：负责 BIM 技术专利申请和管理工作，具备专利申请和管理经验。

（10）知识产权专员：负责 BIM 技术知识产权管理工作，具备知识产权管理经验。通过合理的人员配备，可以保证 BIM 创新办公室的各项工作得到顺利开展，同时也为 BIM 技术创新和研发提供支撑和保障。

3. 工作流程

BIM 创新办公室按照 PDCA 进行流程管理，即计划-执行-检查-改进（Plan，Do，

Check，Act）四个阶段的循环过程。PDCA 工作流程是一种常用于质量管理和改进的方法，可以帮助组织不断优化和改进工作流程，提高工作效率和质量。BIM 创新办公室应建立明确的工作流程和标准，包括 BIM 技术研发、BIM 应用实践、BIM 技术支持等工作流程。

（1）流程分析：对 BIM 创新办公室的各项工作流程进行分析和评估，找出存在的问题和瓶颈，制定针对性的优化措施。

（2）流程标准化：建立 BIM 创新办公室的工作流程标准化制度，明确每个流程的具体步骤和要求，确保工作的规范化和标准化。

（3）流程优化：对 BIM 创新办公室的工作流程进行优化，包括流程简化、流程合理化、流程自动化等，以提高工作效率和质量。

（4）流程监控：建立 BIM 创新办公室的工作流程监控机制，及时发现和解决存在的问题，确保工作流程的顺畅和高效。

（5）流程改进：对 BIM 创新办公室的工作流程进行不断的改进和优化，根据实际情况进行调整和改进，以适应组织的发展和需求。

4. 项目管理

BIM 创新办公室通过建立科学的管理制度，规范化和标准化项目管理流程，提高项目管理的效率和质量。BIM 创新办公室应该建立包括项目立项、项目管理、项目评估等方面科学的项目管理制度。

（1）项目管理计划制订：BIM 创新办公室应制订项目管理计划，明确项目目标、范围、时间、成本、质量、人力资源、风险等方面的要求和规划，以确保项目目标的实现。

（2）项目组织结构建立：BIM 创新办公室应建立科学的项目组织结构，明确项目团队成员的职责和任务，分配资源和任务，协调和管理项目的各个方面。

（3）项目实施过程管理：BIM 创新办公室应对项目实施过程进行全面管理，包括进度、质量等方面的管理。通过使用 BIM 技术，可以实现项目信息的共享和协作，提高项目管理的效率和质量。

（4）项目监控与控制：BIM 创新办公室应对项目实施过程进行监控和控制，及时发现和解决项目中存在的问题和风险，确保项目的顺利进行和达成预期目标。

（5）项目收尾和总结：BIM 创新办公室应对项目收尾和总结进行规范化和标准化管理，包括项目验收和交接、项目经验总结和反馈等方面的管理，以提高项目质量和客户满意度。

5. 学习和培训

BIM 创新办公室应该建立学习和培训制度，包括员工培训、技术交流、经验总结等方面的制度。

6. 质量管理

BIM 创新办公室应该建立质量管理制度，包括 BIM 质量管控、BIM 技术应用效果评估等方面的制度，并建立知识产权管理制度，包括 BIM 技术专利、软件著作权等方面的制度。

7. 安全保密管理

BIM 创新办公室应该建立安全保密管理制度，包括 BIM 技术信息保密、数据安全保护等方面的制度。在 BIM 创新办公室进行项目验收和交接时，应注意保护项目信息的安全性，避免信息泄露和侵权。为此，BIM 创新办公室应采取以下信息保密措施：

（1）确定信息保密责任人，负责信息保密的管理和监督；

（2）建立信息安全管理制度和流程，规范信息的采集、存储、传输和使用；

（3）采取技术措施，如加密、防病毒、防火墙等，保护信息的安全性；

（4）建立权限管理制度，限制信息的访问和使用权限，确保信息的保密性；

（5）建立保密协议，对项目信息的使用和披露进行规定和约束；

（6）对项目信息进行备份和恢复，以确保信息的完整性和可用性。

2.3.2　BIM 应用各部门职责

祁婺高速项目明确 BIM 技术领导小组的职责和任务，将 BIM 技术领导小组的职责与组织的 BIM 应用目标和需求相匹配，在制定职责和任务时，考虑到 BIM 技术在项目中的应用范围、BIM 技术使用的目的，以及 BIM 技术需要协调解决的问题等。祁婺高速 BIM 应用各部门具体职责如下：

1. BIM 技术领导小组职责

（1）确定 BIM 技术领导小组的组成人员：BIM 技术领导小组应该由具有 BIM 技术应用经验和专业知识的人员组成，包括 BIM 技术负责人、BIM 技术应用专家、BIM 技术开发人员等。

（2）制定 BIM 技术领导小组的工作计划和时间表：在制定工作计划和时间表时，应考虑到项目的 BIM 应用目标和时间表，以及 BIM 技术领导小组成员的工作安排和时间表。

（3）建立 BIM 技术领导小组的工作流程和工作标准：在建立工作流程和工作标准时，应该考虑到 BIM 技术的特殊性和项目的 BIM 应用目标，包括 BIM 技术的应用标准、数据标准、模型标准等。

（4）监督和评估 BIM 技术领导小组的工作：应对 BIM 技术领导小组的工作过程进行监督和评估，以确保 BIM 技术的应用符合组织的 BIM 应用目标和需求。建立 BIM 技术领导小组需要得到主管部门内部的重视和支持，同时需要有专业的 BIM 技术人员来参与建立和实施。建立 BIM 技术领导小组后，应该不断完善其职责和工作流程，以适应项目

BIM应用的不断变化和发展。

2. BIM咨询组职责

BIM咨询单位应完成BIM策划，编制BIM实施导则，制定项目施工阶段的模型编码、应用、交付标准，组织管理BIM实施。由BIM咨询单位根据前述BIM深度要求进行验收后提交业主，协助业主审核各参与方的BIM工作和BIM成果，以及地方标准编制、专利申请、奖项申报及其他科研工作，对各参与方的BIM工作进行指导、支持、校审。

（1）BIM技术咨询：BIM咨询单位应为客户提供包括BIM技术的应用范围、优势、技术路线、实施方案等方面的BIM技术咨询服务。

（2）BIM技术培训：BIM咨询单位应为客户提供包括BIM软件的使用培训、BIM流程的培训等方面的BIM技术培训服务。

（3）BIM项目管理：BIM咨询单位应为客户提供包括BIM项目计划制定、项目组织结构建立、项目实施过程管理、项目监控与控制、项目收尾和总结等方面的BIM项目管理服务。

（4）BIM技术支持：BIM咨询单位应为客户提供包括BIM软件的安装、使用、故障排除等方面的BIM技术支持服务。

（5）BIM技术应用：BIM咨询单位应为客户提供包括BIM的建立、BIM的协同设计、BIM的施工和运维等方面的BIM技术应用服务。

（6）BIM技术评估：BIM咨询单位应为客户提供包括BIM技术的应用效果评估、BIM技术的成本效益评估等方面的BIM技术评估服务。

（7）BIM技术创新：BIM咨询单位应关注BIM技术的最新发展趋势和应用需求，开展如下BIM技术创新和研究工作，推动BIM技术的不断发展和应用。

制定BIM技术应用目标，并对应用进展情况进行考核；

制定项目全寿命周期各阶段的规范与标准；

按《建筑信息模型分类和编码标准》（GB/T 51269—2017）、《建筑信息模型设计交付标准》（GB/T 51301—2018）进行模型验收；

按《建筑信息模型应用统一标准》（GB/T 51212—2016）对各单位应用成果进行验收；

编制地方标准，申请专利，申报奖项及完成其他科研工作；

协助BIM实施管理办公室召开BIM月、周工作例会，不定期组织召开专业技术会及技术总结会。

3. 施工组职责

施工承包商须在合同约定的范围内，完成施工阶段的BIM要求，按照BIM实施导则和BIM技术标准，组织内部BIM应用小组，与其他参与方使用BIM进行施工信息协同，建立施工阶段可供上传 BIM 协同平台格式的 BIM，提供 BIM 应用成果。在 BIM 协同管理平台上填报进度计划、上传工程管理过程资料等，并对过程资料进行结构化处理，完成智慧工地相关硬件设备的部署。

（1）建立施工临设模型、深化模型。

（2）开发施工阶段 BIM 技术应用。

（3）在 BIM 协同管理平台上建立质量管控单元（分部分项）。

（4）在平台填报经审定的总体、月、周进度计划。

（5）上传施工过程质量记录表单等资料，并填写相应的结构化数据。

（6）智慧工地相关硬件设备的部署。

（7）配合 BIM 平台开发单位做好 BIM 协同管理平台开发，提供相关资料。

（8）移交竣工模型。

4. 建设组职责

代建单位负责在 BIM 协同管理平台完成审核、审批、本单位资料上传等工作，对施工方在 BIM 平台上传的资料进行监督、验收。

（1）在 BIM 协同管理平台完成本单位资料上传等工作。

（2）对参建各方在 BIM 协同管理平台上的应用情况进行监督。

5. BIM 平台组职责

（1）研发与维护 BIM 协同管理平台。

（2）提供 BIM 的轻量化处理和上传平台。

（3）提供 BIM 协同管理平台培训、施工现场配合、工作成果总结等技术服务。

6. 设计组职责

（1）建立设计阶段的 BIM，及设计变更后对 BIM 进行修改。

（2）将设计模型提交 BIM 协同管理平台。

（3）提交设计阶段 BIM 应用（方案比选、力学分析、结构分析、土石方优化分析、碰撞检查等）。

（4）上传设计成果资料及与模型挂接。

7. 监理组职责

（1）在 BIM 协同管理平台完成本单位资料上传等工作。

（2）对施工方在 BIM 协同管理平台上传的资料进行监督。

（3）配合 BIM 咨询单位做好 BIM 协同管理平台开发，提供相关资料。

（4）按公路工程监理规范及相关验收标准，在 BIM 协同管理平台进行资料审核、技术评定等监理工作。

8. 其他技术组职责

其余专项合同方在合同约定的范围内，完成对应工作中的 BIM 要求，按照 BIM 实施导则和 BIM 技术标准，组建内部专项 BIM 小组，与其他参与方使用 BIM 进行施工信息协同，建立适用的 BIM，提供 BIM 应用成果。

(1) 在 BIM 协同管理平台上传本单位内业资料。

(2) 配合 BIM 平台开发单位做好 BIM 协同管理平台开发，提供相关资料。

2.3.3 BIM 实施的组织关系与工作内容

1. BIM 实施组织关系（图 2.2）

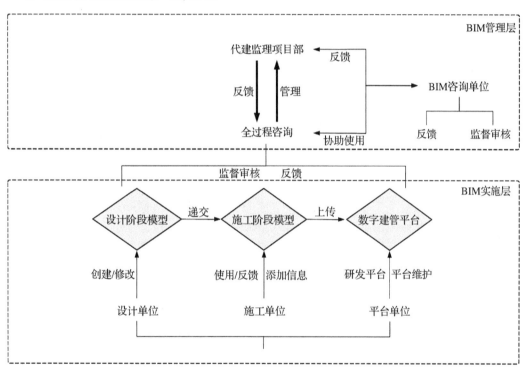

图 2.2 BIM 实施组织关系图

2. BIM 咨询方工作内容

(1) 指导建立 BIM 技术应用及信息化管理体系。策划和编制《祁婺高速项目 BIM 总体实施方案》《祁婺高速项目 BIM 应用指南》等规划类文件，协助业主建立项目 BIM 技术应用组织体系和运行管理制度；建立《祁婺高速项目 BIM＋信息化管理平台应用指南》《祁婺高速项目 BIM＋信息化管理实施考核办法》《祁婺高速项目 BIM 应用标准》等纲领性文件。

(2) 指导开展各项 BIM 软件培训及考证。组织人员进行 InfraWorks、Revit、

Navisworks 等 BIM 软件培训及考证，为项目培养若干名具备中国图学学会等行业认可证书的人员。

（3）组织策划召开项目观摩会议及活动。以"BIM 技术应用，助力江西交通"为理念，将项目打造成省内领先的高速公路 BIM 技术应用示范工程，适时策划开展项目观摩、交流活动，完成江西省交通运输厅 BIM 技术推广应用试点工程任务。

（4）主导落实项目 BIM＋信息化管理工作。负责项目模型、应用成果的审核、传递和验收，主导策划基于 BIM 技术的临建设计施工指导、物料追踪、土石方计算等应用点落地，辅助 BIM＋信息化管理平台、智慧工地的开发及应用工作，配合完成业主在品质工程、平安工地等创建活动中的 BIM 技术应用相关工作。

（5）协助开展 BIM 类奖项申报。负责整理 BIM＋信息化应用报奖相关材料，组织申报中国公路学会"交通 BIM 工程创新奖"，"龙图杯"全国 BIM（建筑信息模型）大赛，中国勘察设计协会、欧特克软件（中国）有限公司"创新杯"等行业 BIM 大赛。

（6）策划软件著作权申报，论文、专著编制与发表工作。整理总结项目 BIM＋信息化技术应用成果，公开发表 BIM＋信息化应用相关学术论文 2 篇，编写项目 BIM＋信息化应用专著 1 本，协助项目平台单位进行软件著作权的申报。

2.4　BIM 技术实施规划

2.4.1　明确 BIM 应用目标

（1）通过 BIM 总体咨询机制，统筹 BIM 资源、规划、组织、实施、管理的总体过程，服务项目施工、建设管理的相关工作，实现工程建设数字化管控，丰富积累项目 BIM 技术应用管理经验，对咨询公司今后类似工程的建设及管理起到良好的指导作用，为今后的同类项目建立数字化范本。

（2）研究编制项目 BIM 应用标准、指南、规范、导则，编制项目 BIM 应用过程中的管理办法。为类似项目积累经验，同时也为江西当地 BIM 应用标准化、规范化作出贡献。推进江西省开展地标编制工作。形成一批技术标准、指南与规范，以标准引领，促进建设管理综合实力提升，为今后同类项目开展树立应用示范，探索形成一套技术体系和工作模式，打造项目整体竞争优势。

（3）根据项目 BIM 应用成果开展相关的成果总结、业内奖项申报工作。力争将项目 BIM 应用研究成果申报"创新杯"建筑信息模型应用大赛、"龙图杯"、交通 BIM 工程创新奖等业内知名奖项。同时也适时地开展论文编制、软件著作权申报、专利申报等工作，丰富充实项目 BIM 应用成果。

2.4.2 明确BIM技术应用原则

祁婺高速项目BIM技术应用着眼落实《交通运输部办公厅关于推进公路水运工程BIM技术应用的指导意见》中施工建设期的应用点为基本原则。《交通运输部办公厅关于推进公路水运工程BIM技术应用的指导意见》要求参建单位加强BIM技术培训，做好专业人才储备；鼓励项目建设单位搭建基于BIM技术的项目管理平台，提升管理效率和水平；施工单位对技术复杂工程利用BIM技术优化施工管理，改进施工工艺，降低施工成本，提升施工质量，钢结构制造加工单位直接利用BIM数据进行构件加工，提高加工效率和进度。

《交通运输部办公厅关于开展公路BIM技术应用示范工程建设的通知》中还要求：建设单位要建立基于BIM技术的项目管理系统和全员参与的共享管理方式，改进建设管理，压缩管理层级，提高管理效率，降低管理成本。施工单位要利用BIM技术改进施工组织，提高设备利用率，减少材料和备件库存，充分利用BIM数据进行构件加工，减少中间环节，提高加工效率和精度，提升施工组织水平。

BIM应用的一个重点是技术落地，在施工建设过程中，应根据项目实际需求和试点工程的要求开展工作。根据目前BIM技术在高速公路建设期内的应用点，选择部分具有典型性的、江西地域内常见的、有助于指导今后高速公路建设的技术点，投入人力、物力以及建设资金着力研发，力图形成成熟的解决方案；根据施工期调整应用展开时序，并且按标段分开应用，尽量实现多标段并举，以分散施工单位的工作压力；对于倾斜摄影测量技术和BIM工程量计价技术，要保证在实际应用的过程中有新的突破；以江西省现有的成熟的建设管理系统（平台）为基础，引入超轻量化的BIM+GIS的三维展现方法，将BIM的核心数据作为工程建设管理的信息载体，实现数据的收（采）集、审核、存储、读取、修改等基本操作功能的同时，保证数据的安全性、唯一性、共享性以及可追溯性，为打造设计-施工-养管全过程一体化BIM平台，闭合上至关重要的一环。

BIM应用的另一个重点是实现BIM数据的开放性。BIM技术应用不是一两种（个）软件就能满足现实需求的，应具有多专业融合、多软件协同、多阶段贯通的功能。因此，作为BIM载体上的核心数据，其数据格式的开放性及标准化就成为其存在的必要条件。实现数据共享，可以使BIM的数据资源能更充分地被利用，最大化地体现BIM本身的价值内涵；同时，对BIM的使用者而言，无论是工程项目建设方，还是其他参建方，都因BIM的共享属性而大大减少了对海量BIM数据进行资料收集审核存档、数据采集存储调用等的重复工作和相应费用。但由于不同系统的数据往往来自不同的途径，其数据内容、数据格式和数据质量千差万别，因而给数据共享带来了很大困难。BIM的落地实施，将建立一整套统一的数据交换标准，规范数据格式，为后续江西省编制完善有关BIM的一系列地方（行业）规范标准奠定基础。

2.4.3 编制 BIM 实施路线

祁婺高速项目总体技术路线：收集基础资料并整理，基础资料包括国内外 BIM 标准、当前国内外 BIM 应用水平资料及工程资料，并对国内外 BIM 工程进行分析总结，结合实际情况，制定具体的实施方案；参照国内外已有标准，结合国内公路工程特点，开展祁婺高速项目的相关 BIM 标准研究；对目前还不成熟的 BIM 技术应用点开展专题研究，依据施工图建立施工图深度的 BIM，同时调研业主需要，开展 BIM 协同管理平台的研发应用；依据 BIM 和制定的 BIM 标准，完成施工阶段的 BIM 应用，以及 BIM 协同管理平台的应用，以祁婺高速项目 BIM 标准为基础编写地方标准，并对所完成的工作成果进行总结分析，形成研究报告。

祁婺高速 BIM 应用具体实施流程图如图 2.3 所示。

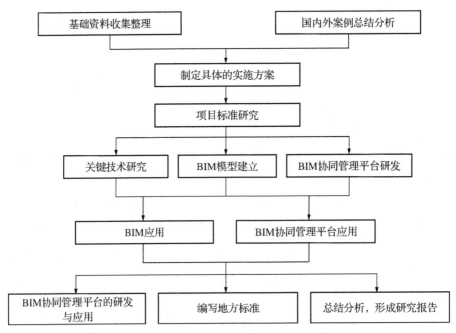

图 2.3 祁婺高速 BIM 技术应用实施流程

根据 BIM 应用目标，选择合适的建模软件、模型集成软件、模型传递格式、构件分类与编码、BIM 应用软件以及数据集成平台，确保 BIM 技术应用工作的顺利推进。

结合工程特点，制定具体 BIM 技术应用与数字建管养平台三条主线（图 2.4）：

（1）通过模型应用提升工程的建造水平，为实现工程项目的精细化建造提供技术支撑；

（2）通过 BIM 协同管理平台，用三维模型集成工程全阶段、全业务的数据，达到信息共享、管理协同、提质增效的目的，配合智慧工地为实现工程精益管理提供技术支撑；

（3）通过 BIM 指挥，借助智慧设备传感技术，建立物联协同、智能科学的施工模式，实现工程智能建造、标准化生产，提高工程质量和安全水平。

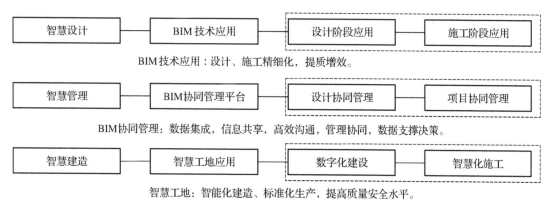

图 2.4 祁婺高速 BIM 技术应用实施路线

2.4.4 编制 BIM 实施标准

在充分学习借鉴国家 BIM 标准、其他省市 BIM 标准、部分企业 BIM 实施标准的基础上，结合祁婺高速项目 BIM 实施情况，借鉴社会公认的 BIM 技术应用成果，开展 BIM 实施标准体系建设研究工作。编制形成设计和施工 BIM 应用标准，并配套编制 BIM 管理手册。从 BIM 实施准备、BIM 创建、BIM 应用、BIM 成果归档等方面规范 BIM 技术的全过程应用，有效提升 BIM 实施的规范性。

设计和施工两项 BIM 应用标准为工程项目提供了 BIM 应用的范围，具体每个应用点的实施要求还需要详细规范，为此，针对两项 BIM 标准的应用点，以中国建筑信息模型标准（Chinese Building Information Modeling Standard，CBIMS）理论为指导，开展 BIM 实施标准的编制工作，包括综合管控 BIM 实施标准、设计管控 BIM 实施标准、施工管控 BIM 实施标准三大类，建立了较为完善的 BIM 技术普及推广实施体系，为 BIM 技术的普及应用提供具体的实施办法。

2.4.5 规划 BIM＋GIS＋IoT 数字建管平台功能

祁婺高速项目的信息化建设紧密结合行业发展需求及项目管理需求，以构筑建管养一体化的高速公路全生命周期信息系统为目标，以创新为动力，以可持续发展和集约化发展为导向，坚持"统一规划、统一标准、资源整合、集约应用"的建设原则，构建支撑"实时掌控、管理动态、服务高效、决策科学"全业务管理的信息化系统，构筑高速公路建设、管理和运行一体化的信息化系统顶层设计构架，在统筹规划、统一体系的构架下分步实施。建设期信息化的重点围绕打造"品质工程"展开，助力江西省"美丽公路"和"智慧交通"建设，实现项目指挥部业务管理信息化全覆盖。

2.4.6 BIM 软件二次开发计划

BIM 完整过程是由建设单位牵头，勘察单位勘察建立地貌地层模型，设计单位设计建筑模型，施工单位实施修改并移交运营单位以进行维护。BIM 系统的最终目的并不仅仅是将传统二维图纸转换为三维模型，也不只是将建筑几何信息与材质信息相结合，而是提高建筑全寿命周期内参与各方的工作效率，降低相关人员的简单、机械、重复性的劳动，减少工程中的错误，使得过程中减少不必要的设计修改、因为错误和失误导致的变更以及由此带来的等待消耗，让相关人员的精力更多地用于优化设计、加强施工管理、优化生产流程等更重要的工作，从而降低工程造价，合理缩短工期，同时提供更安全的施工组织方案，降低安全事故风险。BIM 参数化建模和二次开发必须围绕提高效率进行。由于现在的信息分割，且 BIM 发展还处于分散阶段，各单位之间并没有依靠 BIM 传递信息，仍然使用 CAD 图纸和蓝图作为建筑信息传递的方式，特别是蓝图仍然具有最终的法律效力，而工程内业资料则是以纸质加手写签字的资料为最终归档资料。现阶段仍以各方根据自身需要实施 BIM 技术应用为主，模型即使能够流转，也只是起到辅助沟通作用。

2.4.7 BIM 信息化系统功能规划

BIM 信息化系统功能规划的目的是运用互联网和 BIM 技术打破信息壁垒，跟踪每个工程构件在规划设计、施工、运营全生命周期间的信息，以空间地理信息系统和三维模型为载体实现集成，为工程项目建设主管部门、参建单位、投资集团等提供工程规划设计、投资、进度、质量安全、应急保障、健康评估、工程档案等全生命周期的信息服务、应用服务和智能服务。

BIM 信息化系统功能规划主要包括以下四个方面。

1. 基础设施

通过卫星遥感测量、航测建立高精度的基础地理信息系统，建立工程项目的精细模型，依托监控网以及传感网，整合相关工程的设计、施工、营运全生命周期的 BIM 信息，形成的基础设施三维数字建筑信息模型。

2. 平台

搭建工程项目建设各单位协同共享、具有高度安全控制的云计算平台，提供工程建设规划设计、施工管理、运营管理、应急保障、健康评估等全生命周期的应用服务，通过应用系统整合工程全生命周期的信息资源，形成 BIM 数字建筑基础资源中心和 BIM 信息管理系统。

3. 终端

提供计算机、手机、平板电脑、车载设备、机载设备、LED 屏等多种屏幕终端设备相应的应用服务。

4. 服务

为用户提供规划设计、视频监控、BIM 可视化、计划进度管理、计量支付、材料计划及总控调账、报表管理、质量安全管理、应急管理等信息化应用系统、查询分析和智慧服务。

2.4.8 明确模型数据传递原则

建立 BIM 基础数据共享库，建立项目数据中心。基于 BIM 集成工程项目沿线空间地形地貌、基础设施三维模型、项目全生命期产生的设计信息、施工管理信息、工程档案信息、视频信息等，建设真实反映工程项目的 BIM 基础数据共享库。

根据施工图设计文件及变更文件，建立项目路基、路面、桥梁等施工图范围内的建（构）筑物的 BIM 信息库。并根据项目实体工程类别、单项工程、单位工程、分部工程、分项工程、工序建立项目工程产品工作分解结构（Work Breakdown Structure，WBS）分解标准库和工程量清单库。采用 3D 图形处理引擎，结合 SQL Server、Oracle 等大型关系数据库的方式，来存储海量的项目管理基础数据，包括统一的项目工程产品 WBS 分解标准库、BIM 信息库、工程量清单库。

通过融合、集成 BIM，采用 3D 图形处理引擎实现对 BIM 的加载与管理，实现海量数据高效无缝整合，将设计、施工、验收、监测、检测、报告、管理等数据、资料真实、实时反映到平台中。依托构件级别的 BIM 三维模型进行数据间可靠联动，直观、实时、快速展示管控项目所关心的全部数据。通过 SQL Server、Oracle 等大型关系数据库，结合数据间的对应关系，实现项目管理基础数据的传递、共享与应用。

2.4.9 明确应用成果交付标准

成果交付标准包括 BIM 交付标准、项目工程产品 WBS 分解标准。其中，BIM 交付标准规定了工程 BIM 的创建深度和模型文件管理要求；项目工程产品 WBS 分解标准规定了施工建造阶段对工程进行实体结构分解要求。

从项目的工程项目特点及过程数据出发，根据现有实体工程项目经验，结合国家标准，考虑项目的普遍性与特殊性等，建立相对稳定、统一的项目实体工程 BIM 数据标准，定义项目实体工程的工程类别、单项工程、单位工程、分部工程、分项工程和工序。通过基础数据组合与统计能够满足项目各参与者的需求，并可为后期不同项目的分项工程和工序在工效、资源配置、施工质量等方面的比对、统计分析提供科学的数据依据。

3 BIM 技术实施过程管理

为顺利推进 BIM 技术在祁婺高速施工阶段的实施，发挥 BIM 技术管理优势，更好地为祁婺高速工程建设提供技术支持，明确 BIM 各参与方职责与权利，提高 BIM 协同效率和信息录入的及时性与准确性，特制定《祁婺高速 BIM 实施导则》，本章主要是对导则中的部分内容进行阐述说明。

本导则适用于祁婺高速公路 BIM 技术服务项目建设单位、咨询单位、设计单位、现场监管处、施工单位及其他参建单位。

3.1　BIM 管理原则

BIM 管理涉及一系列原则和最佳实践方式，以确保成功实施和有效利用 BIM 技术。以下是一些常见的 BIM 管理原则：

（1）目标导向：明确定义项目的目标和需求，并将 BIM 技术与这些目标和需求相结合。确保 BIM 的实施与项目的整体目标一致，通过 BIM 实现更高效、更可持续和更具价值的项目交付。

（2）管理支持：确保在项目组内部有适当的支持和承诺，包括高层管理的支持和参与。建立一个跨职能的 BIM 团队，负责制定和推动 BIM 策略，并为项目组中的所有相关人员提供培训和支持。

（3）标准制定：制定和采用适用的 BIM 标准和指南，以确保在项目中使用一致的数据格式、协作流程和信息交换标准。这些标准涉及模型命名约定、对象分类、数据交换格式等方面，以促进跨团队的协作和数据一致性。

（4）流程优化：重新审视和优化现有的设计和施工流程，以充分利用 BIM 技术的优势。确保团队成员了解如何使用 BIM 工具和技术，并制订适当的培训计划。同时，建立有效的信息共享和协作机制，以促进团队之间的沟通和协作。

（5）数据管理：制定有效的 BIM 数据管理策略，包括数据收集、存储、更新和共享的规范。确保所有 BIM 和相关数据的版本控制和可追溯性，并确保数据的准确性和一致性。

（6）技术选择：选择和采用适合项目需求的 BIM 工具和技术。考虑到项目的规模、复杂性和团队能力，选择合适的 BIM 软件和硬件设备，并确保它们能够与其他工具和系统进行集成。

（7）持续改进：BIM 管理是一个持续改进的过程。定期评估 BIM 实施的效果和成果，并根据反馈和经验教训进行调整和改进。借鉴最佳实践和行业标准，不断提高团队的 BIM 能力和成熟度。

为顺利推进祁婺高速的 BIM 实施，发挥 BIM 技术管理优势，更好地为祁婺高速工程建设提供技术支持，明确 BIM 各参与方职责与权利，提高 BIM 协同效率和信息录入的及时性与准确性，应根据各方职责制定实施工作导则。其制定原则为：

(1) 一致性原则

在 BIM 实施过程中，各参与方对其在工程管理中所产生的信息，负有在 BIM 协同管理平台进行管理、整合、查验等责任。

(2) 准确性原则

BIM 的实施应采用技术手段来保证数据的实时性、真实性，各参与方提交的数据应当准确无误，及时上传。

(3) 便捷性原则

BIM 的实施应提倡简单、便捷，为提升工程管理效率，尽可能在不改变现有工程管理体系、现有工作流程的条件下实现精细化管理。

3.2 BIM 实施保障

1. 管理保障

(1) BIM 技术领导小组

组建祁婺高速 BIM 技术领导小组，组长由项目办领导担任，组员由项目办有关科室领导组成。

领导小组下设 BIM 实施管理办公室，办公室主任由项目办领导指定，办公室成员由 BIM 咨询单位、设计单位、BIM 平台开发单位负责人组成。BIM 实施管理办公室下设若干技术组，实施具体 BIM 应用。

(2) 各参建单位建立 BIM 技术组

各参建单位应建立 BIM 技术组，组长由参建单位 BIM 总监担任。设立 BIM 专员，负责工作联络、本小组 BIM 技术指导。其他 BIM 技术人员由经验丰富的工程师担任。

2. 制度保障

(1) 由 BIM 实施管理办公室定期组织召开领导小组会议、周例会；由 BIM 咨询单位不定期组织召开专业技术会及技术总结会，合理布置任务，解决工作中遇到的问题。

(2) 实行项目成果考核制，由 BIM 咨询单位按实施工作导则中的内容，每月对各参建单位 BIM 实施情况进行考核，并上报 BIM 实施管理办公室。

(3) 各参建单位建立、健全本组的日常管理制度，规范日常工作行为，确保本组工作持续、高效开展。

3. 人员保障

各参建单位根据项目组结构设置要求，组建 BIM 技术组，按要求配备项目组成员，成员的人数、资历及技能需满足项目推进要求。

4. 技术保障

（1）BIM 咨询单位应定期为各参建单位 BIM 专员及相关技术人员提供培训服务。

（2）各参建单位 BIM 专员应负责为本单位的 BIM 参与人员提供技术指导与培训，为 BIM 顺利实施提供技术支持。

（3）编制的各类标准、指南、导则等需由项目办组织专家评审通过后，方可实施；设计、施工单位编制的各类 BIM 应用实施方案，由 BIM 咨询单位审核通过后，方可实施。

5. 设施保障

（1）各参建单位应按 BIM 应用需求配备充足的 PC 端、移动端及相关硬件设备。

（2）施工单位应根据 BIM 应用需求配备视频监控设备、射频识别（Radio Frequency Identification，RFID）设备、传感设备及其他信息采集设备。

（3）施工单位所采用的施工工艺、施工设备、试验设备应结合 BIM 应用需求选择或配备。

（4）BIM 建模与应用所需的常用软件由各参建单位购置、维护。

（5）软件环境：操作系统版本号应高于 Windows 7 以上，网页浏览器应为谷歌浏览器，手机终端（安卓）版本号应为 Android 4.0 以上。

6. 质量保障

（1）实施前进行充分调研

通过点对点、面对面的调研，充分了解项目进度情况以及需求，为后续实施方案的制定提供有效依据。另外通过调研，一方面让参建单位了解智慧建设 BIM 管理平台，熟悉过程中需要配合的工作，另一方面减少过程中的矛盾以及问题，为项目实施提供有效保障。

（2）制定完善的实施方案

根据调研情况制定详细的实施方案，与业主进行充分讨论和分析，使实施方案更加细致以及完善。并且在实施方案中明确细化节点、实施目标、实施过程以及相应成果，以便在组织过程中进行检查，理化检验实施成果。

（3）团队组织保证，强化协调管理

组织强有力的实施团队，对团队成员的工作职责和时间提出明确要求。协助参建单位进行培训和指导。定期组织协调会议，推进相关工作开展。及时听取团队意见，及时调整在实施过程中出现的问题。

（4）制度流程保证，进行内部考核

为保证项目实施进度，需对实施过程中的应用点制定详细的流程和方案，明确每一步的工作流程和时间要求，并且对工作流程进行检查和考核。通过流程制度的保证，不仅可以明确项目组成员的工作内容和方向，也方便项目过程管理。

（5）做好内部自检与互检工作

在团队组建过程中，除成立每个专业团队组外还应成立审核组。成立审核组的目的是在建模、系统开发以及维护过程中先进行内部相互检查,以减少90%以上的错误,再由审核组根据之前的标准进行模型审核,以此避免99%以上的错误,从而来保证项目的实施质量。

(6) 执行现场管理为主,后台团队支撑

除了管理平台实施过程中建立的 BIM 和程序工程师团队外,公司总部会成立内部后台团队,对管理系统实施情况进行检查、指导和培训。后台团队由公司高层组成,一方面他们具备大量项目的实施经验,另一方面也可以迅速调配公司资源进行服务。

(7) 制定各方协同标准、建模标准、数据标准等

为保证项目实施进度,需对实施过程中的应用点制定详细的实施流程和方案,明确每一步工作流程以及时间要求,并且对工作流程进行检查以及考核。通过流程制度的保证,一方面可以明确大致的内容和方向,另外一方面也方便项目过程管理。

7. 进度保障

项目的进度管理主要依靠进度控制,通过周密的进度控制计划,对项目管理中一系列不可知的干扰因素和风险进行科学的分析和预测,对项目进度进行科学把控,保证项目的开展按照原定计划执行,并确保项目如期完成。在项目的进程中,影响项目进度的因素有很多,包括人为、资源、程序等因素,干扰因素和风险因素多样,这给项目的进度控制带来很大的阻碍,也使得项目的进度管理成为项目管理中最为突出的问题。

为提高项目的进度管理水平,可采取如下进度保证措施。

(1) 提高项目负责人的管理能力和对项目管理的专注力

影响项目进度控制的主要原因在于人,尤其是项目的负责人起到最为关键的作用。提高项目负责人的管理能力和对项目管理的专注力是确保项目进度得到合理控制的关键。对此,应确保选定的项目负责人责任心和能力兼备,对项目的前期立项、计划制订、审批等要全程参与,并具备足够的能力对项目开展的各环节进行科学合理的把控,避免身兼多职、半路出家等不合理现象出现。

(2) 确保项目实施团队的稳定性

项目开展以后,必须保证项目负责人全心全力地负责到底,且项目各执行人也需要从一而终,避免项目中途项目负责人及执行人员的频繁更换。对此,项目开展之初一定要选择正确的项目管理者和执行者,通过严格选拔、层层把关,确保所有项目参与人员按计划如期完成自己的项目职责和任务,杜绝中途出现选拔人员因不合格而临时被替换或项目参与人员因个人原因中途退出等现象。

(3) 避免上级领导或多级管理者的不合理介入

项目的开展需要得到上级管理部门的监督和重视,但是中途插手或是不合理的管理介入往往会给项目开展带来很大阻碍,因此,必须避免项目开展过程中上级领导或多级管理

者的不合理介入。对此，上级领导或管理部门需做好自身监督管理的本职工作，如发现不合理问题或违规违纪现象应首先与项目负责人或项目直属领导沟通反映，查证属实的前提下再介入批评指正，避免盲目介入指导，或直接叫停项目，给项目进度控制带来阻碍。

（4）保证项目所需各项资源的如期投入

保证项目所需各项资源的如期投入是确保项目如期完成的关键，为此，项目负责人一定要提前做好项目所需各项资源的需求计划和需求时间，例如项目开展所需的人力、设备、材料、资金等，确保各项目资源在规定时间内如期到位，尽量提前做好所需资源的准备工作，与资源提供者及时沟通并及时催促，保证项目所需各项资源的如期投入，为项目的如期完成做好准备。

（5）项目开展的时效性

市场信息和科技发展等外部影响力对于项目的如期完成也有一定的影响作用。为此，项目开展要时刻以市场信息和科技发展为依托，随时关注外部市场信息变化，及时了解相关的行业信息和科技发展动态，做到随机应变，灵活掌控，尽量缩小市场和科技变化等外界信息给项目带来的影响。

3.3 BIM 工作管理

1. 工作管理要求

各 BIM 工作参与方应按照实施工作导则要求，完成自身的 BIM 工作，同时应与其他 BIM 工作相关方进行积极协作，共同推进 BIM 工作的实施。

各参与方应确保自身所负责的 BIM 得到及时更新，保证模型实施的有效性。

负有整合、审核、查验、审批责任的 BIM 参与方应对模型和模型应用成果及时进行相应的工作，并及时反馈意见，确保工作准时顺利进行。

各参与方有义务为自己的 BIM 工作人员提供业务培训，确保上岗人员的技术水平和能力。

BIM 参与方在 BIM 工作实施前，应根据合同约定的 BIM 内容，拟定相应的工作计划和实施保障措施，并在工作中落实执行。向 BIM 咨询单位提交 BIM 成果及应用成果交付计划，并在 BIM 工作中接受业主和 BIM 咨询单位的管理和监督。

2. 例会制度（图 3.1）

将 BIM 工作列为设计例会和工程例会讨论议项。BIM 工作在例会上的议程包括：

（1）落实对上一次例会中出现的 BIM 问题的解决方案；

（2）对下一阶段的 BIM 工作提出要求。

在下列节点，应召开专项 BIM 工作会议，对 BIM 工作进行相关内容的讨论和决议：

(1) BIM 实施导则定案时；
(2) 各施工承包方招标文件编制时；
(3) 施工总承包商进场时；
(4) 主要专业承包商进场时；
(5) 各 BIM 阶段性应用完成时；
(6) 工程整体竣工时。

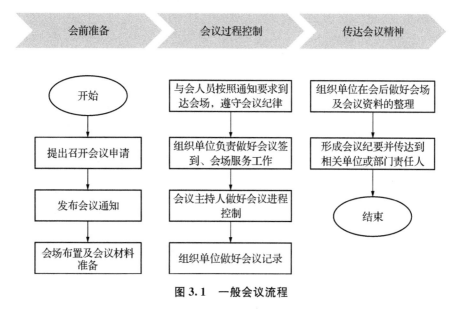

图 3.1　一般会议流程

3. 施工阶段 BIM 流程（图 3.2）

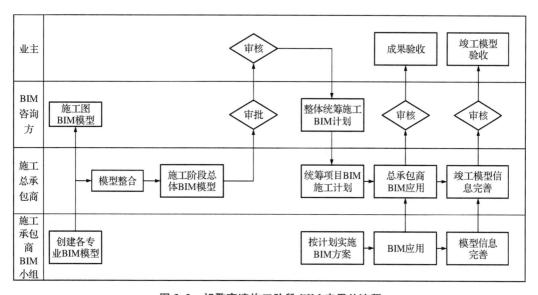

图 3.2　祁婺高速施工阶段 BIM 应用总流程

(1) 施工阶段 BIM 建立

施工阶段及施工过程的 BIM（包括模型信息）由各施工承包商负责建立并整合，业主负责提供设计阶段的 BIM 成果供各承包商参考。

①BIM 的精度和模型信息，应与 BIM 咨询单位提供的满足各阶段 BIM 应用实施的模型标准相符合；

②在各级各类 BIM 建立前，各建模单位应向 BIM 咨询方提交模型规划；

③所有模型成果完成之后必须用于施工管理和技术提高。

(2) 施工进度 BIM 模拟

①各施工承包商在编制施工组织设计和施工方案时，应根据模型所编制的施工进度计划，通过三维方式展示施工进度组织。施工承包商在反映整体进度时，应将各相关和互相穿插施工的专业工序进度一并反映。

②进度计划模拟所依据的 WBS 编码，应与进度计划的 WBS 编码一致，并反映在模型规划的编制中。进度计划三维展示的 WBS 分解级别，应以能充分表达进度计划的内在联系，以及与其他穿插专业的配合为标准。

③施工进度模拟的目的，是在总控时间节点的要求下，以 BIM 方式表达、推敲、验证进度计划的合理性，充分准确地显示施工进度各个时间点的计划形象进度，以及追踪表达进度实际实施的情况。

(3) 施工阶段 BIM 各项应用点实施

①制定专项 BIM 应用实施方案，规范 BIM 应用，明确单个应用点目标、过程以及达到的预期效果；

②组织相关人员评审方案，讨论方案的可行性，评估预期效果；

③针对性地实施 BIM 应用，记录过程每个细节；

④对 BIM 应用结果进行评价总结。

4．模型质量控制

(1) 建模人员的培训

在建模工作开展之前，组织各单位 BIM 建模团队对 BIM 实施方案及交付标准进行学习，以确保各方对 BIM 实施规划有一致的理解，从而保证建模质量。

(2) 各参与方内部质量控制

各参与方应按照方案要求，预先规划自身所负责模型的内容、详细程度。模型和应用质量应依照方案要求，在 BIM 工作的全部过程中进行质量控制，如组织模型审查、进行内部培训、召开协调会议等。

(3) 质量检查（表 3.1）

表 3.1 质量检查的内容、要点和人员

阶段	检查内容	检查要点	检查人员
施工阶段	施工模型建模与更新	施工模型是否达到应用要求	本组 BIM 技术人员
		施工数据的准确性、完整性	综合组人员
	设计变更	设计变更后模型是否及时修改	综合组人员
	变更工程量计量	变更工程量是否正确	综合组人员
	竣工模型	深化设计模型是否符合要求；竣工数据的准确性、完整性	综合组人员

质量检查的结果，应以书面记录的方式反馈给参与方，并同时抄报业主，对于不合格的模型和应用，应明确不合格的情况、整改意见和时间。

5. BIM 现场服务

(1) 建模质量、进度控制

协调施工单位的建模工作，检查模型的完整性、规范性，保证 BIM 达到交付标准。出现设计变更时，应在 7 天内完成模型更新。

(2) BIM 实施管理

对参建各方 BIM 技术应用及 BIM 协同管理平台的使用进行管理，并提供技术支持。

(3) BIM 信息数据管理

督促各方准确使用 BIM 协同管理平台，定期对相关施工资料、数据进行维护更新，落实数据管理的规则和制度，方便各参与单位及时查询、调取资料。

(4) BIM 技术培训

通过培训，管理人员能够操作应用 BIM 相关功能，技术人员能够掌握 BIM 的创建与应用工作。

(5) 驻场服务

施工阶段根据项目需要组建现场 BIM 团队，提供 BIM 咨询及管理服务，协助建设方完成招标工作，协助完成日常汇报、演示，并参加现场有关协调会。

(6) 竣工模型审核验收

①对施工组提交的竣工模型进行验收，并提交验收报告。

②协助监理组完成施工过程信息的审核。

③向业主提交整体竣工模型。

(7) BIM 协调例会

协助建设单位组织 BIM 周例会，并根据需要参与各工程例会，为协调解决参建各方的管理问题提供技术支持，必要时在会议中进行模型操作。

（8）配合竣工验收

应用BIM实现可视化的竣工验收，提供图纸、文档的快速检索和查阅，提高验收工作效率。

（9）总结评估

对BIM应用产生的效益进行总结评估。

6. BIM技术培训

BIM技术培训分为两大部分：BIM建模及其应用标准的培训、BIM协同管理平台应用的培训。

（1）BIM建模及其应用标准的培训

①培训目的

依据《建筑信息模型分类和编码标准》（GB/T 51269—2017）（简称《分类和编码标准》）、《建筑信息模型设计交付标准》（GB/T 51301—2018）（简称《交付标准》）、《建筑信息模型应用统一标准》（GB/T 51212—2016）（简称《应用统一标准》）等相关规定，对施工单位的建模标准、应用标准进行培训，使其模型达到交付要求，BIM应用达到预期目标。

②培训实施过程

培训实施过程中采用现场功能讲解、参与人员实操以及问题答疑的方式。各功能点做详细操作讲解，在讲解过程中，参与人员同步进行相关操作，由讲解老师负责过程问题答疑，确保参与人员对讲解的功能点都能熟练操作。

③培训后的反馈阶段

根据培训效果编制培训报告；对培训过程中参与人员提出的平台问题进行处理反馈。

（2）BIM协同管理平台应用的培训

①培训目的

BIM协同管理平台包含项目策划、模型管理、协同信息管理、图纸文档管理、计划进度管理、现场管理、质量管理、安全管理、环保管理、统计分析等功能模块。为了促使BIM协同管理平台更好地服务于项目，使项目的参建各方能够更好地熟悉和使用平台的相关功能，进行BIM协同管理平台应用的技术培训。

②培训对象

BIM协同管理平台的培训涉及相关功能的使用各方，主要为业主、设计单位、监理单位、施工单位等各部门人员。

为了确保培训的效果，需要各相关部门派遣各部门熟练的业务人员参与。

③培训实施过程

培训实施过程中采用现场功能讲解、参与人员实操以及问题答疑等方式。各功能点做详细操作讲解,在讲解过程中,参与人员同步进行相关操作,由讲解老师负责过程问题答疑,确保参与人员对讲解的功能点都能熟练操作。

④培训后的反馈阶段

根据培训效果编制培训报告;对培训过程中参与人员提出的平台问题进行处理反馈。

7. BIM 技术考核

从 BIM 证书通过率、BIM 软件实际操作熟练度、各标段 BIM 工作情况日常评分进行 BIM 技术考核。

(1) BIM 证书通过率

在 BIM 实施期间,由 BIM 咨询单位组织各标段及业主单位相关人员进行 BIM 知识、软件培训,集中参与中国图学学会及工业和信息化部组织的 BIM 技能等级考试。

(2) BIM 软件实际操作熟练度

在 BIM 实时期间,由 BIM 咨询单位组织半年度 BIM 软件操作技能大赛。大赛开始前,咨询单位负责组织各标段 BIM 参赛人员的软件操作培训。比赛期间,咨询单位设置比赛课题。最终评定由咨询单位辅助业主完成,对优秀者予以奖励。

(3) 各标段 BIM 工作情况日常评分

设计例会和工程例会均应包含 BIM 日常工作议题,以及 BIM 工作关键节点均应集中开会讨论。BIM 咨询单位应根据各阶段 BIM 成果完成进度、质量等方面,对各标段 BIM 小组进行日常打分,年终集中核算,对优秀 BIM 小组将予以奖励。

3.4 BIM 实施管理

1. BIM 应用实施管理流程

(1) 施工组应在具体实施前,针对《应用统一标准》中的应用点,对本应用范围中的内容进行细化,形成 BIM 应用策划书,报咨询组备查。

(2) 咨询组根据 BIM 应用策划书进行监督,不定期检查。

(3) 应用完成后,由 BIM 实施人员编写 BIM 应用成果报告,经总体咨询单位审核后报实施管理办公室(图 3.3)。

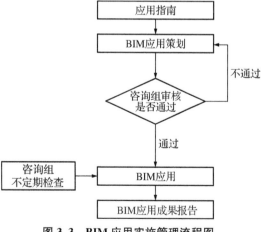

图 3.3 BIM 应用实施管理流程图

2. 各技术组实施过程资料的管理

（1）各技术组应根据项目需求或既有 BIM 规范规定，编制编写组织机构设置、规章制度、进度计划及工作总结等文件。机构设置、规章制度及进度计划等编制完成后，需经总体咨询单位认可、项目办批准后方可执行。

（2）经项目办批准后的文件，各技术组不得擅自修改，如需调整需经总体咨询单位认可、项目办重新批准后方可执行。

（3）总体咨询单位应对各技术组人员配备、规章制度、进度计划及工作总结等文件的执行和编写情况进行不定期检查，并将检查结果上报 BIM 实施管理办公室。

（4）各技术组以月为单位，向总体咨询单位提交当月工作总结及下月进度计划，总体咨询单位将对各技术组工作进行评估，并将评估结果写入该月项目咨询报告书。

3. BIM 管理

（1）设计单位在施工图完成后，30 日内完成 BIM 设计模型建模，并将模型及模型检查报告提交 BIM 咨询单位。

（2）设计单位设计变更后，7 日内完成 BIM 变更模型的建模，并将模型提交 BIM 咨询单位。

（3）出现大的方案调整时，新方案 BIM 设计模型的建模时间不超过 30 日。

（4）BIM 设计模型提交后 3 日内，设计单位向 BIM 咨询单位提交《模型交付单》，BIM 咨询单位 3 日内完成查验。

（5）模型变更提交后 3 日内，设计单位向 BIM 咨询单位提交《变更模型交付单》，BIM 咨询单位 3 日内完成查验。

（6）BIM 咨询单位在接收模型 14 日内，按照《交付标准》完成模型审核工作，并出具《模型验收单》；将验收通过的模型提交 BIM 平台组，并由 BIM 平台组更新至 BIM 协同管理平台。

（7）BIM 咨询单位在接收变更模型 7 日内，按照《交付标准》完成模型审核工作，并出具《模型验收单》；将验收通过的模型更新至 BIM 协同管理平台。

（8）在施工完成后 30 日内，施工单位完成项目竣工模型，并出具自检报告。

（9）项目竣工模型完成后 3 日内，施工单位向 BIM 咨询单位提交《模型交付单》，BIM 咨询单位 3 日内完成查验。

（10）BIM 咨询单位在接收项目竣工模型 14 日内，按照《交付标准》完成模型审核工作，并出具《模型验收单》。

（11）当某一构件类型不在模型分类表内，设计单位应提交《新增模型分类申请表》，BIM 咨询单位应在 3 日内答复并在模型分类表中新增该构件类型。

（12）如模型未通过咨询单位验收，建模单位需在 10 日内完善模型，重新提交 BIM

咨询单位验收（图3.4）。

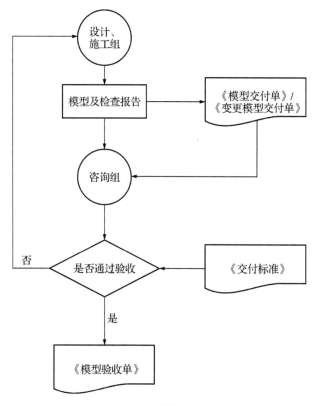

图3.4　BIM管理流程图

4. BIM应用管理

（1）设计单位在BIM应用完成后，7日内出具BIM应用成果报告。

（2）设计变更中涉及BIM应用的，设计单位需在变更后7日内更新BIM应用成果报告。

（3）设计单位出具应用成果报告后3日内，向BIM咨询单位提交《应用成果交付单》，BIM咨询单位3日完成查验。

（4）BIM咨询单位在接收设计阶段BIM应用成果14日内，按照《应用统一标准》完成应用成果验收工作，并出具《应用成果验收单》。

（5）BIM咨询单位在接收变更应用成果7日内，按照《应用统一标准》完成应用成果验收工作，并出具《应用成果验收单》。

（6）施工单位在单位工程或分部工程开工前14日，完成相应工程的BIM建模与应用，并提交成果。

（7）施工单位出具应用成果报告后3日内，向BIM咨询单位提交《应用成果交付单》，BIM咨询单位3日内完成查验。

（8）咨询单位在接收应用成果 14 日内，按照《应用统一标准》完成应用成果验收工作，并出具《应用成果验收单》。

（9）如应用成果未通过 BIM 咨询单位验收，需在 10 日内重新提交应用成果报告，交由 BIM 咨询单位验收。

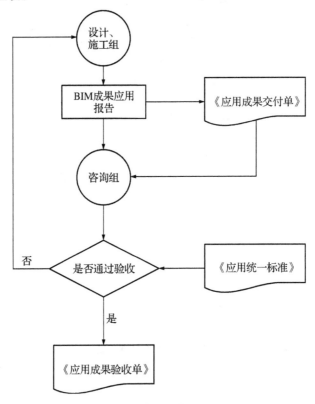

图 3.5　BIM 应用管理流程图

5. 施工安全管理

按照《江西省高速公路项目施工标准化管理指南》《公路工程施工安全技术规范》（JTGF 9—2015）等要求，各参建单位在 BIM 协同管理平台上填报以下施工安全信息台账：

（1）危险源：施工单位应在单位工程开工前 7 日内将危险源辨识成果录入 BIM 协同管理平台。

（2）特种设备及特种作业人员：施工单位在 BIM 协同管理平台填报，监理单位进行审核（每周更新一次）。

（3）安全教育记录：施工单位扫描上传至 BIM 协同管理平台，每年不少于一次。

（4）施工单位应根据需求布设安全视频监控与传感设备，并提供相应设备的数据接口。

（5）其他与安全管理有关的内业资料及时上传 BIM 协同管理平台。

6. 施工过程质量管理

(1) 质量管理单元的建立：工程开工前，施工组将经审批的分部分项划分表录入系统，为分部分项设定工程类型；在每个工程部位开工前，为工程部位设置检验批。

(2) 质量管理表单来源：方式一：建立检验批时，同时系统自动匹配验收表格，形成包含检验批与工序验收信息的二维码，工序验收时，从集成管理平台打印。方式二：施工单位自备验收表格，从集成管理平台下载检验批二维码图片，或直接在电子文件中生成二维码图片。

(3) 质量管理表单采集：方式一：报审表由施工单位从线上填报、监理按程序审批后，系统自动生成。方式二：现场质量检验单、施工过程记录表、试验检查记录表、试验检测数据记录表及部分报审表仍在线下流转。各单位签字完成后，由施工单位资料员统一扫描或拍照上传至BIM协同管理平台。

(4) 工序报验后7日内，施工单位应将线下流程流转完成的工程用表上传至BIM协同管理平台，以便进行中间检验的申报。

7. 计量支付管理

各单位依据项目办财务支付管理规定，在BIM协同管理平台上实现计量支付。

(1) 工程量清单管理流程：由设计单位提交经审定过的工程量清单，由项目办核对并锁定。

(2) 中间计量流程：在检验批施工及质量评定结束后，由施工单位在BIM协同管理平台上进行中间计量的申报。由监理单位审核、项目办审定。

(3) 中期支付流程：每月固定日期，由施工单位在BIM协同管理平台上发起中期支付申请，由监理单位审定中期支付。

(4) 变更流程：在线下进行变更洽商，在完成变更洽商后，由变更发起单位在平台上录入变更信息。由监理单位审核、项目办审定。

8. 施工进度管理

(1) 总进度计划、月进度计划经监理审批后，施工单位应在3日内上传至BIM协同管理平台（BIM协同管理平台支持project格式进度计划上传）。由咨询单位核对并锁定。

(2) 施工单位每天将进度完成情况录入平台，监理单位负责审核进度情况。

9. 施工环保管理

按照《建筑施工现场环境与卫生标准》（JGJ 146—2014）、《建筑工程绿色施工规范》（GB/T 50905—2014）等相关规定，各参建单位在BIM协同管理平台填报（上传）以下环保信息：

(1) 施工单位拍照上传现场道路、临时通道、现场围挡、材料堆放场等现场实景。

(2) 项目单位在环保文明考核（首次考核、月度考核、季度考核及年度考核）完成7

日内扫描上传考核评分表。

10. 工程文档管理

（1）BIM 平台单位于 BIM 协同管理平台上线后 7 日内，建立文档管理树标准目录，并按建设单位要求设定读写权限。

（2）各单位根据本单位归档习惯对目录树进行调整。

（3）扫描录入 BIM 协同管理平台的文件应规范化，文件命名应体现日期、文件关键信息。

（4）设计图纸、设计变更及其他设计资料提交给项目办后 7 日内，设计单位应将电子图纸（PDF 格式）上传至 BIM 协同管理平台；30 日内完成重要部位、重要设计图的模型关联。

11. 风险管理

（1）各 BIM 实施单位如无法按计划进度提交模型、BIM 应用成果，应提前 7 日以书面形式通知建设单位及咨询单位。

（2）各参建单位应按实施工作导则要求，及时、准确地上传本单位资料至 BIM 协同管理平台。

（3）各参建单位之间应建立及时、有效的沟通机制，如多次沟通无效，BIM 实施方应提交书面协调单至项目办进行处理。

（4）BIM 协同管理平台权限由咨询单位统一设定，任何单位或个人不得擅自更改或越权使用。

3.5 BIM 实施考核

1. 人员考核（表 3.2）

表 3.2 人员考核表

考核内容	内容描述	考核指标	负责部门
组织机构	BIM 组织机构	是否健全	办公室
BIM 组长	项目负责人担任	是否到位	办公室
BIM 专责人员	经验丰富的工程师担任	是否到位	办公室
BIM 成员	人员资历、素质	是否满足工作要求	办公室

2. 设备考核（表3.3）

表3.3 设备考核表

考核内容	内容描述	考核指标	负责部门
硬件	购置BIM应用必要的硬件设施	是否满足BIM应用需求	办公室
软件	安装BIM必要的软件	是否满足BIM应用需求	办公室

3. 技术考核（表3.4）

表3.4 技术考核表

考核内容	内容描述	考核指标	负责部门
会议	工作推进会、例会、专业技术会、技术总结会	相关人员是否出席	办公室
培训	技术培训	是否按要求组织或者参加培训	办公室

4. 工作考核

（1）BIM咨询组考核内容（表3.5）

表3.5 BIM咨询组考核表

考核内容	内容描述	考核指标	负责部门
指南、标准等编制	编制项目及行业级别的相关标准	按进度计划要求	办公室
BIM技术服务	对BIM技术实施情况进行指导、评估	按进度计划要求	办公室
BIM实施总结	论文、专利、著作权申请、报奖	按进度计划要求	办公室

（2）BIM平台组考核内容（表3.6）

表3.6 BIM平台组考核表

考核内容	内容描述	考核指标	负责部门
BIM协同管理平台	完成研发、部署与维护	按进度计划要求	办公室
BIM轻量化处理和上传	完成模型的处理及上传	按进度计划要求	办公室
BIM平台培训	完成BIM平台培训工作	按进度计划要求	办公室

（3）设计组考核内容（表3.7）

表3.7 设计组考核表

考核内容	内容描述	考核指标	负责部门
模型提交	按施工图建立设计阶段模型	施工图完成后30日内提交	BIM咨询单位
BIM审核	模型完整性检查	与BIM同步提交	BIM咨询单位
变更模型提交	按设计变更更新BIM	变更产生后7日内提交	BIM咨询单位
BIM应用报告	包括限界复核报告、碰撞检查报告、设计校核报告	模型提交后7日内出具应用报告	BIM咨询单位
设计资料提交	按照进度要求上传设计资料	纸质图纸提交后3日内提交	BIM咨询单位
变更资料提交	设计变更后上传电子文档	变更产生后3日内提交	BIM咨询单位
上传资料复核	对BIM平台中上传的设计资料进行复核	上传完成后3日内复核完成	BIM咨询单位

（4）监理组考核内容（表 3.8）

表 3.8　监理组考核表

考核内容	内容描述	考核指标	负责部门
现场管理	将监理日志、监理指令、巡检记录、抽检记录、旁站记录上传至系统	最晚第二天完成上传	BIM 咨询单位
	上传与监理管理工作有关的照片，并关联检验批	每个检验批不少于一张	BIM 咨询单位
台账填报	录入安全检查记录	最晚第二天完成上传	BIM 咨询单位
	录入环保检查台账记录	最晚第二天完成上传	BIM 咨询单位
	填报本单位人员在岗情况	每天更新	BIM 咨询单位
流程审批	完成质量审批流程（退回或通过）	收到报验流程 24 小时内完成	BIM 咨询单位
	完成计量审批流程（退回或通过）	收到中间计量流程 3 日内完成	BIM 咨询单位

（5）施工组考核内容（表 3.9）

表 3.9　施工组考核表

考核内容	内容描述	考核指标	负责部门
施工方案模拟	施工过程演示视频、施工方案可行性报告	至少开工前 14 日内完成	BIM 咨询单位
3D 作业指导	施工工艺工法视频	至少开工前 14 日内完成	BIM 咨询单位
设计施工一体化制造技术	钢结构、房建模型深化、临设建模	至少开工前 14 日内完成	BIM 咨询单位
施工场地管理	施工场地三维布置模型	至少开工前 14 日内完成	BIM 咨询单位
物料跟踪	设备是否到位，安装并调试	至少开工前 14 日内完成	BIM 咨询单位
智慧工地设备	设备是否到位，安装并调试	至少开工前 14 日内完成	BIM 咨询单位
大型预制梁场的信息化管理	设备是否到位，安装并调试	至少开工前 14 日内完成	BIM 咨询单位
竣工模型	模型提交	竣工后 30 日内完成	BIM 咨询单位
竣工模型审核	模型完整性检查	与竣工模型同步提交	BIM 咨询单位
质量单元划分	提交分部分项表格清单	审批完成后 3 日内完成	BIM 咨询单位
质量控制	及时录入检验批信息，关联构件	每个检验批开工前完成	BIM 咨询单位
	及时准确填报工序报工信息	每道工序完成的当天完成	BIM 咨询单位
	上传质量表单，线上发起质量验收流程	质量验收前完成	BIM 咨询单位
	在项目圈上传验收、试验等现场照片，并关联检验批	每个检验批不少于一张	BIM 咨询单位

（续表）

考核内容	内容描述	考核指标	负责部门
进度计划	向平台导入工程总体进度计划，并准确关联模型	开工30日内完成	BIM咨询单位
	向平台导入月进度计划，并准确关联模型	前一月月底前完成	BIM咨询单位
	关联模型，并分配任务给具体执行人	计划填报后3日内完成	BIM咨询单位
安全、环保	按安全、环保考核目录上传安全、环保资料	资料产生后3日内完成	BIM咨询单位
	设置分项工程的危险控制点	分项工程开工前完成	BIM咨询单位

（6）考核明细（表3.10）

表3.10 祁婺高速BIM技术服务实施考核评分表

通用考核部分（40分）				
考核项目	考核内容	扣分标准	得分	扣分说明
组织管理（10分）	BIM组织机构是否健全	每缺一个岗位扣1分		
	BIM负责人是否到位	人员配置不到位，每人次扣1分		
	人员资历、素质是否满足工作要求	不能满足工作要求，工作每出现一次错误扣1分		
	办公软件、硬件、场地布置是否满足要求	不满足条件扣2分		
会议与培训（10分）	BIM小组组长/副组长是否按要求准时参加领导小组会议、周例会，BIM技术人员是否按要求参加专业技术会及技术总结会	每缺席会议一次扣2分，迟到一次扣1分		
	各技术组是否按会议要求完成工作内容	未完成一项扣2分，质量不合格扣1分		
	各单位相关成员准时参加BIM培训	按培训名单，组长/副组长、BIM专员缺席扣2分，其他每缺席一人扣1分		
	各技术组是否按要求组织组内培训，并提供相关资料（培训材料、签到、影像等）	未组织扣2分，组织规模、质量未达到要求扣1分		

（续表）

通用考核部分（40分）				
考核项目	考核内容	扣分标准	得分	扣分说明
资料管理（10分）	《江西省城市建设档案管理办法》中明确需要归档的资料，资料产生后3日内上传平台	每超时归档一份（次）扣2分		
	建设单位明确需要归档的内业资料，资料产生后3日内上传平台	每超时归档一份（次）扣1分		
	各技术组是否编写组内规章制度、操作规范、进度计划等过程实施资料	缺一份扣2分，质量不合格扣1分		
	各技术组是否准时提交当月工作总结及下月工作计划至总体咨询单位	缺一份扣2分，质量不合格扣1分		
实施配合（10分）	对建设单位工作指令的贯彻情况	不能按建设单位规定时间完成任务每次扣3分		
	对BIM实施工作的配合情况	不能按BIM咨询单位的要求完成任务每次扣2分		
	实施过程交付成果完成情况	不能按时提交扣2分，质量不合格扣1分		

专用考核部分：平台建设单位（60分）				
考核项目	考核内容	扣分标准	得分	扣分说明
平台建设（20分）	按时间节点完成平台部署	每推迟一天扣2分		
	按时间节点完成平台试运行	每推迟一天扣2分		
平台培训（20分）	在平台部署完成后3日内对参建各方进行试运行培训，要求分别按参建各方角色进行	每推迟一天扣2分，每缺少一方角色扣1分		
	在正式运行前再次进行各方培训，要求每个标段各进行一次	每推迟一天扣2分		
平台维护（20分）	收到各方提出的问题后应在24小时内给出反馈意见，并提出解决办法及时间	每推迟一天扣2分		

(续表)

专用考核部分：设计单位（60分）				
考核项目	考核内容	扣分标准	得分	扣分说明
建模 （30分）	最终设计图（dwg格式）提交后30日内提供与设计图一致的模型和设计阶段必要的非几何信息	每推迟一天扣2分，每出现一处错误扣1分		
	BIM审核报告与BIM同步提交	每推迟一天扣1分，质量不合格扣1分		
	设计变更文件提交后7日内完成变更模型建模	每推迟一天扣1分，每出现一处错误扣1分		
BIM应用 （30分）	模型提交后7日内出具限界复核、碰撞检查、设计校核报告	每份每推迟一天扣1分，质量不合格扣1分		

专用考核部分：施工单位（60分）				
考核项目	考核内容	扣分标准	得分	扣分说明
建模 （10分）	竣工30日内提交竣工模型	每推迟一天扣2分，每出现一处错误扣1分		
	竣工模型审核报告与竣工模型同步提交	每推迟一天扣1分，质量不合格扣1分		
	设计变更文件提交后7日内完成变更模型建模	每推迟一天扣1分，每出现一处错误扣1分		
BIM应用 （20分）	至少开工前14日内提交施工过程演示视频、施工方案可行性报告	每推迟一天扣1分，质量不合格扣1分		
	至少开工前14日内提交施工工艺工法视频	每推迟一天扣1分，质量不合格扣1分		
	至少开工前14日内提交钢结构、房建深化模型、临设模型	每推迟一天扣1分，每出现一处错误扣1分		
	至少开工前14日内提交施工场地三维布置模型	每推迟一天扣1分，每出现一处错误扣1分		
	至少开工前14日内提交对物料跟踪相关设备进行安装调试	每推迟一天扣1分，调试不到位扣1分		
	至少开工前14日内提交对智慧工地相关设备进行安装调试	每推迟一天扣1分，调试不到位扣1分		
	至少开工前14日内提交对大型预制梁场的信息化管理相关设备进行安装调试	每推迟一天扣1分，调试不到位扣1分		

(续表)

专用考核部分：施工单位（60分）				
考核项目	考核内容	扣分标准	得分	扣分说明
进度控制（10分）	开工30日内向平台导入工程总体进度计划，并准确关联模型	每推迟一天扣1分		
	每月月底前填报下月计划，并准确关联模型	每推迟一天扣1分		
	关联模型，并分配任务给具体执行人	出现一处错误扣1分		
质量控制（10分）	每个检验批开工前及时录入检验批信息，关联构件	每推迟一天扣1分，出现一处错误扣1分		
	每道工序完成的当天准确填报工序报工信息	每推迟一天扣1分，出现一处错误扣1分		
	及时完成质量表单上传，线上发起质量验收流程	每推迟一天扣1分		
	在平台上传验收、试验等现场照片，并关联检验批。每个检验批不少于一张	每缺一张扣1分		
安全、环保（10分）	按安全、环保考核目录上传安全、环保资料，资料产生后3日内上传平台	每推迟一天扣1分		
	设置分项工程的危险控制点，分部分项开工前上传平台	每推迟一天扣1分		

专用考核部分：监理单位（60分）				
考核项目	考核内容	扣分标准	得分	扣分说明
现场管理（20分）	将监理日志、监理指令、巡检记录、抽检记录、旁站记录检查完毕24小时内上传系统	每缺一张扣1分，每推迟一天扣1分		
	在项目圈上传与监理管理工作有关的照片，并关联检验批。每个检验批不少于一张	每缺一张扣1分		
	在项目圈上传与监理工作有关的协调工作信息，每月不少于30条	每少一条扣1分		
台账填报（20分）	检查完毕24小时内录入安全检查台账	每推迟一天扣1分		
	检查完毕24小时内录入环保检查台账	每推迟一天扣1分		
	每日填报本单位人员在岗情况	出现一处错误扣1分		
	每周六前填报本周试验检测台账	延迟一次扣3分		

(续表)

专用考核部分：监理单位（60分）				
考核项目	考核内容	扣分标准	得分	扣分说明
流程审批（20分）	收到报验流程24小时内完成质量审批流程（退回或通过）	每推迟一天扣1分		
	收到中间计量流程3日内完成审批流程（退回或通过）	每推迟一天扣1分		

注：1. 单项扣分值累加，扣完为止；
　　2. 考核结果以月为单位由BIM实施管理办公室发布。

3.6　BIM 实施文件

3.6.1　文件管理制度

为使文件处理工作规范化、制度化、科学化，提高文件处理工作的效率和文件质量，建立良好的工作秩序，特制定本制度。

1. 文件办理

（1）项目文件处理实行网上自动化办公系统（OA系统），力求实现无纸化办公，减少耗材使用并提高办事效率。

（2）为避免文件管理混乱，项目办文件由综合处统一收发并负责存档，代建监理部文件由工程技术处统一收发并负责存档，各承包人需指定专门部门对接工作；同时建立BIM创新办公室文件归档库，收集整理BIM相关资料，并与各参与方BIM工作组对接。

（3）认真把好文件质量关，要认真审核校正各参建单位所发出的文件，严格执行拟稿核稿流程。

（4）为使往来文件得到及时处理，相关处室和各承包人必须指定一位信息员在工作时间登录项目OA系统并保持实时在线。文件传达要及时，不得拖延积压，急件要优先办理。

（5）根据上级单位的指示需要传达贯彻的文件，应将原文附在发文稿后面，作为审批文件时的依据，便于归档存查。

（6）正确处理行文关系，各处室及各承包人原则上不得越级行文请示问题，如遇特殊情况必须越级行文时，应抄报越过的单位。

2. 文件收发、打印、复印

（1）各参建单位往来的文件要及时登记并注意保密，按照项目办制定的相关保密制度执行。登记后及时交领导阅批，送各部门阅办的文件要及时送办和催办，并办理好签收手续。

（2）需打印发出的文件资料，须经各单位领导签发，由归口部门编号打印，严格执行拟稿和校对流程。

（3）打印文件应力求做到标题醒目、格式符合要求、缮印清晰整洁。凡属急件，应优先安排，即送即打。

（4）文件发出之前，应进行一次检查：文件格式是否符合要求，文字、发文日期是否有错漏，缮印是否清楚，正附件是否齐全，印章是否盖好。核对无错后，才能装订发出。发文时，要进行登记签收。

3. 文件保管、立卷、归档

（1）各单位信息员负责文件分类存放保管工作。每月清理一次文件，分类立卷归档前，应对文件进行核对清理。

（2）未经单位领导同意，不得销毁任何文件。对没有存档价值和查阅必要的文件，经单位领导审阅同意后，予以销毁。销毁前，进行登记；销毁时，要有人监销，以防丢失、漏销。

（3）借阅文件须办理借阅手续。借阅保密文件须经单位主管领导同意，阅后及时归还。

4. 项目办各处室及 BIM 创新办公室收发文流程

项目办行政发文流程如图 3.6 所示。

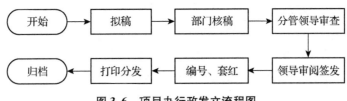

图 3.6　项目办行政发文流程图

项目办行政发文各流程指定负责人如下：

拟稿：相关处室人员；

部门核稿：相关处室负责人；

分管领导审查：代建监理部负责人或者分管副主任；

领导审阅签发：项目办主任（如需要）；

编号、套红、打印分发、归档：综合处文秘。

3.6.2　BIM 文件结构

项目过程中所产生的文件可分为三大类：依据文件、过程文件、成果文件。项目实施

3 BIM技术实施过程管理

过程中各参与方根据自身需求及实际情况对三类文件进行收集、传递及登记归档。其中依据文件包括设计条件、变更指令、政府批文、国家和地方法律法规、标准、合同等；过程文件包含会议纪要、工程联系函等；成果文件包含BIM文件及BIM应用成果文件；按照合同约定节点及时提交给BIM咨询单位。

对BIM实施过程所产生的文件进行分级分类管理，同时对文件命名进行相应的规定和要求，祁婺高速BIM项目文件管理架构如图3.7所示。

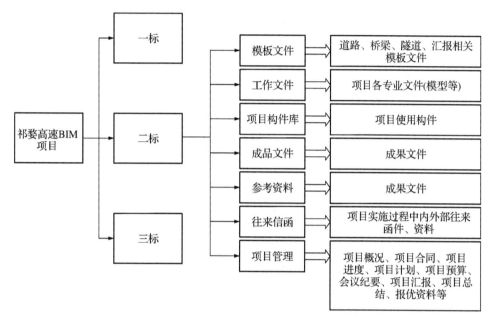

图 3.7 祁婺高速 BIM 项目文件管理构架

BIM 应用标准 4

4.1 标准应用体系

以国家标准、交通运输部行业标准为依据,结合实际工程和 BIM 软件应用现状,祁婺高速项目建立了一整套数据交换标准,规范数据格式,为后续江西省编制申报 BIM 的一系列地方(行业)规范标准奠定了基础。祁婺高速项目 BIM 实施过程中,咨询单位组织各参建单位编制了项目相关 BIM 应用标准,祁婺高速项目 BIM 应用标准文件分为规划类、技术类、管理类、成果类等 4 类,共计 10 部。

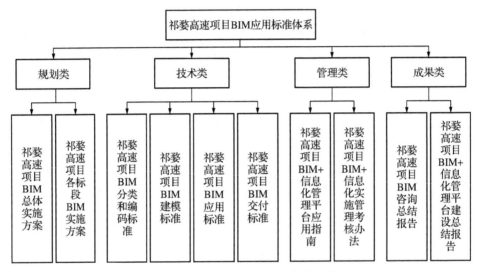

图 4.1 祁婺高速项目 BIM 应用标准

(1) 规划类标准主要规定项目整体 BIM 应用方向、BIM 工作目标、BIM 应用内容等。

《祁婺高速项目 BIM 总体实施方案》旨在指导项目战略策划过程中如何确定项目的 BIM 应用目标,识别 BIM 应用内容,落实 BIM 实施所需的各类资源、人员角色和职责,以及指导项目 BIM 工作方案的编制,确定项目 BIM 应用内容、BIM 工作目标等。

《祁婺高速项目各标段 BIM 实施方案》旨在规定项目各参建单位 BIM 应用内容、目标、资源配置、实施计划等内容。

(2) 技术类标准主要是对项目 BIM 应用过程中的相关技术应用内容进行规范,实现 BIM 应用标准化。

《祁婺高速项目 BIM 分类和编码标准》主要对项目 BIM 实施过程中的 BIM 编码进行规范和统一,以便在项目 BIM 应用过程中对 BIM 构件进行有效识别,同时满足 BIM 协同管理平台应用要求。

《祁婺高速项目 BIM 建模标准》主要对项目 BIM 应用过程中的 BIM 创建进行有效规

范,包含坐标、模型拆分、颜色规定、精度要求等内容。

《祁婺高速项目BIM应用标准》主要对项目施工阶段BIM应用过程中的模型应用进行规范,包含模型应用清单、模型应用方法、模型应用效果、模型应用流程等内容。

《祁婺高速项目BIM交付标准》主要对项目各参建单位BIM应用成果提交的内容进行规范,主要包含节点要求、成果格式要求、内容要求、精度要求等内容。

(3) 管理类标准主要对项目BIM应用过程中的管理问题进行规范,使得项目BIM实施过程行之有效,BIM工作开展更为顺畅。

《祁婺高速项目BIM+信息化管理平台应用指南》主要对项目BIM协同管理平台应用进行规范指导,包含平台操作手册、平台应用效果、平台应用流程等内容。

《祁婺高速项目BIM+信息化实施管理考核办法》主要对项目BIM实施过程中的组织架构、管理流程、职责要求、考核体系等内容进行规定。

(4) 成果类标准主要对项目BIM应用成果进行总结,形成最终的祁婺高速项目BIM应用成果。

《祁婺高速项目BIM咨询总结报告》主要由咨询单位根据各参建单位的BIM应用情况编制项目整体BIM应用成果,包含BIM应用内容、BIM应用效果、效益分析等内容。

《祁婺高速项目BIM+信息化管理平台建设总结报告》主要由咨询单位总结项目BIM平台应用情况,包含数据维护、平台应用效果、平台应用效益分析等内容。

4.2 BIM建模标准

在项目建设过程中涉及多方或多项目利益关系人,制定一套适用的BIM建模标准可以减少信息流失,使信息交流和传递更加流畅、及时。此外,应当依据利益关系人的要求或当地法律法规,使所有项目利益关系人都使用同一套BIM建模标准,将信息种类和数量标准化,以便更好地管理模型大小和项目信息。

4.3 桥梁工程信息模型交付技术规范

4.3.1 标准编制的目的和意义

《桥梁工程信息模型交付技术规范》(以下简称"本标准")的编制认真贯彻《住房和城乡建设部关于印发推进建筑信息模型应用指导意见的通知》(建质函〔2015〕159号)、《交通运输部关于印发〈交通运输重大技术方向和技术政策〉的通知》(交科技发〔2015〕

163号)、《交通运输部办公厅关于开展公路BIM技术应用示范工程建设的通知》(交办公路函〔2017〕1283号)、《江西省推进建筑信息模型(BIM)技术应用工作的指导意见》、《江西省交通运输厅关于推进公路水运工程BIM技术应用的通知》等文件的有关要求。以上文件明确提出了推进建筑信息模型应用的指导思想与基本原则，明确了推进BIM应用的发展目标。

BIM的基础是模型和信息数据，信息数据传递与共享是实现BIM价值的基础，这些信息数据在项目各阶段由多单位的技术人员操作多种软件产生，必须借助于一个标准体系才能完成整个生命周期内的信息交换。BIM信息数据互用需解决以下关键问题：

采用什么样的技术流程来实现(《桥梁工程信息模型应用技术规范》)，如何建立桥梁工程的BIM基础模型(《桥梁工程信息模型建模技术规范》)，不同角色(流程)需要交付哪些桥梁模型数据(《桥梁工程信息模型交付技术规范》)，如何标识每个桥梁构件数据使其准确唯一(《桥梁工程信息模型分类和编码技术规范》)，BIM系统直接如何进行数据对接(《桥梁BIM管理系统数据接口技术规范》)。

目前住房和城乡建设部于2018年5月发布了《建筑信息模型施工应用标准》(GB/T 51235—2017)，于2018年2月发布了《建筑信息模型分类和编码标准》(BG/T 51269—2017)，交通运输部还没有出台任何BIM相关的标准，且基于行业的固有特点不能直接照搬套用房建、铁路等其他行业的标准。缺乏信息交互标准，意味着模型和数据不能互通，不同软件的使用方需转换模型或重新建模，以在不同软件间进行数据转换。

BIM技术的应用需要统一的标准，为了指导和规范江西省桥梁工程BIM技术应用，结合多个桥梁项目的BIM技术应用实践经验，申请审批《桥梁工程信息模型交付技术规范》。

4.3.2 标准编制原则

本标准的适用范围：规定了桥梁工程信息模型交付技术规范的基本思路和方法，适用于江西省境内的桥梁工程BIM技术应用，国内桥梁BIM技术应用可参考本标准执行(表4.1)。

表4.1 本标准在编制过程中主要参考资料

序号	资料名称
1	中国市政行业BIM实施指南
2	市政道路桥梁工程BIM技术

本标准是在调研已建成国内外设计案例，总结相关研究成果及其应用实际经验，收集并参考国内外现行的有关规范、标准和规程的基础上进行编制的。本标准形式上按照《标准化工作导则 第1部分：标准的结构和编写规则》(GB/T 1.1—2020)给出的规则进行编写。

本标准的主要技术内容包括：①总则；②术语；③基本规定；④基本命名规则；⑤BIM交付总体要求；⑥模型检查的规则；⑦桥梁信息模型精细度；⑧不同阶段模型的交付；⑨桥梁工程设计专业协同流程和数据传递；⑩附录。针对关键技术内容，结合资料调研及相关工程实例，给出条文说明。

本标准的技术特点：①本标准适用于桥梁工程设计、施工、运营、维护过程中，基于桥梁信息模型的数据的建立、传递和解读，特别是各专业之间的协同，工程设计参与各方的协作，以及质量管理体系中的管控、交付等过程。另外，本标准也用于评估桥梁信息模型数据的成熟度。②本标准为桥梁信息模型提供统一的数据端口，以促使国内各设计企业（团队）在同一数据体系之下的工作与交流，并实施广泛的数据交换和共享。

4.3.3 标准编制基本内容

1. 范围

（1）为规范信息模型在公路工程建设阶段应用的技术要求，制定本标准。

（2）按照国家行业标准《公路工程设计信息模型应用标准》（JTG/T 2421—2021）、《公路工程施工信息模型应用标准》（JTG/T 2422—2021），编制《江西省公路工程信息模型应用标准》。

（3）本标准适用于各等级新建和改扩建公路工程。

（4）本标准适用于高速公路工程主体专业信息模型的交付及应用，包括路线、路基路面、桥梁涵洞、隧道、交安机电。

（5）信息模型在应用、共享和交换时，应采取措施保障信息安全。

（6）信息模型应用除应符合本标准外，尚应符合国家现行有关标准的规定。

（7）本标准规定模型和自定编码的应用及交付要求，可根据需求通过信息扩展的方式丰富模型的信息。

（8）自定编码、信息类型及信息存储按照《建筑信息模型分类和编码标准》（GB/T 51269—2017）执行。

2. 规范性引用文件

下列文件对于本文件的应用是必不可少的。凡是注明日期的引用文件，仅所注日期的版本适用于本文件。凡是不注日期的引用文件，其最新版本（包括所有的修改单）适用于本文件。

《信息分类和编码的基本原则与方法》（GB/T 7027—2002）；

《建筑信息模型分类和编码标准》（GB/T 51269—2017）；

《公路工程信息模型应用统一标准》（JTG/T 2420—2021）；

《公路工程设计信息模型应用标准》（JTG/T 2421—2021）；

《公路工程施工信息模型应用标准》(JTG/T 2422—2021);

《公路路线标识规则和国道编号》(GB/T 917—2017);

《中华人民共和国行政区划代码》(GB/T 2260—2002)。

条文说明:

引用规范的条款通过本标准的引用而成为本标准的条款。考虑项目的实施,按照本标准执行,鼓励根据本标准达成协议的各方研究是否可以使用这些文件的最新版本。

3. 术语

下列术语和定义适应于本标准。

(1) 公路工程信息模型

建筑信息模型在公路工程全生命期的应用,简称信息模型。

条文说明:

《建筑信息模型应用统一标准》(GB/T 51212—2016) 中定义建筑信息模型(BIM)是在建设工程及设施全生命期内,对其物理和功能特性进行数字化表达,并依此设计、施工、运营的过程和结果的总称。"BIM"可以指代"Building Information Modeling""Building Information Model""Building Information Management"三个相互独立又彼此关联的概念。Building Information Model,是建设工程及其设施的物理和功能特性的数字化表达,可以作为该工程项目相关信息的共享知识资源,为项目全生命期内的各种决策提供可靠的信息支持。Building Information Modeling,是创建和利用工程项目数据在其全生命期内进行设计、施工和运营的业务过程,允许所有项目相关方通过不同技术平台之间的数据互用在同一时间利用相同的信息。Building Information Management,是使用模型内的信息支持工程项目全生命期信息共享的业务流程组织和控制,其效益包括集中和可视化沟通、更早进行多方案比较、可持续性分析、高效设计、多专业集成、施工现场控制、竣工资料记录等。

(2) 地理信息系统

由计算机硬件、软件和不同方法组成,采集、存储、管理、分析和显示公路工程相关地理现象信息的综合系统,简称GIS。

(3) 设计交付

根据公路工程项目的应用需求,将公路工程信息模型相关信息传递给需求方的行为。

(4) 属性

建设实体可以测量和检测的物理或理论上的特征。

条文说明:

如颜色、宽度、长度、厚度、深度、直径、面积、重量、强度、防火性能等,属性只对特指的工程实体有实际意义。

(5) 协同

基于信息模型，进行信息应用、共享和交换的工作过程。

(6) 模型精细度

信息模型中所容纳信息的丰富程度，简称 LOD。

(7) 几何信息

表示公路构筑物的空间位置及自身形状（如长、宽、高等）的一组参数，通常还包括构筑物之间的空间相互约束关系，如相连、平行、垂直等。

(8) 非几何信息

表示公路构筑物除几何信息之外的其他信息的集合。包含模型元素的内置信息和与模型关联的外置信息。

(9) 空间定位

公路工程模型的空间定位应包括公路工程在所处的地理整体环境整体定位和构筑物自身的构件定位。

条文说明：

本标准中信息模型的整体定位应根据设计采用的国家高程基准系统，创建模型时，应结合 GIS，对场地环境及拟建工程进行建模，达成信息模型和 GIS 有效融合，实现数据共享。

4. 基本规定

(1) 各个建设阶段建立的信息模型均应符合现行《公路工程信息模型应用统一标准》（JTG/T 2420—2021）的有关规定。

(2) 信息模型在规划、设计、施工阶段应用时，应保障信息安全。

5. 模型要求

(1) 一般规定

①信息模型宜包括几何属性和非几何属性，几何属性宜包括位置信息和尺寸信息，非几何属性宜包括标识信息和设计信息。

条文说明：

设施、子设施、构件的位置信息包括桩号、坐标、高程等；设施、子设施、构件的尺寸信息包括长度、宽度、高度、厚度等；设施、子设施、构件的标识信息包括标识代码、分类编码、名称等；设施、子设施、构件的设计信息包括混凝土强度、砂浆强度、承载力、基底应力、防腐要求、耐久性要求等。

②信息模型的标识代码应符合国家标准的有关规定。

条文说明：

标识代码用于设施、子设施和构件的标识，如用标识代码区分某大桥 1 号墩、2 号墩、3 号墩等。

③信息模型的分类编码应符合现行《公路工程信息模型应用统一标准》(JTG/T 2420—2021)的有关规定。

条文说明:

分类编码用于设施、子设施和构件的分类,如用分类编码区分板梁、T梁、箱梁等。

④信息模型宜采用参数化的建模方法。

条文说明:

信息模型的几何表达推荐使用参数化的建模方法,有利于后期获取数据和修改维护。

信息模型中几何图形与模型信息(几何属性和非几何属性)不一致时,应以模型信息为准。

(2)编号规则

①信息模型中设施的代码应在现行《公路路线标识规则和国道编号》(GB/T 917—2017)和《公路桥梁命名编号和编码规则》(GB/T 11708—1989)的基础上扩展。

②设施的代码应由公路路线编号、5位设施编号和6位行政区划代码组成,基本组成结构应符合图4.2的要求。公路路线编号应符合现行《公路路线标识规则和国道编号》(GB/T 917—2017)的有关规定,行政区划码应符合现行《中华人民共和国行政区划代码》(GB/T 2260—2002)的有关规定。

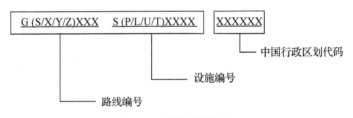

图4.2 设施代码结构

条文说明:

例如国道桥梁代码 G109 L0180 140000,G109 表示国道第109号公路,L0180 表示第0180号桥梁(L表示桥梁标识符),140000 表示山西省。

③设施的编号应符合下列规定:

a. 公路上所有设施应沿所在路线走向,以各省、自治区、直辖市管界为基础顺序编号。

b. 设施编号由1位标识符和4位数字组成,标识符后3位编入已建设施的顺序号,第4位作扩充位,在未扩充前一律充"0",需要插入新的编号时,扩充位数字先使用偶数,再使用奇数。

c. 两条公路重复的设施编号,应以行政管理等级高的或同等级中编号小的路线为主,编入其设施顺序号;该重复设施在另一条路线上不再给予编号。

d. 当一条路出现独立或分道行驶的上下行路段时,所在路段的设施按路线走向,先右行后左行依次按交叉顺序编号,即编号右行路段用单数,左行路段用双数,直至该路段合为一条路后继续按顺序编号。

e. 同一路线同一位置因路线拓宽等原因建有多处同类设施时,仍按路线走向先右行后左行依次交叉编号;右行用单数,左行用双数。

f. 当设施跨两省时,按路线走向,哪一省在先则由该省编号,走向在后的省不再予以编号。当设施跨两国时,仍视为我国设施所在省给予编号。

g. 设施的标识符应符合表 4.2 的规定。

表 4.2 设施标识符

设施名称	标识符
路基	S
路面	P
桥梁	L
隧道	U
交通工程及沿线设施	T

条文说明:

桥梁沿用现行《公路桥梁命名编号和编码规则》(GB/T 11708—1989)中的标识符,隧道沿用现行《公路数据库编目编码规则》(JT/T 132—2014)中的标识符,其他设施使用本标准中提出的标识符。

④子设施和构件的代码应由 5 位设施编号、10 位分类编码和 9 位顺序码组成,基本组成结构应符合图 4.3 的要求。

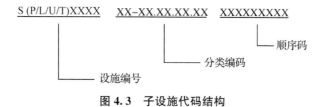

图 4.3 子设施代码结构

⑤子设施和构件代码应符合下列规定:

a. 子设施和构件的分类编码应符合现行《公路工程信息模型应用统一标准》(JTG/T 2420—2021)的有关规定。

b. 顺序码宜按自然数顺序或英文字母序列及其组合编码。

条文说明:

例如桥梁中 1 号桥墩的代码 L0180 18-04.04.00.00 000000001,L0180 表示第 0180 号桥梁,18-04.04.00.00 表示桥墩的分类编码,000000001 表示该桥墩的顺序号。

6. 应用

（1）一般规定

设计阶段的主要应用应符合表4.3的规定。

表4.3 主要应用

序号	应用类型	方案设计	初步设计	施工图设计
1	可视化分析	○	△	△
2	方案比选	△	▲	○
3	碰撞检查	○	▲	▲
4	模型出图	△	△	△

注：表中"▲"表示"应选择的应用"，"△"表示"宜选择的应用"，"○"表示"可选择的应用"。

（2）可视化分析

①公路工程设计中宜使用信息模型的可视化分析开展空间协调、虚拟仿真、方案展示和设计交底等。

②可视化分析的内容宜包括公路工程设施与周围环境的协调，交通组织模拟，重点、难点和隐蔽工程的展示，结构受力分析和稳定性分析等。

（3）方案比选

①公路工程设计中宜使用信息模型开展不同路线、路基与桥梁、路基与隧道、整体式与分离式路基，不同桥梁、不同隧道等方案的比选。

②方案比选的内容宜包括经济指标、工程量、结构形式、景观环境等。

（4）碰撞检查

①公路工程设计中应使用信息模型开展各专业内和专业间的冲突检查，以及公路工程设施与周边建筑物、基础设施和用地的冲突检查。

②碰撞检查的内容应包括构件冲突检查和空间冲突检查。

7. 交付准备

（1）一般规定

①公路工程信息模型交付准备过程中，应根据交付深度、交付物形式、交付协同要求安排模型架构和选取适宜的模型精细度，并应根据设计信息输入模型内容。

②公路工程信息模型应由模型单元组成，交付全过程应以模型单位作为基本操作对象。

③模型单元应以几何信息和属性信息描述工程对象的设计信息，可使用二维图形、文字、文档、多媒体等方式补充和增强表达设计信息。

④当模型单元的几何信息与属性信息不一致时，应优先采用属性信息。

(2) 模型架构和精细度

①公路工程信息模型所包含的模型单元应分级建立，可嵌套设置，分级应符合表 4.4 的规定。

4.4 模型单元分级

模型单位分级	模型单元用途
项目级模型单元	承载项目、子项目或局部工程信息
功能级模型单元	承载完整功能的模块或空间信息
构件级模型单元	承载单一的构配件或产品信息
通用构件级模型单元	承载单一的构配件或产品信息
零件级模型单元	承载从属于构配件或产品的组成零件或安装零件信息

注：1. 模型单元的分级，参考国家标准《建筑信息模型设计交付标准》(GB/T 51301—2018)。
2. 通用构件级模型单元对应通用图图纸中的单一构件。

②公路工程信息模型包含的最小单元应由模型精细度等级衡量，模型精细度基本等级划分应符合表 4.5 的规定。根据工程项目的应用需求，可在基本等级之间扩充精细度等级。

表 4.5 模型精细度基本等级划分

等级	英文名	代号	包含的最小模型单元
1.0 级模型精细度	Level of model definition 1.0	LOD 1.0	项目级模型单元
2.0 级模型精细度	Level of model definition 2.0	LOD 2.0	功能级模型单元
3.0 级模型精细度	Level of model definition 3.0	LOD 3.0	构件级模型单元
3.5 级模型精细度	Level of model definition 3.5	LOD 3.5	构件级模型单元
4.0 级模型精细度	Level of model definition 4.0	LOD 4.0	零件级模型单元

注：1. 信息模型交付可用于设计信息的传递和应用分析，公路设计阶段的外业验收等作为较为关键的过程节点，可根据需求通过扩展模型等级约束该阶段的设计成果。
2. 公路工程设计信息模型应用标准中将 LOD 简化为 L，为和建筑等行业模型的概念保持统一，避免理解和信息传递上的差异，本标准采用 LOD。
3. 3.5 级模型精细度主要面向通用构件级模型单元。

(3) 模型内容

①公路工程信息模型应包含下列内容：

a. 模型单元的系统分类；

b. 模型单元的关联关系；

c. 模型单元几何信息及几何表达精度；

d. 模型单元属性信息及信息深度；

e. 属性值的数据来源。

②模型单元的几何信息应符合下列规定：

a. 应选取适宜的几何表达精度呈现模型单元几何信息；

b. 在满足设计深度和应用需求的前提下，应选取较低等级的几何表达精度；

c. 不同的模型单元可选取不同的几何表达精度。

③几何表达精度的等级划分应符合表4.6的规定。

表4.6 几何表达精度的等级划分

等级	英文名	代号	几何表达精度要求
1级几何表达精度	Level 1 of geometric detail	G1	满足二维化或符号化识别需求的几何表达精度
2级几何表达精度	Level 2 of geometric detail	G2	满足空间占位、主要颜色等粗略识别需求的几何表达精度
3级几何表达精度	Level 3 of geometric detail	G3	满足建造安装流程、采购等精细识别需求的几何表达精度
4级几何表达精度	Level 4 of geometric detail	G4	满足高精度渲染展示、产品管理、制造加工准备等高精度识别需求的几何表达精度

④模型单元的属性信息应符合下列规定：

a. 应选取适宜的信息深度体现模型单元属性信息。

b. 属性应分类设置，属性分类宜符合本标准附录的要求。

c. 属性宜包括中文字段名称、编码、数据类型、数据格式、计量单位、值域、约束条件；表达交付时，应至少包括中文字段名称、计量单位。

d. 属性值应根据设计阶段的发展而逐步完善，并应符合下列规定：

应符合唯一性原则，即属性值和属性应一一对应，在单个应用场景中属性值应唯一；

应符合一致性原则，即同一类型的属性、格式和精度应一致。

⑤模型单元信息深度等级的划分应符合表4.7的规定。

表4.7 信息深度等级的划分

等级	英文名	代号	等级要求
1级信息深度	Level 1 of information detail	N1	宜包含模型单元的身份描述、项目信息、组织角色等信息
2级信息深度	Level 2 of information detail	N2	宜包含和补充N1等级信息，增加实体系统关系、组成及材质、性能或属性等信息
3级信息深度	Level 3 of information detail	N3	宜包含和补充N2等级信息，增加生产信息、安装信息
4级信息深度	Level 4 of information detail	N4	宜包含和补充N3等级信息，增加资产信息和维护信息

8. 交付物

（1）一般规定

①交付成果应符合现行公路工程的有关规定，交付成果的内容和深度应满足不同阶段的需要。

②交付成果应确保信息的完整性和正确性。

③公路工程管理设施和服务设施中民用建筑的交付应符合现行《建筑信息模型设计交付标准》（GB/T 51301—2018）的有关规定。

条文说明：

民用建筑信息模型的交付在《建筑信息模型设计交付标准》（GB/T 51301—2018）中已明确规定，本标准公路工程管理设施和服务设施中民用建筑信息模型的交付不再重复规定。

（2）交付成果

①交付成果宜包括下列内容：

a. 项目需求书；

b. 信息模型执行计划；

c. 模型说明书；

d. 信息模型文件；

e. 属性信息表；

f. 模型相关补充文件。

②项目需求书宜包括以下内容：

a. 项目概况，应包含项目地点、规模、类型；

b. 项目信息模型的应用需求和目标；

c. 交付物的类别和交付方式；

③项目信息模型执行计划

根据项目需求书，应制定信息模型执行计划。

信息模型执行计划应包含以下内容：

a. 项目简述，包含项目名称、类型、规模、应用需求等信息；

b. 项目涉及的信息模型分类和编码标准；

c. 信息模型的信息深度、几何精度和材质颜色应按照《建筑信息模型设计交付标准》附录的要求执行；

d. 软硬件工作环境，简要说明文件组织方式；

e. 项目的基础资源配置，人力资源配置。

④模型说明书宜包括下列内容：

a. 项目概要，采用的坐标系统和高程系统等；

b. 模型的设计软件名称和版本号；

c. 模型精细度等级说明；

d. 其他说明事项。

条文说明：

模型精细度等级说明用来介绍项目使用的模型精细度情况，如选择本标准规定的模型精细度等级，只需说明采用的等级级别，如根据项目需求扩展了模型精细度等级，模型相关补充文件中需附扩展后的模型精度等级表。

⑤信息模型文件的深度应符合《建筑信息模型设计交付标准》附录 A 的有关规定，项目信息的深度应符合《建筑信息模型设计交付标准》附录 B 的有关规定，各阶段交付的模型精细度等级应符合下列要求：

a. 方案设计阶段符合 LOD 1.0 的规定

b. 初步设计阶段符合 LOD 2.0 的规定。

c. 技术设计阶段符合 LOD 2.0 或 LOD 3.0 的规定。

d. 施工图设计阶段符合 LOD 3.0 和 LOD 3.5 的规定。

e. 施工阶段符合 LOD 4.0 的规定。

4.4 桥梁工程信息模型应用技术规范

4.4.1 标准编制的目的和意义

桥梁工程信息模型应用技术规范的编制旨在规范和指导桥梁工程中信息模型的应用。以下是编制本技术规范的主要目的和意义：

（1）统一标准和规范：技术规范的编制可以确立统一的标准和规范，以便在桥梁工程项目中广泛应用。这有助于消除不同项目之间的差异，提高工程信息模型在整个行业中的一致性和可比性。

（2）促进信息交流和协同：技术规范为不同利益相关方提供了共同的语言和方法，促进了信息交流和协同工作。使用统一的信息模型和数据格式，各方可以更容易地共享和集成各自的数据，从而提高工作效率并减少误解和错误。

（3）改善设计和施工质量：通过技术规范的指导，信息模型的应用可以帮助改善桥梁工程的设计和施工质量。信息模型可以提供全面、准确的桥梁几何和结构信息，帮助设计师和施工人员更好地理解和分析工程要求，并进行准确的模拟和分析。

（4）提高工程管理效率：技术规范的应用可以提高桥梁工程的管理效率。通过信息模型，可以进行工程量计算、进度管理、资源分配等工作，实现对工程进展和资源利用情况的实时监控和控制。这有助于提高项目的整体效率和管理水平。

（5）降低项目风险和成本：规范化的信息模型应用可以帮助减少项目的风险和成本。通过更准确的信息和模拟分析，可以发现和解决潜在的问题和冲突，减少设计和施工中的变更和修正，从而降低项目的风险和额外成本。

（6）推动技术进步和创新：技术规范的编制可以促进技术进步和创新。在规范中可以引入新的技术、方法和工具，鼓励行业采用更先进的信息模型技术和应用。这有助于推动桥梁工程领域的发展和提升整个行业的水平。

《桥梁工程信息模型应用技术规范》的编制具有统一标准、促进信息交流和协同、改善设计和施工质量、提高工程管理效率、降低项目风险和成本，以及推动技术进步和创新等多方面的目的和意义。本规范对于推动桥梁工程行业的发展和提高工程质量具有重要作用。

4.4.2 标准编制原则

本标准的主要技术内容包括：①总则；②术语；③BIM 的总体应用；④可行性研究阶段 BIM 应用；⑤初步设计阶段 BIM 应用；⑥施工准备阶段 BIM 应用；⑦施工阶段 BIM 应用；⑧运维阶段 BIM 应用；⑨BIM 应用费用标准；⑩BIM 技术应用具体项目；⑪不同桥梁形式 BIM 应用；⑫桥梁工程 BIM 技术应用招投标文件范本；⑬桥梁工程 BIM 技术应用合同文件范本。针对关键技术内容，结合资料调研及相关工程实例，给出条文说明。

本标准的技术特点：①本标准适用于桥梁工程设计、施工、运营、维护过程中，基于桥梁信息模型的数据的建立、传递和解读，特别是各专业之间的协同，工程设计参与各方的协作，以及质量管理体系中的管控、交付等过程。另外，本标准也用于评估桥梁信息模型数据的成熟度。②本标准为桥梁信息模型提供统一的数据端口，以促使国内各设计企业（团队）在同一数据体系之下工作与交流，并实施广泛的数据交换和共享。③本标准提出了 BIM 应用费用标准，并以实际项目为依托介绍了桥梁工程项目 BIM 技术应用具体项目，给出了桥梁工程 BIM 技术应用招投标文件范本和桥梁工程 BIM 技术应用合同文件范本，规范了 BIM 技术的应用技术规范。

本标准是国内桥梁界首部关于桥梁工程信息模型应用技术的规范，因此本标准的制定严格限制在桥梁工程 BIM 技术应用之下，具有一定的限制性。但基于桥梁单位设计风格、环境及施工条件的不同，具有不同的设计要求，对于其他形式的结构构造，在借鉴使用本标准时需要关注适用条件问题，并在使用中积累相关技术资料，便于今后的扩编。

本标准具有如下三方面的重要作用：

①本标准适用于桥梁工程全生命期内建筑信息模型的建立、应用和管理。本标准规定了桥梁工程信息模型采用什么样的技术流程来实现，利于不同参与方在桥梁工程项目全寿命期内，对模型信息进行提取、检查、分析、更改等，如管线综合、工作量统计等。本标准的实施将规范桥梁工程 BIM 技术的软件应用、信息应用、应用表达，提高信息应用效

率和效益，为桥梁工程 BIM 技术的应用提供了有力的支撑。

②提高了 BIM 技术的应用质量，标准化的实施使得问题迎刃而解，为 BIM 技术的应用创造最大化的、持久的经济效益。

③有利于提高科学技术水平，本标准的制定为科技水平的提高服务，同时也是将 BIM 成果转化为生产力的重要途径，标准化工作的顺利开展在很大程度上促进了 BIM 成果转化为生产力的进程，促进了 BIM 水平提高与生产力水平提高。

4.4.3 标准编制基本内容

1. 总则

本标准适用于江西省新建、改建、扩建和大修的桥梁全生命周期（设计、施工、运营、维护）BIM 技术应用，适用于桥梁工程范围，包括涉水桥梁、跨线桥梁、公路立交桥梁、高架桥梁、市政桥梁等。

本标准适用于桥梁工程设计、施工、运营、维护过程中，基于桥梁信息模型的数据的建立、传递和解读，特别是各专业之间的协同，工程设计参与各方的协作，以及质量管理体系中的管控、交付等过程。另外，本标准也用于评估桥梁信息模型数据的成熟度。

桥梁工程设计信息模型的建立和交付，除应符合本标准外，还应符合国家现行有关标准的规定。

2. 术语

（1）桥梁工程信息模型（Bridge Engineering Information Model）

桥梁工程信息模型是以三维图形和数据库信息集成技术为基础，创建并利用几何数据和非几何数据对桥梁工程项目进行全寿命期管理的信息模型。

（2）桥梁工程信息模型几何数据（Geometric Data of Bridge Engineering Information Model）

桥梁工程信息模型几何数据是模型内部几何形态和外部空间位置数据的集合。

（3）桥梁工程信息模型非几何数据（Non-geometric Data of Bridge Engineering Information Model）

桥梁工程信息模型非几何数据是指除几何数据之外所有数据的集合。

（4）桥梁工程信息模型构件（Component of Bridge Engineering Information Model）

桥梁工程信息模型构件是表达桥梁工程项目特定位置的设施设备并赋予其具体属性信息的模型组件，构件可以是单个模型组件或多个模型组件的集合。

（5）桥梁工程信息模型应用（Application of Bridge Engineering Information Model）

桥梁工程信息模型应用是在桥梁工程项目全寿命期内，对模型信息进行提取、检查、分析、更改等，如管线综合、工作量统计等。

(6) 全生命周期（Life-Cycle）

全生命周期是桥梁从计划建设到使用过程终止所经历的所有阶段的总称，包括但不限于策划、立项、设计、招投标、施工、审批、验收、运营、维护、拆除等环节。

(7) 协同（Collaboration）

协同是基于桥梁信息模型数据共享及互操作性的协调工作的过程，主要包括项目参与方之间的协同、项目各参与方内部不同专业之间或专业内部不同成员之间的协同以及上下游阶段之间的数据传递及反馈等。从概念上讲，协同包括软件、硬件及管理体系三方面的内容。

(8) 使用需求（Utilization Requirements）

使用需求是根据项目阶段、应用单位部门和工程需求而确定的对于桥梁工程信息模型信息的需求。

(9) 碰撞检测（Collision Detection）

碰撞检测是检测桥梁信息模型包含的各类构件或设施是否满足空间相互关系的过程。通常包括超高检测以及最小距离检测等。

3. 桥梁工程信息模型的应用阶段

桥梁项目全寿命期过程可分为可行性研究阶段、初步设计阶段、施工图设计阶段、施工准备阶段、施工实施阶段以及运维阶段。桥梁工程信息模型的应用宜满足表 4.8 的要求。

表 4.8 桥梁信息模型应用的不同阶段

阶段	阶段内容描述	应用项
可行性研究阶段 初步设计阶段 施工图设计阶段	本阶段是利用 BIM 技术进行设计方案的比选和优化、模型构建、模拟分析、碰撞检查等工作。向施工方交付设计成果，为施工安装、工程预算、设备及构件的安放、制作等提供完整的模型和图纸依据	方案比选
		各专业模型构建
		地质建模、GIS 环境搭建
		场地分析
		建筑性能模拟分析
		虚拟仿真漫游
		建筑结构平面、立面、剖面检查
		碰撞检测及管线综合
		设计协同
		二维制图表达
		工程量计算与复核
		基于 BIM 的结构分析

(续表)

阶段	阶段内容描述	应用项
施工准备阶段 施工实施阶段	本阶段是从施工准备开始,经现场施工至竣工的整个实施过程。其中,项目的成本、进度和质量安全等管理是施工过程的主要任务,其目标是完成合同规定的全部施工安装任务,以达到验收、交付的要求	施工深化设计及模型优化
		施工场地规划
		标准化管理
		施工方案模拟
		工程量、计量管理
		进度管理
		质量与安全管理
		征地拆迁管理
		工序管理
		大型设备运输路径检查
		竣工管理
运维阶段	本阶段是基于BIM技术的桥梁管养一体化平台,解决全寿命周期的可视化信息共享,实现桥梁的精细化、动态化管理	运维管理方案的策划
		运维管理系统的搭建
		运维模型的构建
		资产管理
		设备设施维护管理
		应急管理

4. 可行性研究阶段 BIM 应用

(1) 可行性研究阶段的 BIM 应用原则

①可行性研究阶段利用 GIS、BIM、协同、云计算等技术对设计方案进行规划符合性分析、服务人口分析、景观效果分析、噪声影响分析、征地拆迁分析及地质适宜性分析等,选择最优设计方案,并以设计方案为依据进行相关区域的规划控制管理。根据场地、水文环境、道路等设计条件以及拟定的技术标准信息进行工程方案论证,确定桥位及桥长、跨径、桥宽、桥面标高、坡度等总体布置内容。

②利用 BIM 和 GIS 技术综合考虑使用要求、造型美观、因地制宜、就地取材、便于施工和养护等因素进行桥梁方案设计。在造价合理的前提下,注意选用结构稳定性好、承载潜力大的桥梁结构,以满足远期使用要求。在追求技术先进的同时,注意选用技术成熟、施工简单的桥梁结构,确保桥梁顺利、按时投入使用。

③利用 BIM 和 GIS 技术注意桥位处的交通运输条件、施工机具进出、场地布置等因素。跨越河流的桥梁必须满足防洪排涝要求,跨越通航河流的桥梁桥孔设计还须满足通航净空要求。

(2) 可行性研究阶段的 BIM 应用内容

①利用 BIM 和 GIS 技术进行线位方案比选

收集设计资料，包括工程概况、项目基本信息、场地信息数据、水文环境、场地规划文件及道路等其他相关专业设计条件资料等，进行线位方案比选。

②利用 BIM 和 GIS 技术进行桥梁方案比选

桥梁方案设计内容主要包括：根据设计要求，结合各种桥梁结构的特点，确定桥梁结构类型、跨径布置、分孔方式及横断面布置；根据上部结构形式、跨度、桥梁高度以及场地地质条件，确定下部结构形式；根据使用及景观要求，确定照明等附属结构方案。进行方案可行性分析，评估各桥梁方案在后期的可实施性，避免在初设阶段或施工图阶段出现方案错误，并结合适用性、经济性和美观性确定最优方案。工可阶段分析的内容包括：桥梁使用性能分析、结构初步受力性能分析、防洪论证分析、通航论证分析以及方案桥型施工方法可实施性分析等。

③利用 BIM 和 GIS 技术进行规划符合性分析

利用 BIM 和 GIS 技术，分析工程与周边环境关系，实现工程设计与城市规划、路网规划协同，进行规划符合性分析。

④利用 BIM 和 GIS 技术进行规划管理

集成桥梁工程方案模型和路网信息，建立包含完整环境模型信息的数字城区，进行设计方案审查、规划控制，实现整个规划的动态管理。

⑤将桥梁工可阶段模型上传到协同共享平台，进行协调校审

为其他专业进行工可阶段模型设计提供协同参照。专业校审的主要内容包括：桥梁总体方的可行性、经济性和景观性；桥梁使用性是否满足设计任务要求；桥梁设计结构的安全性、桥梁模型及相应文本说明的完善性等是否满足桥梁工可阶段的要求；设计内容前后是否矛盾或标注错误等。若协调校审未通过，则设计人员需重新调整方案并进行设计建模、分析模拟，通过专业校审后重新上传到协同共享平台，直到协调校审通过为止。协调校审通过，桥梁专业进行最终可行性研究阶段方案设计模型创建与出图，将最终的桥梁工可模型上传到协同共享平台归档，完成可行性研究阶段的设计。

⑥其他应用，如投资估算分析、方案可视化、控制因素分析等

提出几种合理可行的桥梁方案及相应的投资估算，开展方案比选并提出推荐最优方案。

5. 初步设计阶段 BIM 应用

(1) 初步设计阶段的 BIM 应用原则

初步设计阶段，推敲完善 BIM 模型，并配合结构专业建模进行核查设计。应用 BIM 软件对模型进行一致性检查。

充分进行桥梁方案比较，确定推荐桥梁方案。桥梁方案的选择应遵循"技术先进、安

全可靠、适用耐久、经济合理"的原则，兼顾美观和与周围景观协调。桥梁结构类型的选择应综合跨径布置、桥孔布设等统筹考虑，并结合桥位处的场地地形地质、自然条件等基础资料，施工条件、材料供应、施工工期、水文计算结果及工程造价等因素综合考虑。

根据各种桥梁结构的特点，充分考虑交通运输条件、防洪通航要求、场地地质、水文环境等因素，优化桥梁总体设计。大桥桥位在服从路线走向的前提下，作为路线控制点，与道路综合考虑，中小桥位置服从路线布设要求。

跨径布置尽量不压缩河床或冲沟断面，保证满足泄洪、快速排洪等需要。同时结合各种桥梁结构的特点，做到桥梁全线标准跨径不过多，以 2～3 种为宜，主跨与边跨的跨度应匹配。

采用能较好适应桥梁宽度变化的桥梁截面，坡度大小应适当，桥宽较大时应设置横坡。桥梁跨度、截面形式不宜变化太多，力求标准化，以方便施工、缩短工期、降低工程投资。桥墩、基础也尽可能采用简单统一的形式，不宜变化太多。

（2）初步设计阶段的 BIM 应用内容

初步设计阶段是介于方案设计阶段和施工图设计阶段之间的过程，是对方案设计进行细化的阶段。在本阶段，推敲完善 BIM 模型，并配合结构专业建模进行核查设计，应用 BIM 软件对模型进行一致性检查。

①线位方案比选

利用基于 BIM+GIS 的选线系统进行线位方案比选。

②桥梁方案比选

利用 BIM 和 GIS 技术进行桥梁方案比选。

③初步设计阶段地质模型

建立初步设计阶段地质模型。

④初步设计阶段桥梁 BIM

BIM 专业设计模型：应提供经分析优化后的各专业 BIM 初设模型，模型的交付内容及深度为 LOD 200 等级。

BIM 综合协调模型：应提供综合协调模型，重点用于进行专业间的综合协调及完成优化分析。

⑤场地现状仿真

主要工作内容包括：可视化模型及生成文件；性能分析模型及报告。

⑥景观效果分析

利用 BIM 和 GIS 模型，模拟桥梁工程方案线路及周边环境，分析桥梁工程方案、设施与周边环境结合的景观效果。

⑦征地拆迁分析

利用 BIM 和 GIS 技术在场地模型中集成用地规划、建（构）筑物产权单位、建设年代、建筑面积、城市人口分布等信息，利用 BIM 数据集成与管理平台分析设计方案需要拆迁的建（构）筑物的数量、面积、产权单位和拆迁成本等。

⑧地质适宜性分析

利用 BIM 和 GIS 技术，集成桥梁工程方案模型和三维地质模型，分析设计方案中线路穿越的地层、地下水和不良地质情况，提高方案分析和调整的效率。

⑨噪声影响分析

利用 BIM 技术和噪声影响分析软件输出的数据，在三维场景中展示噪声影响范围，统计分析桥梁工程运行噪声影响区域内的建筑（数量、面积、产权单位、用途等）、人员（数量、职业等）等信息。

⑩虚拟仿真漫游

可视化模型及生成文件：应提交基于 BIM 设计模型的表示真实尺寸的可视化展示模型，及其创建的效果图、场景漫游、交互式实时漫游虚拟现实系统、对应的展示视频文件等可视化成果。

6. 施工图设计阶段 BIM 应用

（1）施工图设计阶段的 BIM 应用原则

①利用 BIM 和 GIS 技术充分进行桥梁方案比较，确定推荐的桥梁方案。桥梁方案的选择应遵循"技术先进、安全可靠、适用耐久、经济合理"的原则，兼顾美观和与周围景观协调。桥梁结构类型的选择应综合跨径布置、桥孔布设等统筹考虑，并结合桥位处的场地地形地质、自然条件等基础资料，施工条件、材料供应、施工工期、水文计算结果及工程造价等因素综合考虑。

②利用 BIM 和 GIS 技术根据各种桥梁结构的特点，充分考虑交通运输条件、防洪通航要求、场地地质、水文环境等因素，优化桥梁总体设计。大桥桥位在服从路线走向的前提下，作为路线控制点，与道路综合考虑，中小桥位置服从路线布设要求。

（2）施工图设计阶段的 BIM 应用内容

①路线优化设计

利用 BIM 和 GIS 技术进行桥梁线位方案优化。

②桥梁优化设计

利用 BIM 技术进行桥梁方案比选和优化，生成桥梁复杂部位的剖面图指导设计。

③施工图设计阶段地质模型

利用 BIM 和 GIS 技术生成施工图设计阶段地质模型。

④施工图设计阶段桥梁 BIM

BIM 专业设计模型：应提供经分析优化后的各专业 BIM 施工图模型，模型的交付内容及深度为 LOD 300—LOD 400 等级。

⑤施工图设计阶段图纸生成，桥梁结构的平面、立面、剖面检查

利用系统生成平纵横图纸，桥梁结构平面、立面、剖面检查的主要目的是通过剖切建筑和结构专业整合模型，检查桥梁结构的构件在平面、立面、剖面位置是否一致，以避免设计中出现不统一的错误。

收集数据，并确保数据的准确性、完整性和有效性。整合建筑专业和结构专业模型，剖切整合后的建筑结构模型，产生平面、立面、剖面视图，并检查两个专业间设计内容是否统一、是否有缺漏，检查空间合理性，检查构件冲突等内容。修正各自专业模型的错误，直到模型准确。

⑥碰撞检查与管线综合

施工图阶段碰撞监测与管线综合过程中，设计单位、BIM咨询单位应密切协作，以共同使用BIM的工作方式进行。设计单位应根据最终BIM所反映的三维情况，调整二维图纸。

施工准备阶段BIM管线综合应在设计阶段成果的基础上进行，并加入相关专业深化的模型，对有矛盾的部位进行优化和调整。设计单位应根据最终深化BIM所反映的三维情况，调整二维图纸。

检查过程中，如发现某一系统普遍存在影响，应提交设计单位做全系统设计复查。

a. 搭建模型。根据设计图纸，基于土建施工图设计阶段交付模型，搭建模型。

b. 校验模型的完整性、准确性。

c. 碰撞检查。利用模拟软件对桥梁工程信息模型进行碰撞检查，生成碰撞报告。

d. 提交碰撞报告。将碰撞检查报告提交给建设单位，报告需包含碰撞点位置、碰撞对象等。

e. 生成优化平面图纸。根据优化模型，生成综合优化平面图纸，并将最终成果交付给建设单位。

f. 碰撞检查与管线综合的成果宜包括桥梁工程项目的碰撞检查模型、碰撞检查报告、管线优化平面图纸等。

⑦工程量计算及复核

工程量计算及复核的工作包括：数据收集；调整桥梁工程信息模型的几何数据和非几何数据；校验模型的完整性、准确性；生成BIM工程量清单。

⑧基于BIM的结构分析

将BIM向结构分析模型进行转换；利用结构分析模型开展抗震、抗风、抗火等结构性能分析和设计；将结构计算的结果存储在BIM或基于BIM的管理系统平台中，以便后续的应用。

⑨虚拟仿真漫游工程量计算及复核

可视化模型及生成文件：应提交基于BIM设计模型的表示真实尺寸的可视化展示模

型，及其创建的效果图、场景漫游、交互式实时漫游虚拟现实系统、对应的展示视频文件等可视化成果。

⑩管线搬迁与道路翻交模拟

管线搬迁与道路翻交模拟工作主要包括以下内容：①施工围挡建模。根据管线搬迁方案建立各施工阶段施工围挡模型。②管线建模。根据地下管线成果探测图、报告以及管线搬迁方案平面图、断面图建立现有管线和各施工阶段的管线模型。③道路现状和各阶段建模。根据道路翻交方案，创建道路现状模型与各阶段道路翻交模型。模型能够体现各阶段道路布局变化及周边环境变化。④周边环境建模。根据管线搬迁地区周边地块平面图、地形图创建地表模型，根据桥梁工程项目周边建构筑物的相关图纸创建周边建构筑物模型，校验模型的完整性、准确性及拆分合理性等。⑤生成管线搬迁与道路翻交模型。实施施工围挡建模、管线建模、道路现状和各阶段建模及周边环境建模，经检验合格后生成管线搬迁与道路翻交模型。⑥生成管线搬迁与道路翻交模拟视频，反映各阶段管线搬迁内容、道路翻交方案、施工围挡范围、管线与周边建构筑物位置的关系及道路翻交方案随进度计划变化的状况。

7. 施工准备阶段BIM应用

(1) 施工准备阶段的BIM应用原则

施工准备阶段又是施工深化设计阶段。通过图纸会审、施工深化设计、模型优化、施工工程量的统计、施工方案模拟、大型设备运输路径检查更好地理解设计意图，并为施工做好准备工作。

(2) 施工准备阶段的BIM应用内容

①图纸会审阶段的BIM技术应用

图纸会审的主要目的是加快、加深深化设计前对项目的理解程度，检查图纸是否满足施工要求，施工工艺与设计要求是否矛盾，以及各专业之间是否冲突，对于减少施工图中的差错、完善设计、提高工程质量和保证施工顺利进行都有重要意义。

主要工作内容包括：利用三维模型作为会审的沟通平台，根据项目现场数据采集结果，整合项目设计阶段模型，进行设计、施工数据检测、问题协调；通过三维模型检测设计碰撞、核查设计问题及施工可行性，协调问题解决方案并向各参与方展示问题的修改结果。

②施工深化设计及模型优化

对桥梁工程信息模型的准确性、可实施性进行深化以满足施工需求。将施工操作规范与施工工艺融入施工作业模型，使施工图满足施工作业的需求。

主要工作内容包括：收集准确的数据；施工深化模型设计，施工单位依据设计单位提供的施工图与设计阶段的桥梁工程信息模型，结合自身施工特点及现场情况，完善或重新建立该模型，使之完整表示工程实体及施工作业对象和结果，并包含工程实体的基本信息；根据模型，进行自身范围内的设计冲突检测及协调；BIM技术工程师与施工技术人员配合，对建筑信息模型的施工合理性、可行性进行甄别，并进行相应的调整优化。

主要工作成果包括：定期更新的施工作业模型；设计协调文件、整合问题管理文件等；施工相关文件，包括深化施工图及节点图等。

③施工工程量统计

本应用点在设计阶段、施工准备阶段均有应用，不同阶段采用不同的计量、计价依据，并体现不同的造价管理与成本控制目标。施工准备阶段工程量统计的目的在于从施工作业模型获取各子项的工程量清单以及项目特征信息，提高各阶段工程造价计算的效率与准确性。

主要工作内容包括：收集准确的数据；在施工作业模型基础上，加入构件项目特征及相关描述信息，完善建筑信息模型中的成本信息；利用软件获取施工作业模型中的工程量信息，将其作为建筑工程招投标时编制工程量清单与招标控制价格的依据，也可作为施工图预算的依据。同时，从模型中获取的工程量信息应满足合同约定的计量、计价规范要求；建设单位可利用施工作业模型实现动态成本的监控与管理，并实现目标成本与结算工作前置。施工单位根据优化的动态模型实时获取成本信息，动态合理地配置施工过程中所需的资源。

主要工作成果包括：工程量清单。

④大型设备运输路径检查

大型设备运输路径检查的工作包括：数据收集；校验模型的完整性、准确性；路径检查；运输路径模拟视频；大型设备运输路径检查的成果宜包括桥梁工程项目的运输路径检查模型、运输路径模拟视频等。

⑤施工方案模拟

在施工作业模型的基础上附加施工方法、施工工艺和施工顺序等信息，进行施工过程的可视化模拟，并充分利用建筑信息模型对方案进行分析和优化，提高方案审核的准确性，实现施工方案的可视化交底。

施工方案模拟的工作包括：收集准确的数据；收集并编制施工方案的文件和资料，包括工程项目设计施工图纸、工程项目的施工进度和要求、施工资源概况（如人员、材料和机械设备等）、施工现场的自然条件和技术经济资料等；调整模型；整合模型；校验模型的完整性、准确性；施工方案检查；生成施工方案模拟视频。根据施工方案构建施工过程演示模型，结合施工工艺流程，利用模型进行施工模拟、优化，选择最优施工方案，生成模拟演示视频并提交施工部门审核。特别是对于局部复杂的施工区域，进行重点、难点施工方案模拟、优化，生成方案模拟文件提交审核，并与施工部门、相关专业分包协调施工方案。

主要工作成果包括：施工模拟演示文件；施工方案比选报告。

8. 施工实施阶段 BIM 应用

(1) 施工实施阶段的 BIM 应用原则

施工实施阶段可应用 BIM 创建虚拟现场，利用 GIS、物联网、移动互联网等技术开展标准化管理、进度管理、安全风险管理、质量管理、重要部位和环节条件验收、成本管理等方面的应用，实现对工程项目的精细化管理。

(2) 施工实施阶段的 BIM 应用内容

①标准化管理

根据法律法规、企业标准化施工管理办法等，确定场地布置、工艺流程和质量控制等方面的标准化工作要求，创建包含临建、安全防护设施、施工机械设备、质量控制样板、质量通病等的标准化管理模型，对场地布置方案、施工工艺、施工流程、质量安全事故等进行模拟，开展施工交底、实施、管理及考核等标准化管理活动。

建立施工阶段桥梁 BIM 构件的分类和编码标准、桥梁构件的命名规则标准、桥梁 BIM 管理系统数据接口技术标准等相关标准。

②施工 BIM+GIS 管理系统平台搭建

施工 BIM+GIS 管理系统的建设以基于地形、地质及路桥构造物模型为重点，实现桥梁施工管理。利用施工 BIM+GIS 管理系统平台实现征地拆迁管理、质量管理、安全管理、场地管理等。

③进度管理

根据施工组织设计和进度计划对深化设计模型进行完善，在模型中关联进度信息，形成满足进度管理需要的进度管理模型，利用 BIM 数据集成与管理平台进行进度信息上报、分析和预警管理，实现进度管理的可视化、精细化、便捷化；将二维施工进度计划与模型进行整合，以三维的形式直观地反映在人视线中，让项目管理人员可以清晰地了解整个工程进度安排，并及时发现每个环节的重点、难点，方便制订并完善合理可行的进度计划，保证整个项目实施过程中人力、材料、机械安排的合理性。

主要工作内容包括：

a. 收集准确的数据；

b. 结合工程项目施工进度计划的文件和资料，将模型与进度计划文件整合，形成各施工时间、施工工作安排、现场施工工序完整统一，可以表现整个项目施工情况的进度计划模拟文件；

c. 根据可视的施工计划文件，及时发现计划中待完善的区域，整合各相关单位的意见和建议，对施工计划模拟进行优化、调整，形成合理、可行的整体项目施工计划方案；

d. 在项目实施过程中，利用施工计划模拟文件指导施工中各具体工作，辅助施工管理，并不断进行实际进度与项目计划间的对比分析，如有偏差，分析并解决项目中存在的潜在问题，对施工计划进行及时调整更新，最终在要求时间范围内完成施工目标。

主要工作成果包括：

a. 施工计划模拟演示文件。表示施工计划过程中的整个工程进度安排、活动顺序、相互关系、施工资源、措施等信息。

b. 施工进度控制报告。不同情况下的进度调整、控制文件，包括不同情况的施工计划展示视图，以及一定时间内虚拟模型与实际施工的进度偏差分析等。

④质量管理

以深化设计模型为基础建立质量管理模型，根据质量验收标准和施工资料标准等确定质量验收计划，进行质量验收、质量问题处理和质量问题分析等工作，可利用移动互联网、物联网等信息技术将质量管理事件录入 BIM 数据集成与管理平台，建立工程质量信息与模型的关联关系，实现工程质量问题追溯和统计分析，辅助质量管理决策。

通过现场施工情况与模型的比对，能够提高质量检查的效率与准确性，进而实现项目质量可控的目标。

主要工作内容包括：

a. 收集准确的数据。

b. 修改施工质量方案。

c. 建筑信息模型的可视化功能准确、清晰地向施工人员展示及传递设计意图。同时，可通过施工过程模拟，帮助施工人员理解、熟悉施工工艺和流程，避免由于理解偏差造成施工质量问题。

d. 通过现场图像、视频、音频等方式，把出现的质量问题关联到建筑信息模型的相应构件与设备上，记录问题出现的部位或工序，分析原因，进而制定并采取解决措施。累计在模型中的质量问题，经汇总收集后，总结对类似问题的预判和处理经验，为日后工程项目的事前、事中、事后控制提供依据。

⑤安全管理

以深化设计模型为基础，根据施工安全风险管理体系增加风险监测点模型和风险工程等信息，建立安全风险管理模型，利用 BIM 数据集成与管理平台建立环境模型与安全风险监测数据的关联关系，实现对施工安全风险的可视化动态管理。

通过现场施工情况与模型的比对，能够提高检查的效率与准确性，有效控制危险源，进而实现项目安全可控的目标。

主要工作内容包括：

a. 收集准确的数据。

b. 修改施工安全方案，完善施工作业模型，生成施工安全设施配置模型。

c. 建筑信息模型的可视化功能准确、清晰地向施工人员展示及传递设计意图。同时，可通过施工过程模拟，帮助施工人员理解、熟悉施工工艺和流程，并识别危险源，避免由于理解偏差造成施工安全问题。

d. 关注现场施工安全管理情况的变化，实时更新施工安全设施配置模型。

e. 通过现场图像、视频、音频等方式，把出现的安全问题关联到建筑信息模型的相应构件与设备上，记录问题出现的部位或工序，分析原因，进而制定并采取解决措施。累计在模型中的质量与安全问题，经汇总收集后，总结对类似问题的预判和处理经验，为日后工程项目的事前、事中、事后控制提供依据。

⑥利用 BIM 技术进行装配式桥梁施工

利用 BIM 技术建立桥梁预制构件模型，将模型发送至预制工厂进行预制，并利用 BIM 数据集成与管理平台进行装配式施工管理。

⑦重要部位和环节的验收管理

单位工程预验收、单位工程验收、项目工程验收和竣工验收前，在施工过程模型中添加或关联验收所需工程资料，单位工程预验收、单位工程验收、项目工程验收和竣工验收时，利用模型快速查询和提取工程验收所需资料，通过对比工程实测数据来校核工程实体，提高验收工作效率。

根据桥梁工程重要部位和环节施工前条件验收的具体实施办法和要求，利用 BIM 数据集成与管理平台查询施工过程模型的重要部位和环节的验收信息，快速获得验收所需准备工作及各项工作完成情况，提高条件验收工作沟通和实施的效率。

⑧工程量及物料管理

以深化设计模型为基础，根据清单规范和消耗量定额要求创建成本管理模型，通过计算合同预算成本，结合进度定期进行三算对比、纠偏、成本核算、成本分析工作，可根据实际进度和质量验收情况，统计已完工程量信息、推送相关数据、输出报表等，辅助验工计价工作。

主要工作内容包括：

a. 收集准确的数据。

b. 将项目信息、构件信息、进度表、报表等设备与材料信息添加进施工作业模型中，使建筑信息模型可以实现设备与材料管理和施工进度协同，并可追溯大型设备及构件的物流与安装信息。

c. 根据工程进度，在模型中实时输入输出相关信息。输入信息包括工程设计变更信息、施工进度变更信息等。输出信息包括所需的设备与材料信息表、已完工程消耗的设备与材料信息、下个阶段工程施工所需的设备与材料信息等。

主要工作成果包括：

a. 施工设备与材料的物流信息。

b. 基于施工作业面的设备与材料表。建筑信息模型可按阶段性、区域性、专业类别等方面输出不同作业面的设备与材料表。

(9) 竣工资料电子交付

竣工资料电子交付主要应用于施工阶段。在建筑项目竣工验收时，将竣工验收信息及项目实际情况添加到施工作业模型中，以保证模型与工程实体数据一致，随后形成竣工模型，以满足交付及运营基本要求。

主要工作内容包括：

a. 收集准确的数据，包括构建几何信息、材质信息、厂家信息以及施工安装信息等；

b. 完整收集施工作业模型及施工过程中修改变更资料；

c. 施工单位技术人员应在准备竣工验收资料时，根据修改变更资料更新施工作业模型，使其能准确表达竣工工程实体，以形成竣工模型。

主要工作成果包括：竣工模型及图文档资料。

9. 运维阶段 BIM 应用

(1) 运维阶段的 BIM 应用原则

为满足设施维护实际工作的需要，可根据 BIM 理念建设一套以"现代化、国际化、专业化、信息化"为准则，实现设施管养业务工作移动化、可视化、自动化、系统化的信息管理系统，以实现管养业务的信息化流程达到快速高效开展业务的要求，使巡查、方案确定、维护施工、大中修项目、质量安全管理、材料供给、验收归档等业务实现高效协同。

(2) 运维阶段的 BIM 应用内容

①运维管理方案策划

利用 BIM 技术实现信息传递移动化和自动推送，自动产生业务记录和分析统计报表，达到整个业务管理工作可视化，实现项目数据的高效管理。

通过 BIM 实现项目整体实物的数字管理，将工程各构件和分部的设计施工图纸与模型对应位置挂接，将工程管养产生的巡查、检测、维修施工等动态数据自动挂接所发生的对应位置，将各种监测的数据进行对应位置的自动挂接，能够在点击具体部位时就展示这些资料数据，达到工程实物的可视化。

可利用 3D-GIS 地理信息系统与 BIM、移动终端系统相结合，可实现工程地理位置空间分析和统计的管理，形成立体的工程整体管理系统，同时，通过系统平台实现整个项目的管养业务移动化、自动化、系统化，实现病害、事件的准确定位，对外业人员、设备进行轨迹跟踪定位管理。利用各类传感器、视频的监控自动化，提升决策层管理及时性及局势管理的控制力，确保项目在管理过程中对内对外形成高效高质量的形象。

②运维模型的构建

运维阶段模型构建可以利用施工阶段的竣工模型,也可以重新建模。

通过系统搭建完成桥梁构件结构树,将前梁构件逐级精确分层。

构件编码:通过系统定义桥梁构件编码,实现编码与图档的关联关系,从而实现构件与图档的关联。根据桥梁实际情况,同时为满足业务用户的实际需求,制定桥梁的构件编码原则,后期建立 BIM 时,根据编码原则对所有构件进行编码,确保在系统中,各构件有唯一识别码,用以关联其图纸、病害信息、维修信息等。

建立运维 BIM。

③运维 BIM 管理系统平台搭建

基本设计原则:运维管理系统要符合安全、稳定、可适应、可移植、可扩展及易维护等基本原则。

实现途径:系统的建设以全面管理桥梁工程数据为重心,结合国内外先进的桥梁管理成熟方案,采用先进的信息化技术,实现全面的综合信息化管理。

功能设计:道路桥梁基本信息管理模块包括桥梁基础信息、桥梁跨(上部结构)信息、桥梁台(下部结构)信息、桥梁墩(下部结构)信息及桥梁附属信息等。

日常巡查养护模:日常巡查及维护流程、日常巡查日志记录、维护任务实施及记录、维护工作验收任务、移动设备界面等。

场景模拟及效能对比:发现病害处理场景、病害定位场景、项目信息提取查看场景等。

④资产管理

运维管理平台在资产管理模块的应用设置宜满足下列要求:

a. 桥梁信息模型中的资产信息可被完整提取,并导入运维管理平台。

b. 运维管理平台宜根据桥梁信息模型对桥梁项目的资产信息开展统计、分析、编辑和发布等工作。

c. 建立数据库用于储存桥梁项目的资产信息,包括资产类别、名称、位置、采购信息、维护周期等,在运维管理平台中通过设备编码与设备模型实现关联。

资产管理与统计需准备的数据资料宜符合下列要求:

a. 桥梁信息模型中资产管理与统计的设施设备相关信息宜包含资产类别、名称、位置、采购信息、维护期等。

b. 桥梁信息模型宜包含完整的参数信息,并可无损转换为数据库格式文件。

资产管理与统计的工作流程宜符合下列要求:

运维管理平台宜通过编码等方式提取桥梁信息模型和业务系统的资产信息。采用运维管理平台对桥梁项目的资产信息进行统一梳理和分类。在运维管理平台中,将整理的桥梁项目资产信息进行编辑、展示和输出。资产管理与统计的流程图可参考图 4.4。

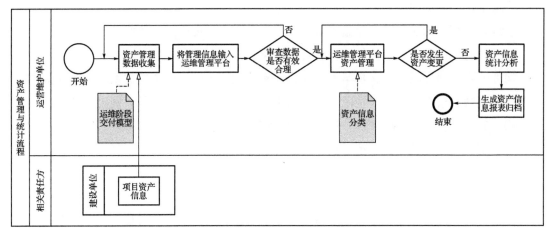

图 4.4 资产管理与统计流程图

资产管理与统计的成果宜包括桥梁项目的资产统计、分类、分析、发布等信息。

⑤设施设备维护管理

运维管理平台在设施设备维护管理模块的应用设置宜满足下列要求：

a. 桥梁信息模型中的设备信息可被完整提取，并导入运维管理平台。

b. 运维管理平台宜根据桥梁信息模型对桥梁项目的设施设备参数实施维护、可视化展示和监控。

c. 建立数据库用于储存桥梁项目设备信息，包括监控信息、实时状态信息、原始采集信息等，在运维管理平台中通过设备编码与设备模型实现关联。

设备集成与监控需准备的数据资料宜符合下列要求：

a. 桥梁信息模型中各项设备信息宜包含设备位置、设备（和系统）类别、名称、管理和维护参数等。

b. 桥梁信息模型宜包含完整的参数信息，并可无损转换为数据库格式文件。

设备集成与监控的工作流程宜符合下列要求：

a. 根据系统分类，将设备信息输入运维管理平台，包含运维、养护所需的信息。

b. 运维管理平台宜对比分析设备当前监控参数和原始采集信息，预测设备运行状态。

c. 运维管理平台宜对设备（和系统）实施调取、监控、编辑等工作。

d. 运维管理平台宜针对设备的养护、保养、替换等需求设置自动提醒功能。

设备集成与监控的成果宜包括桥梁项目设备（系统和单体）的三维可视化、运行状态监控、自动提醒等信息。

⑥应急管理

运维管理平台在应急管理模块的应用设置宜满足下列要求：

a. 桥梁信息模型中应急事件处置涉及的设施设备属性信息可被完整提取，并导入运维管理平台。

b. 运维管理平台宜根据桥梁信息模型实施应急突发事件处置模拟，准备各类事件应急预案。

c. 建立数据库用于储存桥梁项目的应急事件处置信息，包括应急设备位置、应急指导信息、应急预案、监测数据等，在运维管理平台中通过设备编码与设备模型实现关联。

应急事件处置需准备的数据资料宜符合下列要求：

a. 桥梁信息模型中应急处置的设施设备相关信息宜包含桥梁监测系统（探头、公共信息指示系统、桥梁监测系统等）终端点位、系统关联信息等。

b. 桥梁信息模型宜包含完整的参数信息，并可无损转换为数据库格式文件。

应急事件处置的工作流程宜符合下列要求：

a. 将桥梁信息模型数据导入运维管理平台，并将点位、系统关联信息与桥梁信息模型的构件关联。

b. 模拟各类突发事件，制定不同应急预案。将各种应急预案以多媒体形式输出为图片或视频，作为培训资料。

c. 通过通信和视频调度系统处理，将应急指导信息发布至公众信息显示系统，并向系统广播终端和用户移动设备推送批量信息。

d. 在桥梁项目中，定期进行模拟演练和相关点位核查。

e. 结合桥梁信息模型，统计、分析常规监测数据和应急事件。

应急事件处置的成果宜包括应急系统各项设备的点位、状态、参数等信息，以及应急方案等。

⑦维护管理

运维管理平台在维护管理模块的应用设置宜满足下列要求：

a. 运维管理平台设置和参数运用宜按照现行行业标准《公路桥涵养护规范》（JTG 5120—2021）、《城市桥梁养护技术规范》（CJJ 99—2003）执行。

b. 工程信息模型中桥梁养护所需构件信息可被完整提取，并导入运维管理平台。

c. 运维管理平台宜根据工程信息模型制定桥梁设计养护工作方案。

d. 建立数据库用于储存桥梁项目的设备养护信息，包括养护周期、养护时间、人工耗费等，在运维管理平台中通过设备编码与设备模型实现关联。

养护管理需准备的数据资料宜符合下列要求：

a. 桥梁模型中养护构件的相关信息宜包含墩柱、桥台、基础、梁、上下部结构、材料、人行道、标志和标线、照明和信号灯、交通服务设施等。

b. 桥梁信息模型宜包含完整的参数信息，并可无损转换为数据库格式文件。

养护管理的工作流程宜符合下列要求：

a. 将桥梁构件信息导入运维管理平台。

b. 运维部门分类和筛选所需养护的构件，参照国家行业标准和上海市有关规程的要求，在运维管理平台中添加养护期、养护时间、人工耗费等属性信息。

c. 按照不同养护等级，在运维管理平台设置维护提醒，定期对桥梁项目的构件进行养护、维修和替换。

d. 根据运维管理平台的计划安排，运营维护单位实施养护工作，并做好养护工作记录。

养护管理的成果宜包括桥梁项目的养护构件信息等。

10. 不同桥梁形式 BIM 应用

（1）涉水桥梁

BIM 技术在涉水桥梁中的运用主要体现在以下几个方面：

①桥梁参数化建模、构件库。

②桥梁周边 GIS 环境搭建。

③协同设计，复核设计图纸，二维图纸生成。

④桥梁构造、钢筋的三维可视化，施工模拟，验证施工时的可操作性。

⑤工程量自动统计。

⑥碰撞检查。

（2）跨线桥梁

BIM 技术在跨线桥梁中的运用主要体现在以下五个方面：

①三维模型参数化构建。一旦发生设计变更导致参数变化，直接在模型中修改相关参数即可，模型也会随之自动调整，方便快捷。

②图纸输出，通过剖切 3D 模型的任意位置，输出工程需要的 2D 图纸。

③工程计量，利用模型中高度整合的数据信息，通过软件直接生成工程所需的各类工程量统计表。而且一旦发生工程变更，由模型导出的工程量统计信息也能自动更新。利用 BIM 技术能有效地对各构件进行工程量统计分析，减少人工操作带来的统计错误，合理地安排材料采购与进场计划，降低工程成本、缩短工期。

④基于 BIM 的预制构件安装与采购，充分利用 BIM 中储存完备的构件信息库，将预制构件信息库与预制厂商共享。预制厂商能直观地了解到预制构件的尺寸、材质、强度、规格、型号等信息。在采购预制钢箱梁时，将钢箱梁 BIM 发给厂商，厂商根据模型直接生产出实体钢箱梁。

⑤4D 施工模拟，将现场施工进度情况与 4D 模型对比，发现进度偏差时立刻采取纠偏措施。

（3）公路立交桥梁

公路立交桥梁具有以下特点：路线多、分叉式出入口多、高程多、边坡复杂、路线基本上多为曲线、路线交叉但高程不同、道路和桥梁交替出现、横坡复杂。BIM 技术在公路立交桥梁工程中的运用主要体现在以下十个方面：

①基于道路曲线的桥隧结构创新建模方法。

②三维立体模型方案比选。

③参数化族库开发与应用，快速建模工具的开发与应用。

④全专业协同设计。

⑤基于BIM的交通仿真，施工工序模拟，三维场景虚拟漫游。

⑥基于BIM的交通安全分析。

⑦基于BIM的工程优化设计。

⑧碰撞检查。

⑨基于BIM的估算应用。

⑩基于BIM模型的全专业的二维出图。

（4）高架桥梁

BIM技术在高架桥梁中的运用主要体现在以下四个方面：

①BIM搭建。利用建模软件，根据二维图纸，对该项目进行建模，通过建立该桥梁的BIM，各构件尺寸、位置关系、表现材质都能在模型中直接反映出来，方便施工任意进行。

②BIM施工工艺模拟。高架桥梁施工工艺复杂，基于BIM技术进行各阶段详细施工工艺模拟，可迅速掌握施工工艺，避免出现施工错误。

③施工前作业施工工艺模拟。

④施工管理平台开发与应用。

（5）市政桥梁

BIM技术在市政桥梁中的运用主要体现在以下五个方面：

①施工前期通过建立三维模型对场地进行合理的规划布置，提高效率。

②科学计算工程量，提供数据支持。利用BIM软件自带的明细表功能件所支持的文件格式进行算量。

③模型碰撞检查，发现和解决管线及结构物冲突情况，从而减少返工和材料浪费，节约成本，缩短工期。

④利用BIM+VR技术，达到实际体验效果。使项目达到设计效果可视化，在利用软件为工程建立了三维信息模型后，得到项目建成后的虚拟建筑，展现了二维图纸不能给予的视觉效果。

⑤施工管理平台开发与应用。

5 BIM 技术应用

BIM 技术有其自身优势，具有可视化和模拟性特点，在交通工程建设行业有着良好的应用前景。本章将以祁婺高速项目为例，重点介绍 BIM 这一数字信息技术如何与管理理念和 GIS、IoT、人工智能（Artificial Intelligence，AI）技术有机结合运用到施工管理中，实现智能建造、智慧化管控、数字交付的目标；同时，介绍基于 BIM 技术在软件开发、数字化建管平台研发中的规划和应用，并对应用结果进行总结和推广，形成一套较完备的山区高速公路建设 BIM 应用思路。

5.1 设计阶段 BIM 技术应用

5.1.1 创建参数化族库

1. 构件族的定义

BIM 族也称构件族，构件是对项目中采用的实际建筑组件的物理和功能特性的数字化表达。一个构件（在 Revit 中被称为"族"）是一个可在多种场合重复使用的个体图元，例如锚具、支座、波纹管、办公家具、锚杆、T 梁。参数化构件：BIM 构件或图元中的信息属性是通过参数化的形式进行输入及保存的，通过参数的改变即可实现对图元的修改。族是一个包含通用属性（称作参数）集和相关图形表示的图元组。

2. 创建参数化族库的目的和意义

传统的现浇结构设计，主要对节点和构件进行深化设计，因此造成预制构件种类繁多，不利于工厂流水化生产的问题。基于 BIM 的信息化模型设计方法将模型信息应用到构件的设计与建设当中，尝试建立标准化、集成化、信息化、通用化的信息模型构件库产品，并以此创建各方协同工作平台。利用统一的标准模型，避免出现冲突，以此保障各方对构件信息的上传、保存及调用，实现工程建设项目中各方信息流畅地传递，保证各建设阶段高效地进行，在此过程中收集各阶段产生的信息，实现工程项目的全生命周期管理。

建立标准化、参数化的族库，能避免重复建模，极大地减少工作量，并提高建模的规范性、标准性和快捷性。在建立族库的过程中，应充分考虑高速公路隧道、桥梁设计需求，工程施工工法，后期施工交付，以及建模过程中所需的附加信息，便于后期的工程量计算、建模出图及设计交付等。按照交通工程 BIM 技术相关标准要求，从隧道结构构成的维度对族库类型进行划分，主要包括洞门、洞身、接口及特殊结构 4 个类型。目前，已结合 Open Roads Designer（ORD）软件二次开发技术，建立了满足实际建模应用需求、覆盖大多数隧道形式的隧道参数化族库，并在各干线及试点隧道 BIM 正向设计中实践应用（表 5.1）。

表 5.1 参数化族库

序号	类型		族
1	洞门		帽檐斜切式洞门
			双耳墙式明洞门
			桩柱式洞门
			台阶式洞门
			单压式洞门
			偏压式洞门
			……
2	洞身	暗洞	单心圆
			三心圆
			五心圆
			马蹄形
			……
		明洞	根据洞门形式创建
		附属硐室	余长电缆腔硐室
			变压器兼余长电缆腔硐室
			射频拉远单元（Remote Radio Unit，RRU）设备兼余长电缆腔硐室
			并联开关站硐室
			车辆探测设备硐室
			基带处理单元（Base Band Unit，BBU）设备硐室
			应急电话硐室
			消火栓硐室
			风机控制柜硐室
			……
		辅助坑道	单车道
			双车道
3	接口		隧道—桥梁接口
			隧道—路基接口
			……
4	特殊构件		弃碴场
			防灾救援设施
			通风排水设施
			……

（1）洞门

研究洞门参考图及工点图纸，提取参数化建模所需关键几何参数，在 ORD 的二次开发过程中，通过洞门生成算法调用关键几何参数，实现参数化洞门建模和洞门模型在实际线路中的快速实例化。目前，已建立并应用完善的洞门库，包括帽檐斜切式洞门（图 5.1）、双耳墙式明洞门、桩柱式洞门等。

图 5.1 帽檐斜切式洞门族

（2）洞身

洞身参数化族库包括暗洞、明洞、附属硐室及辅助坑道族。其中，暗洞轮廓按照常用类型分为单心圆、三心圆和五心圆等，每种轮廓的关键参数包括衬砌、侧沟、仰拱填充、中心水沟（图 5.2）。明洞、附属硐室和辅助坑道族库建立方式与暗洞类似。

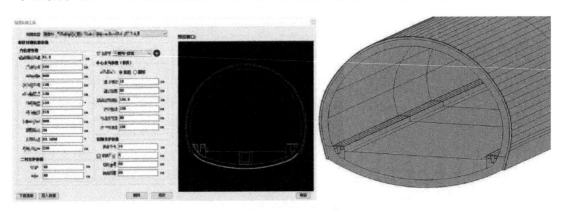

图 5.2 暗洞洞身轮廓族

（3）接口

隧道在线路上会与桥梁、路基等专业在排水、电缆槽等方面顺接，接口库便于在设计过程中解决该类顺接结构的自动生成问题，达到隧道进出口与相邻桥梁、路基等专业模型顺畅过渡的目的。根据实际工程特点，目前，已建立桥梁和路基专业接口库，各专业分别包括洞口防排水及电缆槽 2 种类型。其中，洞口防排水包括截水天沟、侧沟过渡段等结构，电缆槽包括槽体及电缆槽盖板过渡段结构。

（4）特殊构件

隧道工程既有通用结构形式，也有特殊结构形式，因此需结合各隧道工点设计情况，逐步建立并丰富特殊构件族库。目前，特殊构件库主要包括弃碴场、防灾救援设施、通风排水设施、特殊挡墙、特殊支护结构等。结合 ORD 的二次开发技术，利用算法逐个实现各类特殊结构的参数化及实例化,其参数根据结构特点设置,如弃碴场主要包括挡墙、台阶、边坡及防排水等。

3. 祁婺高速隧道工程参数化库建立内容

山岭隧道为地下工程,结构受力复杂、不明确,通常根据隧道所处的工程地质条件,按新奥法原理进行设计,采用复合式衬砌结构,初期支护以喷射砼、锚杆、钢筋网为主要支护手段,二次衬砌采用 C30 钢筋混凝土或素混凝土,整体式模板台车浇筑,围岩较差的段辅以型钢拱支撑作为初期支护的加劲措施,并以大管棚、小导管注浆或超前锚杆作为超前预支护措施。祁婺高速共设置隧道 6 座。

4. 祁婺高速隧道工程参数化库设计

(1) 洞口设计

受限于地质专业提资,传统二维设计中洞口里程断面基本由相邻具备勘察数据的断面推测得到,而洞口 BIM 设计优化了该类断面的生成,并将三维设计理念应用至截水天沟、挡墙、边仰坡等设计,较大地提升了洞口设计的准确性和合理性,充分发挥数据共享的价值。

①里程确定。支持查看任意里程的横断面切图,并支持里程动态调整,辅助设计人员快速、准确地确定洞口、明暗分界等关键里程,实现从近似设计到精细化设计的转变。

②截水天沟设计。设计人员可依据经验手动绘制平面样条曲线生成截水天沟,也可根据提取的边仰坡边界线快速生成,设计过程中实时显示积水坑的数量及位置,并从截面库中选择天沟截面快速调整天沟形式,使截水天沟设计更加科学、合理。

③挡墙设计。预设高度位于 4~10 m 的截面参数,并支持局部参数修改,通过选择墙顶定位点,即可快速完成挡墙设计工作。在设计完成后,设计人员可双击模型,修改挡墙参数,实现设计成果的快速修改。

④边仰坡设计。通过可视化工具进行边仰坡截面设计,并将截面参数存入后台数据库,可供其他设计人员参考;截面设计完成后,通过选择地形、边仰坡起止点快速生成边仰坡模型,还可借助于边仰坡顺接工具,快速生成完整的边仰坡模型。设计完成后,结合三维地形模型可生成开挖体、快速测量开挖土方量。

(2) 洞身设计

①隧道衬砌分段设计。隧道衬砌分段是洞身设计的关键环节,继承传统二维图设计的思路,利用 ORD 的二次开发技术,通过人机交互式操作,实现基于围岩分段的纵断面快速分段、插入、移动、合并、修改,以及段落工法和支护的自动更新等纵断面基础设计功能;通过调用预先设置的下锚段参数,自动计算对应锚段,完成锚段半自动化设计;自动调取预先配置的线间距参数,结合衬砌断面参数化轮廓,快速实现衬砌断面加宽设计;根据地质专业提供的不良地质、涌水等基础信息,实现一键纵断面特殊信息设计(图 5.3)。

该模块还具备线间距、不良地质、数据线等表格的一键输出功能，实现不同比例尺、表格进行的快速调整出图。

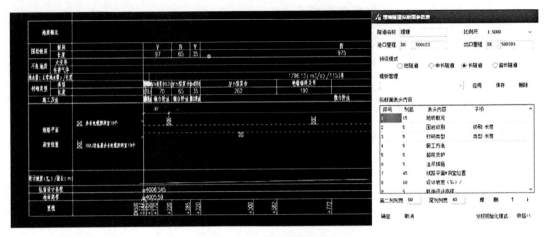

图 5.3 隧道参数设置

②附属硐室设计。在完成隧道分段设计后，即可开展附属硐室布置，通过设置间距、硐室类型等参数，批量布置附属硐室，程序可通过算法自动避让施工缝、衬砌交界面、其他硐室结构，自动计算出最优硐室布置方案。设计完成后，可一键完成硐室平面图绘制及硐室表生成。

(3) 特殊设计

长大隧道、重难点隧道还包括施组、渣场、通风、防灾救援等特殊设计，目前基本实现了施组、渣场的快速设计，后续将持续研发通风、防灾救援等其他特殊设计功能。

①施工设计。读取预先配置的施组速度、折减数据，程序会自动结合工点围岩、衬砌分段等因素给出推荐的工点施组方案，用户通过编辑施组功能开展深入的施工设计。该模块具备交汇面快速求解（图 5.4）、施组线自动绘制、平导施组绘制、辅助坑道快速增设、施组图一键绘制等功能，可辅助设计人员快速、准确地完成施工设计。

图 5.4 施工交汇面求解

②渣场设计。用户可结合自身经验绘制初始渣场平面线，设计渣场堆放范围（封闭线框），根据地形条件设计渣场挡墙形式、高度、厚度等，结合三维地形、渣场支挡结构等生成三维模型，并快速计算渣场方量，供设计人员校核渣场设计的合理性，最终一键生成渣场剖面图和工程量。

(4) 通用设计

集成隧道正线、辅助坑道、附属硐室等参数化轮廓设计功能，实现纵断面设计的基础参数配置和型钢钢架、格栅钢架全流程设计，为后续开展洞身、洞口等工点设计奠定基础。

①参数化轮廓设计。结合数值分析及断面拟合成果，提取关键性参数，借助于隧道轮廓工具快速入库标准化隧道断面，在断面录入过程中，可查看参数示意图，也可实时预览模型，入库前程序将对轮廓进行自相交、规范性检查，辅助对设计成果进行核验。

②通用参数配置。开发衬砌通用参数的录入工具，包括线间距、轨道板高度（分有砟、无砟）、道床排水、踏步等参数，便于后续正洞模型生成时调用；允许在轮廓界面自定义有砟、无砟形式，定义过渡段衬砌的轨道板高度，大幅提升了程序的灵活性、通用性；实现施组速度的标准值、折减值的前期配置；规定了电分相、绝缘关节等区间构成，实现标准锚段参数的配置，便于后期顺利开展纵断面设计。

③钢架设计。开发从节点板定义、参数化轮廓生成、模型初始化、节点布置的全流程型钢/格栅钢架设计工具，支持可视化的交互方式，极大提升用户体验，设计完成后设计信息存入数据库，为参考图出图打下基础。

5. 祁婺高速桥梁参数化库建立

公路工程桥梁通常以经济适用的桥梁为主，数量较多，结构形式简单，受力明确，施工工艺较为成熟，常规桥上部结构可模块化施工；互通线性多样，互通区桥梁结构复杂，样式多变。桥梁规模大，根据山区建设条件，采用常规 T 梁桥和 60 m 跨 π 型钢混组合梁两种形式的桥梁结构。为提高桥梁模型建立效率，承接传统，创新应用，创建常规桥梁参数化库，用设计方法和工程经验来描述工程构件，当路线资料、设计方案、设计原则发生改变时，能够参数化快速调整设计，实现设计的高效、协同、共享。

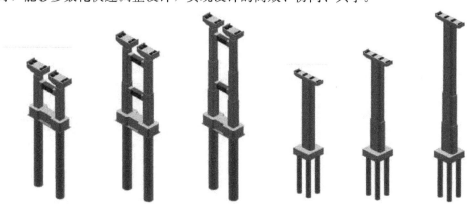

$H<13$ m　　13 m$\leqslant H<22$ m　　22 m$\leqslant H<30$ m　　30 m$\leqslant H<41$ m　　41 m$\leqslant H<56$ m　　$H\geqslant 56$ m

图 5.5　参数化桥墩构造族

为实现模型的快速建立，分别建立了不同类型桥梁部件的参数化构件库（图5.5），并通过程序快速实例化形成全桥模型，以模型数据为基础，分别生成图纸和工程量。基于达索系统3DEXPERIENCE平台开展三维协同设计，梳理并定义桥梁设计过程中的模板，并搭建合理的钢混组合梁构件库架构（图5.6），适合桥梁工程三维设计应用和维护。

图5.6　钢梁桥上部参数化构造

以樟村大桥为例，樟村大桥起于K33+136，止于K33+504，全长368 m，全桥位于$R=800$ m圆曲线上。樟村大桥上部结构采用装配化40 m工字组合梁。受地形起伏影响，桥墩根据墩高分别采用柱式墩（$H<30$ m）、薄壁空心墩（$H\geqslant30$ m），桥台采用柱式台（图5.7）。

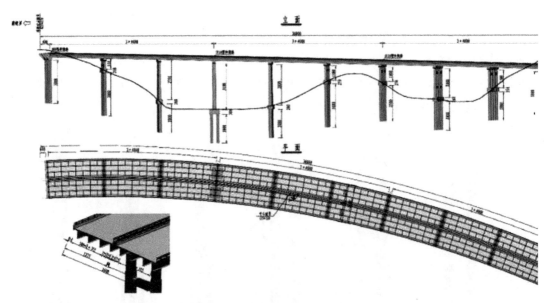

图5.7　樟村大桥参数化建模

Revit提出了"族"的概念，"族"是参数化建模的最好体现。Revit所有图元都是基于"族"的，类似于AutoCAD里面的图块，但又不同于图块。每个族在创建时都能定义其类别并且可被修改，每个"族"图元能够定义多种类别，如桥墩属于结构基础类别，桥面属于结构连接类别。根据"族"创建者的设计，每种类别可具有不同的尺寸、形状、材质设置或其他参数变量。设计者不用学习复杂的编程语言，便能根据自己的需要构建族，并且可在族编辑器中根据需要加入各种参数，使其成为集成了所有需要信息的"数据库"。在 BIM 中，建筑模型是由这些"族"有机系统"搭建"起来的。又因为被设计师创建的各种类别的"族"包含着该类别建巧构件的所有信息，这样创建的模型与传统的几何模型不同，是真正的建筑信息。

在 Revit 中建立的桥梁模型是通过"族"，用搭"积木"的方式拼装起来的。模型中的族是以参数化为驱动。设计师在制作"族"的过程中，都输入了所需要的参数。因此，参数化建模就便于设计阶段方案的调整与修改，且与桥梁的平面图、立面图和断面图实时对应和更新。

5.1.2 Dynamo 程序化建模

BIM 技术作为一种全新的工作思路，其全面辅助管理、全生命周期跟进的理念为公路行业的发展带来全新的契机。在 BIM 工作平台上，项目被分解成一个个信息化、可视化的单元，然后拼装成一个完整的虚拟现实项目模型。该模型包含着项目设计的全部信息，既可以通过精准的计算和分析，为设计人员提供规划、设计、变更等过程中的依据，也可以通过图纸联动更改和自动输出，提高工作效率，减少设计人员的重复劳动。

Autodesk 公司基于 BIM 技术开发的 Revit 系列软件在我国工程领域被广泛应用，有深厚的基础。该软件提供免费试用版，目前在 BIM 上的应用最为广泛，并采用 Dynamo 软件来实现参数化建模。Dynamo 是 Autodesk 公司推出的一款功能十分强大并且十分便捷的可视化编程软件。它的视觉化程序设计便是为了降低程序开发门槛而诞生的，它以脚本的形式提供一个图形化的界面，组织连接预先设计好的节点来表达数据处理的逻辑，形成可执行的程序，从而使设计师不用写代码就可以享受到计算式设计的好处。Dynamo 程序可以与 Autodesk 公司其他软件交互，尤其是可以与现在最常用的建模软件 Revit 的 BIM 及时联动，无须输出，对复杂几何、参数式构造设计、资料连接、工作流程的自动化都有很好的支持。

Dynamo 是可以基于 Revit 软件使用的可视化编程平台，能够在 Revit 中创建和处理复杂逻辑关系。Dynamo 具有较高的开放性和可塑性，允许用户自由地创建和编写应用节点，并在一定范围内推广使用。

Revit+Dynamo 参数化隧道模型构建体系主要包括基础数据库的构建和数据运行平台搭建两部分内容（图 5.8）。

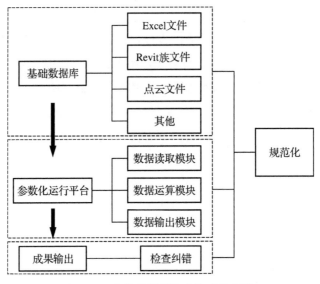

图 5.8 参数化模型构建体系示意图

1. 基础数据库的构建

（1）基础数据库的内容

基础数据库是项目设计的基础文件，涵盖项目设计的全部信息，包括地形信息、路线数据以及其他项目信息等。基础数据库需要能被后续数据运行平台导入和识别，有很多种承载形式和类别，如 Excel 数据源、Revit 族库、点云数据库等。

（2）基础数据库的构建标准

基础数据库的构建必须遵循统一的规则，才能保证其后续运行的畅通。如族库文件的建立必须遵循横向编号统一和纵向模板统一的基本标准，实现数据接口的兼容，以便后续平台的识别和使用；Excel 数据源文件则需要根据运行平台的具体情况，配合平台具体程序进行编制。

2. 基于 BIM 的数据运行平台搭建

（1）数据运行平台的内容

Revit＋Dynamo 数据运行平台主要包括三方面内容：一是基础数据源的读取；二是数据运算和处理；三是可视化输出。

（2）数据运行平台搭建的原则

Revit＋Dynamo 数据运行平台的搭建必须要有严格的逻辑关系支撑，并根据实际项目的设计特点而定。具体在公路隧道工程模型构建的过程中，应遵循"路线处理—主体拼装—细节把控"的整体思路进行（图 5.9）。

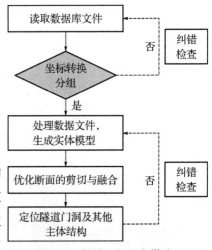

图 5.9 数据运行平台搭建

124

祁婺高速公路为双向四车道高速公路，设计时速为 100 km/h，路段全长约 40 km。全线设互通立交 3 处，其中枢纽互通 1 处；设置服务区和停车区各 1 处，收费站 4 处。交通工程板块可实现全线交通安全设施 BIM 设计，具体建模内容包括全线约 40 km 的交通安全设施，即交通标志标线的布置、护栏以及隔离栅等交通安全设施 BIM 的建立。

结合道路主体工程资料，主要利用 Civil 3D 软件实现对全线交通标线的绘制。基于道路主体工程已搭建的 BIM，绘制道路标线。利用 Revit 创建交通标志标牌、护栏等安全设施族库，结合设计要求和参数化原理赋予所组建构件尺寸、材质等基本属性，形成参数化族库。利用 Dynamo 软件，编写功能节点包，实现参数化设计和可视化编程。基于道路主体的模型，并最终采用 Revit+Dynamo 的模式布置交通安全及交通工程其他沿线设施，最终完成 BIM 的搭建。交通工程 BIM 建模技术流程图如图 5.10 所示。

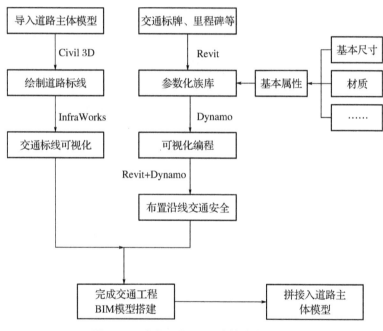

图 5.10　交通工程 BIM 建模技术流程图

3. 参数化隧道实体建模体系的应用优势

（1）实现快速精准建模，提高工作效率

祁婺高速参数化隧道建模体系基于严格的逻辑语言，通过参数的输入快速生成模型，建模流程标准化。避免了传统建模方法中的大多数的人为影响因素，大大减少了传统隧道建模方法中的重复劳动，真正实现快速精准建模，大大提高了工作效率。

（2）模型的信息化与可控性

祁婺高速参数化隧道建模体系构建的隧道主体构造物模型可以实现每个部件——大到

整个衬砌，小到电缆沟等零部件——的可控，可以实现对部件材质、体积、尺寸等全部参数的可读、可改，是真正意义上的数字信息模型，为后续隧道的深入设计中工程量的提取、受力的计算与分析、预制构件定制等方面提供了极大的便利和可能。

（3）推广性和适用性

祁婺高速参数化隧道实体建模方案的本质是基于 Revit＋Dynamo 的节点包文件，建模流程标准化，体积轻量，便于一定范围的隧道实体建模的推广和应用。此外，祁婺高速参数化隧道建模方案具有一定的开放性，数据源文件和数据运行平台可以根据不同项目实际情况进行相应更改和调整，具有较强的适用性。

通过对桥梁、隧道、路面及附属构件参数化模型的构建进行初步的探索和应用，祁婺高速项目编写了一套完整的基于 Revit＋Dynamo 平台的可调节、易操作、高精度、标准化的信息化建模平台。但是目前该平台只是在隧道主体构造物的层面上的建模流程，包含其他附属构造的隧道完整建模程序仍然需要进一步的探索和完善。

5.1.3 BIM 设计阶段应用

祁婺高速项目 BIM 从设计端开始推进 BIM 技术在高速公路全生命周期建设中的应用，融合传统设计理念和创新设计手段，研究设计阶段的协同工作方法，深化勘察设计工作，细化勘察设计工作内容拆分，形成一套完整的山区高速公路 BIM 应用思路（表 5.2）。

表 5.2 BIM 设计应用表

序号	应用点	应用效益
1	多专业设计协同平台	降低项目沟通及配合成本，提高沟通效率，减少出错可能
2	北斗高精点云的三维 GIS 场景	探索北斗技术在高速公路设计阶段 GIS 数据获取的技术路线，建立满足全设计周期的真实三维 GIS 场景，用于道路设计和集成应用
3	三维地质建模	实现从三维模型和地质数据库中自动提取多源数据信息，按照公路行业标准自动化二维成图，包括路线横纵断面图、钻孔柱状图
4	基于 BIM+GIS 的三维可视化道路方案设计	通过建立全过程可视化展示应用流程，实现多阶段、多格式模型的融合，真实场景、快速、直观、准确，为工程方案优选决策提供支撑，提高设计效率，控制成本
5	常规混凝土桥梁 BIM 设计	三维信息模型和二维图纸的精确匹配和同步交付，国产自主软件独立实现 IFC 文件交付
6	钢结构桥梁 BIM 设计及应用	参数化设计，三维设计，辅助二维出图
7	隧道精细化设计及出图	参数化设计，三维设计，辅助二维出图

(续表)

序号	应用点	应用效益
8	基于 BIM 的虚拟施工模拟	优化施工方案,验证施工方案的可行性
9	基于模型的设计校核	直观、准确,沟通效率高
10	防眩模拟	优化设计方案,验证设计方案的可行性
11	基于 BIM 的桥梁结构分析	将 BIM 导入结构计算软件辅助桥梁结构分析,提高计算精度及效率
12	BIM 正向设计技术的探索应用	实现了环境友好型、资源节约型的工程目标,解决了全生命周期信息化管理等一系列难题,提升了工程品质

5.1.4 多专业设计协同平台

祁婺高速基于自主研发的设计协同平台开展工作,可实现多地域、多参与方、多绘图平台(2D/3D)的一体化协同设计,实现多地协同工作,实现数据存储的一体化和集中化管控(图 5.11)。平台对项目整个设计生产过程实现管控,在设计过程中对资料互提、设计评审、设计校审、电子签名(章)授权、文件出版等关键质量管理流程提供真实有效的项目数据,从而有效提高了设计产品质量和项目管理水平。

图 5.11 设计协同管理平台

5.1.5 基于北斗技术的三维 GIS 场景构件

北斗卫星导航系统是我国着眼于国家安全和经济社会发展需要，自主建设、独立运行的卫星导航系统，打破了发达国家对卫星导航系统的垄断。利用机载光探测和测距（Light Detection and Ranging，LiDAR）技术结合北斗卫星导航系统、北斗基站进行，实现高精度的野外勘测，获取分类点云数据及数字高程模型（Digital Elevation Model，DEM）、数字正射影像（Digital Orthophoto Map，DOM）和数字线划地图（Digital Line Graphic，DLG）等高精度 4D 成果。飞行自带高精度定位定向系统（Position Orientation System，POS），实时解算内方位参数（毫米级），数据获取周期短、效率高。祁婺高速项目将北斗技术应用于高速公路勘测设计，基于高精度 4D 成果，构建满足全设计周期的真实三维 GIS 场景，用于道路三维设计和可视化展示（图 5.12）。

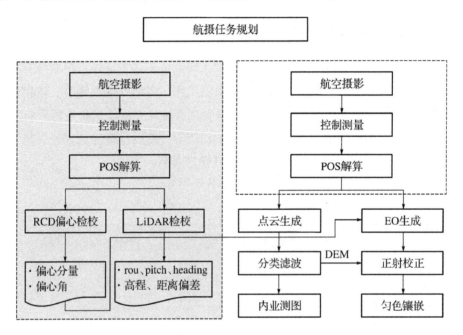

图 5.12 北斗 GIS 场景流程图

5.1.6 基于 GIS 的高精度三维地质建模

采用动态交互的建模方式，充分融合了地质调绘数据、钻探数据、物探数据、不良地质数据、地质构造数据及地形数据等全方位勘测数据，建立高精度、小体量、全属性的三维地质模型。祁婺高速项目通过建立三维轻量化的地质模型，有助于快速核查地质勘察成果，辅助二维勘察图纸出图，将地质模型与设计模型整合，直观核查桥梁桩基隧道等设计方案，辅助桥梁、隧道设计人员的复核审查（图 5.13）。

5 BIM技术应用

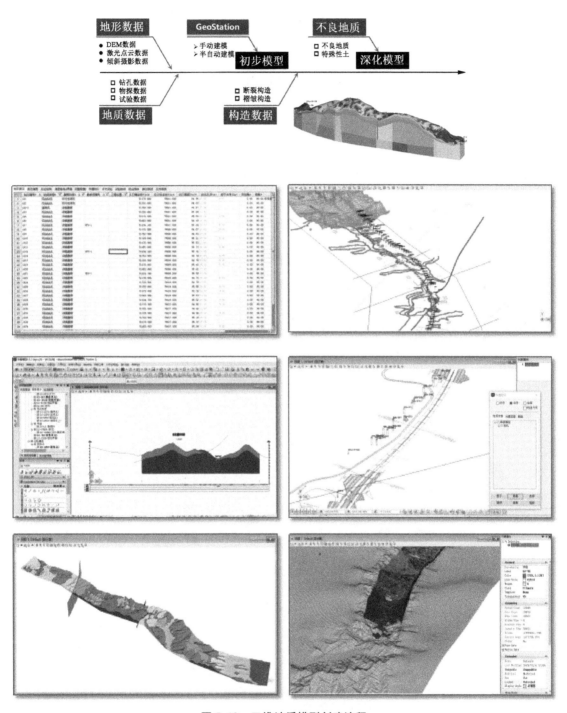

图 5.13 三维地质模型创建流程

5.1.7 基于BIM+GIS的道路方案设计

基于数字地形构建的高精度三维可视化GIS场景，在设计前期及初步设计阶段可以进行路线及互通方案比选；基于倾斜摄影技术的实景模型，可有针对性地开展局部路段如桥梁布跨、隧道洞口、高边坡等工点设计。通过建立全过程可视化展示应用流程，实现多阶段、多格式模型的融合，场景真实、快速、直观、准确，为工程方案优选决策提供支撑，提高设计效率，控制成本（图5.14、图5.15）。

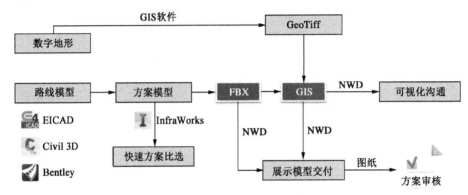

图5.14 BIM+GIS可视化展示应用流程

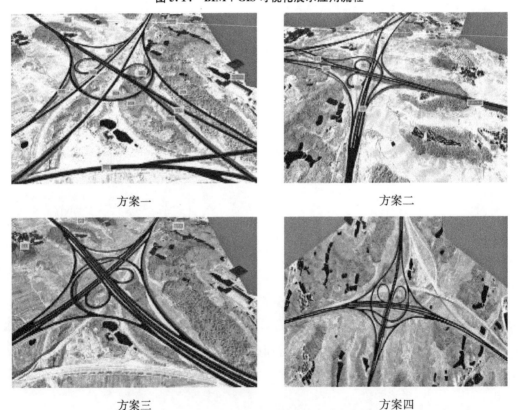

图5.15 基于BIM+GIS的枢纽互通方案设计

5.1.8 常规混凝土桥梁 BIM 设计

基于 Revit+方案设计师，建立常规混凝土桥梁的 BIM 设计流程。基于 Revit 软件，实现了通用构造的三维参数化设计和二维图纸输出，应用方案设计师软件，快速建立全桥模型，依据项目标准加入信息，再由三维模型输出全桥二维图纸（图 5.16）。当路线资料、设计方案、设计原则发生改变时，能够参数化快速调整设计，实现设计的高效、协同、共享。

图 5.16　常规混凝土桥梁 BIM

5.1.9 钢混组合梁 BIM 设计及应用

基于 Revit 族库平台建立全桥钢结构精细化模型，借助参数化构件加快建模速度，建立三维模型和二维图纸的联动，辅助二维图纸的出图和工程量的计算复核（图 5.17）。基于精细化模型开展结构辅助计算，为结构空间有限元计算提供高质量的几何模型。基于 Revit 的钢混组合梁三维参数化设计，在组合梁复杂几何、参数式构造设计中更具优势，设计直观，方案更趋合理。以参数化族样板文件为核心，在设计方案迭代优化过程中，设计出图相对更为便捷。

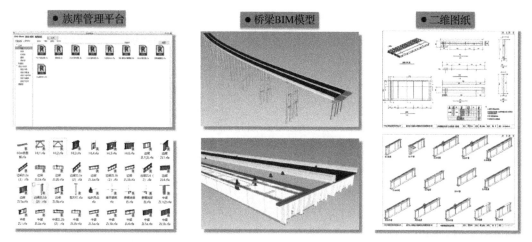

图 5.17　钢结构桥梁 BIM

5.1.10 隧道精细化设计及出图

为提高隧道模型建立效率及探索隧道 BIM 设计，采用 Civil 3D 以及 InfraWorks 建立三维地形、周边环境、隧道洞口土方挖填模型，形成隧道纵断面图，生成措施表；采用 Inventor 平台搭建隧道 BIM 通用库，并设置通用模块的各参数，得到适用的工程模型；采用 Navisworks 进行 4D 施工进度模拟。最终实现隧道设计的可视化、参数化，以便能随时查询并修改设计构件的几何属性，物理属性、工程数量、质量、安全，洞口三维形象等属性信息，较大地提高设计效率和准确度，为隧道施工分析、工艺、工序、资源配置、施组计划、施工模拟等方面提供坚实的数据基础，保证施工的准确、精细与安全（图 5.18～图 5.21）。

图 5.18 隧道模型

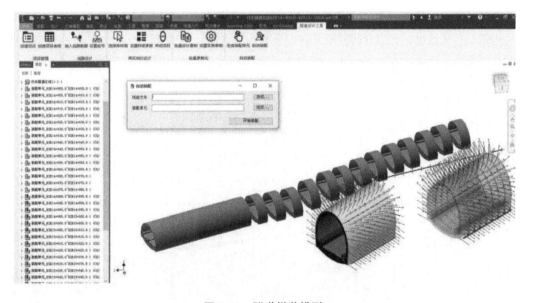

图 5.19 隧道拼装模型

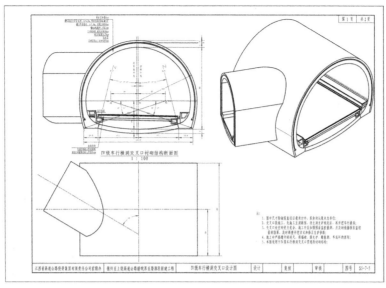
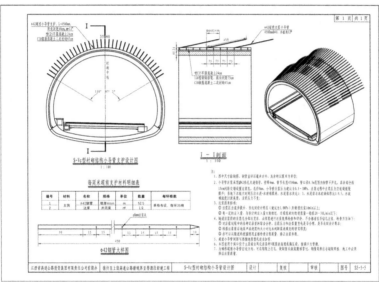
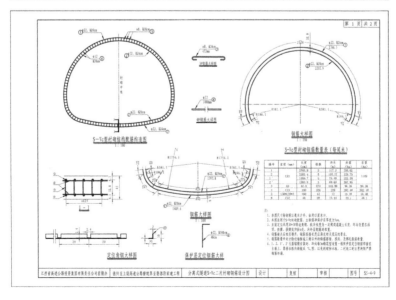

图 5.20 隧道设计出图

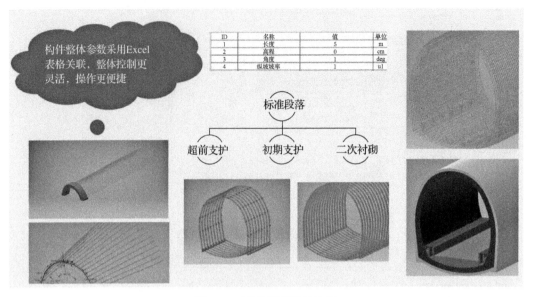

图 5.21　隧道模型设计流程

5.1.11　基于 BIM 的施工模拟

基于 BIM 开展钢桥施工组织设计方案模拟，对施工工序进行模拟，直观、准确地表达施工细节和流程，便于方案优化，验证设计方案的合理性（图 5.22）。

图 5.22　钢混叠合梁施工模拟

5.1.12　基于 BIM 的设计校核

通过模型整合,能以三维形式查看全线设计模型的碰撞现象,进行设计复核、净空核查和桥梁桩基检查等设计校审工作,通过冲突分析来降低风险。应用模型开展净空的核查,提供了更为精准的净空核查方式,比传统的二维净空复核更为直观和准确;项目应用模型辅助复核、审查人员的设计复核审核,更为直观和高效(图 5.23)。

图 5.23　BIM 设计校核

5.1.13　BIM 防眩模拟

祁婺高速测试位置为外车道,考虑竖曲线半径、纵坡、路拱或超高等因素影响,示意段经过 2 个凸曲线顶点和 1 个凹曲线,展示防眩效果。当防眩物体高度为 1 m 时(扣除底部的填土厚度)依然能看到对面车灯,表示防眩物体的高度不够。通过开展中分带的防眩模拟,优化设计方案,验证设计方案(图 5.24)。

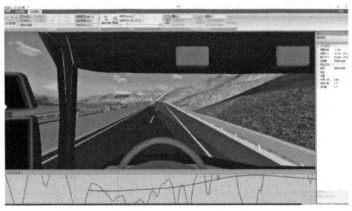

图 5.24　防眩模拟

5.1.14 基于 BIM 的桥梁结构分析

在 Revit 平台中已建有桥梁工程 BIM,在建模模块中打开此模型并提取待分析的桥梁局部结构。由于 BIM 体现的是三维真实场景,因此相较传统模式下的计算分析其计算精度更高。将提取后的结构导入计算软件 Abaqus,按照添加材料参数→划分单元网格→定义分析类型→定义接触面→添加荷载→定义边界条件的顺序生成计算模型,在 Abaqus 平台 ProcessComposer 模块中定义数值分析计算过程,并执行定义的计算流程(图 5.25)。

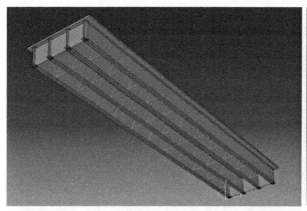

图 5.25 结构局部计算

5.1.15 BIM 正向设计技术的探索应用

基于 BIM+GIS 的道路方案设计:祁婺高速项目位于山区,地形起伏大,二维设计环境在方案理解沟通和优选比较上有一定的局限性,通过建立基于 BIM+GIS 的可视化展示方案应用流程,快速实现设计方案三维可视化展示,在项目总体方案、互通方案比较中充分应用，改善方案设计阶段方案沟通的体验。

常规桥梁的一体化交付探索：承接传统，创新应用，常规桥梁的 BIM 设计流程采用正向设计原理，用设计方法和工程经验来描述工程构件，当路线资料、设计方案、设计原则发生改变时，能够参数化快速调整设计，实现设计的高效、协同、共享。常规桥梁采用同豪桥 BIM 设计系统，实现了桥梁信息模型和二维图纸的同步输出，保证信息模型和设计图纸的一致性和实时性。

钢混组合梁的 BIM 出图应用：桥梁规模大，60 m 钢混组合梁施工难度高。为提高桥梁模型建立效率及探索桥梁 BIM 正向设计，钢混组合梁采用 Revit 开展参数化设计和辅助出图，有利于施工、加工阶段模型深化，开展工厂化生产构件、钢结构数字化加工。

山岭隧道全设计流程的 BIM 设计探索应用：项目隧道规模大，为提高隧道模型建立效率及探索隧道 BIM 设计，采用 Civil 3D 以及 lnfraWorks 建立三维地形、周边环境、隧道洞口土方挖方填模型，形成隧道纵断面图，生成措施表；采用 Inventor 平台搭建隧道 BIM 通用库，并设置通用模块的各参数，建立隧道工程模型，结合 Inventor 输出三维设计图纸与准确的工程量表，并标准化定制工程量清单，实现了设计出图的三维化、参数化。基于 Autodesk 平台进行了公路隧道的全过程正向设计探索，实现了环境友好型、资源节约型的工程目标，解决了全生命周期信息化管理等一系列难题，形成一套可推广应用的交旅公路隧道 BIM 正向设计解决方案，提升了工程品质，为今后类似的工程提供了重要参考与示范。

5.2 BIM 软件二次开发

5.2.1 EICAD 的发展

EICAD 4.0，全称为狄诺尼集成交互式道路与立交设计软件 4.0 版，是以面向公路、城市道路交通基础设施正向设计问题为出发点，结合国内外道路设计软件的应用现状以及研究情况，基于 AutoCAD 和国产中望 CAD 平台研发的集成交互式道路与立交设计软件，充分发挥了图形平台完备的系统开放性和丰富的个性化能力，能够真正快速地访问图形数据库，大幅地提高设计效率。

EICAD 4.0 对标美国 Autodesk 公司的 Civil 3D 软件，实现了交通基础设施 BIM 设计软件国产化替代，江苏狄诺尼交通基础设施设计软件具有自主核心算法先进、跨平台融合运用、设计模块自动化程度高、功能齐全、覆盖面广等特点。

江苏狄诺尼交通基础设施设计软件开发起始于 20 世纪 90 年代，有着 20 余年的发展历史。从 ICAD、DICAD、EICAD 到 EIBIM，软件产品覆盖了我国交通基础设施 CAD 发展全过程。

伴随着国家交通基础设施的快速发展，道路规划、设计、施工、运营等全生命周期的生产效率提高问题亟待解决。交通基础设施建设需要不同阶段能衔接顺畅以及不同专业的协同搭配。作为交通基础设施建设的基础和前提，设计的成果质量将直接影响工程的全寿命周期。如今设计阶段的技术越来越复杂，工期要求越来越短，也就需要各专业人员更加频繁地交换信息。而传统的道路勘测设计一般采用二维的方式来体现，在信息沟通与资源共享等方面比较烦琐，对于相关经验较少的人员来说，难以获得形象化的感受。因此，需要采用一种更加直观的方式来展现设计蓝图。

以美国 Autodesk 公司、Bentley 公司、法国 Dassault 公司为代表的国外软件长期占领我国交通基础设施设计软件市场，但是这些软件存在着一些不足，比如与国内设计规范和设计图表难以兼容，工程管理中数据覆盖和设计建模不完整、不支持线路断链、设计效率不高、云平台数据存储在海外数据库等。这些问题既有"卡脖子"的断供风险，又存在信息安全隐患。

江苏狄诺尼的 EICAD 4.0 汇集了多年路线设计理论的创新成果，采用三维设计的全新理念，设计时可以实时了解道路模型的三维状态。EICAD 拥有一套智能化自定义实体及其底层联动机制，其设计功能越来越丰富，可以通过夹点编辑和双击编辑功能来进行设计，从而大大减少了设计命令输入，极大提高了设计效率。

5.2.2 产品介绍

EICAD 4.0 包括了数字地面模型、道路平纵横、互通立交、平交口、挡墙、交通工程、3DROAD 和图表生成与管理等功能模块（图 5.26）。EICAD 4.0 系统以"标准图库

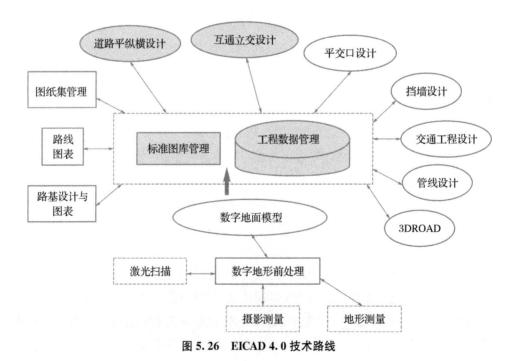

图 5.26　EICAD 4.0 技术路线

管理""工程数据管理"两个模块为核心,由"道路平纵横设计""数字地面模型""平交口设计"等外围模块完成道路各专业设计功能;通过"图纸集管理""路线图表""路基图表"等模块实现图表样式定义、成图成表和打印输出。

1. 数字地面模型管理子系统

数字地面模型模块是一个专门用于采集地形散点和等高线数据,构成三角网格,实现纵横断面剖切、地面高程坡度查询等数模应用的子系统。该子系统旨在为道路工程设计者提供一套高效、智能化、自动化的地形数字化及应用解决方案。该模块主要用于土木工程设计中地形数据的采集、处理、分析,道路几何设计,道路全景三维表现等方面。其始终坚持和贯彻"动态、实时"的设计目标。面对海量数模,用户亦能得到实时剖切、动态拖动显示的操作体验,所有数模应用命令均在瞬间完成。软件能够在最短的时间内完成地形数字化、构网和实时剖切计算,极大地提高了数字化地形的应用效率(图5.27)。

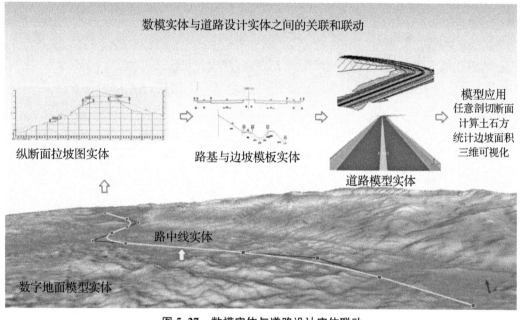

图5.27 数模实体与道路设计实体联动

该模块包括了数模管理、地形采集、数模建立与编辑、数模应用、数据存储、地形图三维化命令集,其功能涵盖地形数据及约束信息的提取和导入、纠错检查、自动排序、参数化边界优化、高速构网、三维动态浏览、实时剖切、地形图自动三维化等模块。该模块在构网效率、数据处理能力、数模应用等方面的功能得到大幅度地提高,并实现了与平纵横设计模块的无缝连接,与系统其他模块共享底层设计核心代码,可将数模功能融入道路平纵横各个设计阶段。此外,该模块集成化和智能化的设计使得众多功能操作变得简单,易于掌握。

EICAD 4.0创新实现了数模实体,可支持边界、散点、等高线等不同显示设置,大大提高了显示速度。采用 EICAD 4.0，设计者可以根据地形点、等高线、地形特征线等传统测量数据构建数字地面模型的曲面，并可借助曲面还原工具充分利用来自航空摄影测绘、激光扫描和数字高程模型的大型数据集，还能以等高线或三角网的形式来呈现地形曲面以及创建高程和坡面分析。在某山区高速公路工程设计项目中，EICAD 4.0 利用海量的激光扫描数据集（数据采集点数超过 1000 万点）成功地构造了数字地面模型，在保持原始数据不损失的情况下，EICAD 4.0 能够实现地形曲面网格的多级简化和抽稀，以满足不同精度的使用需求。

地形数据量巨大，AutoCAD 图形平台往往难以查看和编辑修改，这给设计阶段中对地形数据的修改带来了诸多不便。因此，EICAD 4.0 专门开发了"网格编辑器"程序——MeshEditor，可方便灵活地编辑地形点、等高线和地形特征线的数据内容。系统也支持将数模功能融入道路平纵横设计阶段，可以在路线设计过程中实时剖切道路纵断面地面线；在纵断面拉坡设计和横断面戴帽设计过程中，支持实时剖切监视断面的横地线（图 5.28）。

图 5.28　EICAD 数字地面模型编辑器

EICAD 4.0 支持场地整平设计。场地整平设计分为场坪和边坡设计两部分，场坪由一个任意多边形及其顶点高程组成，并加入了中间约束边控制。边坡设计可以支持带边沟的多级自动放坡功能，计算土石方填挖数量时，借助数模提供的地形曲面，将整平范围划分为若干方格，计算各方格内土方的填挖体积，并加以累积。场地设计支持任意多边形边界，支持复杂的多级填挖边坡放坡设计，能够进行场地网格标注、场地边界内部和边坡填挖土方计算，能够任意剖切场地。场地与地模合并功能使得设计者可以在第一个场地设计完成之后，再以合并数模为基础，继续进行新的场地或道路的填挖设计。

EICAD 4.0 系统能够根据地形曲面和场地曲面的空间几何位置关系进行分割计算和汇

总统计，帮助设计者快速得到一组填挖平衡的整平标高，使得工程土石方填挖的规模更小、设计方案更加经济。通过自动生成的场地整平图纸，标明各网格顶点的设计高程和填挖高度，以指导施工（图 5.29）。

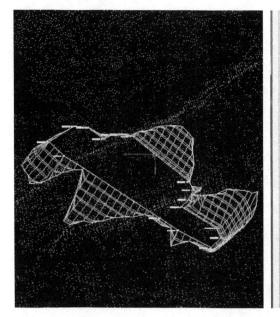

图 5.29　场地设计

2. 路线设计子系统

（1）平面设计

多年以来，EICAD 软件的路线平面设计理论一直领先于国内外同类型软件产品。EICAD 4.0 在原有 3.0 版的改进型导线法、积木法和扩展模式法的基础上，吸收了国内外道路、轨道和管线等领域新的线路平面设计理论和实现方法，大大强化了全过程动态拖动设计功能，实现了快捷、实时的实体联动。在各种复杂立交、众多高压线塔、高架桥桥墩等障碍之间的穿行，在山区道路沿等高线绕行等一些布线困难路段，设计者们往往会遇到各种复杂的线路约束和限制条件，这意味着设计者需要花费更多的时间去考虑符合设计标准、满足驾驶员心理和更加易于操作的最佳避让线形。传统的基于导线、交点和平曲线的布线方法无法灵活、快捷地应对这些问题。

而 EICAD 4.0 可以更加灵活地处理这些问题，设计者可以忘记以往那些众多的设计功能命令，随心所欲地拖动调整，如同摆弄桌面上的一根绳索。EICAD 4.0 拥有智能化"道路中线"实体，可以实现智能化的"道路中线"自定义设计。

用户可以直接拖拽道路中线实体上的各个夹点，以修改交点位置、圆曲线半径、缓和曲线长度、切线长和外距等设计参数，操作过程所见即所得。可方便快捷地完成各种复杂曲线的平面布线拖动。在操作过程中，按键盘左右方向键，可实现数据自动取整，"道路中线"实体修改完成后，系统会按桩号，自动进行桩号推算，更新桩号标注、平曲线特征点和设计参数的标注，无须另行标注路线（图5.30、图5.31）。

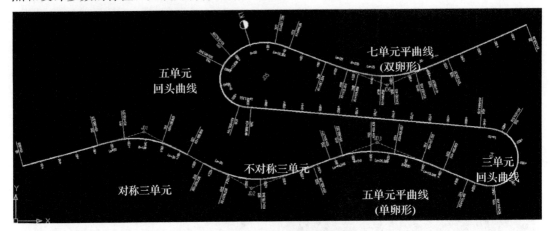

图5.30　复杂平面线形设计

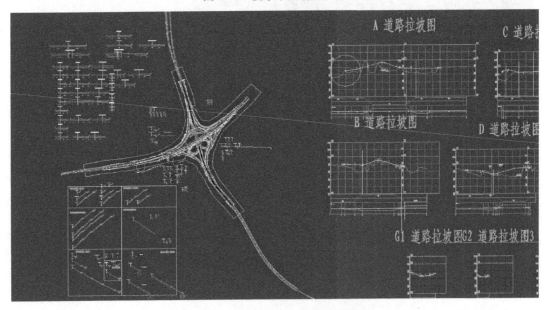

图5.31　路线平纵横设计实体总览图

（2）纵断面设计

EICAD 4.0的纵断面设计基于"拉坡图"和"竖曲线"两个自定义实体完成。"拉坡图"实体中包含了纵断面地面线、拉坡控制点、平曲线示意图、高程标尺等内容；"竖曲线"实体包含了变坡点、直坡线、竖曲线、监视断面和参数标注等内容。在纵断面拉坡图中竖曲线实体可与数模关联，实时进行纵地线切割和更新，也可以由地面线数据文件导入。拉坡图中的平曲线示意图实时与"道路中线"关联，一旦道路中线发生修改，平曲线示意图会立即进行更新。EICAD 4.0基于独有的智能设计算法，能够实现自动拉坡设计功能，在满足规范要求、控制点影响因素的前提下，实现填挖工程量最小的优化设计方案，初始方案生成时间短,效率高(图5.32)。

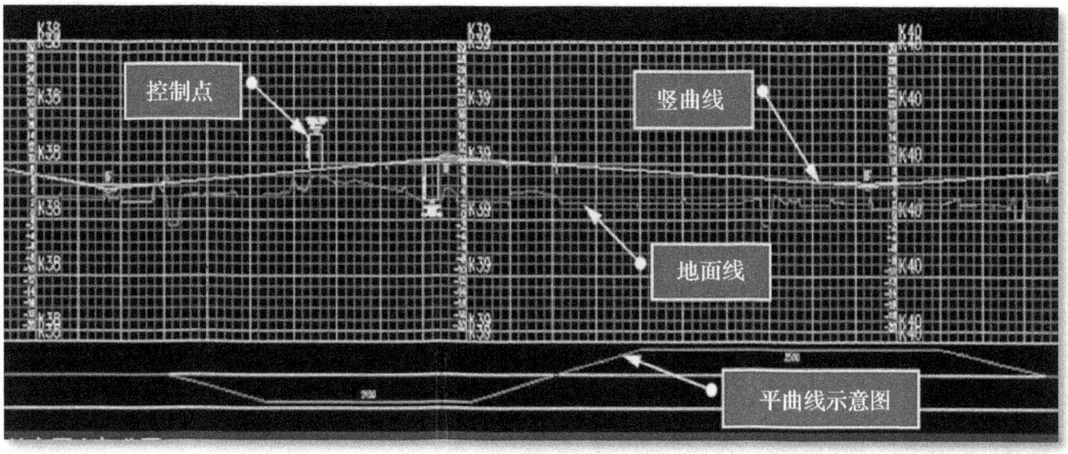

图 5.32　纵断面自动拉坡

(3) 横断面设计

EICAD灵活多变的边坡模板是该软件的亮点之一,不同于其他软件条规性的参数设置,EICAD边坡模板中的各种终点控制条件设置,做到边坡线直接交地的智能设计功能。在边坡模板中可以将可能用到的模板按照条件判断组合在一起,程序会自动逐个模板进行判断,直到戴帽子完全成功为止。软件新增了边沟和截水沟参数化设计模板、"边沟纵断面"智能实体。将边坡模板与边沟/截水沟模板分离,大大减少横断面戴帽过程中边坡模板的种类和数量。通过地面线、路肩线、拉坡线和出水口布设,能够对复杂的边沟拉坡排水进行动态交互式的可视化设计,大大提高边沟排水专业的设计效率。

EICAD 4.0秉承和进一步发展了边坡模板技术,并将模板技术拓展到路幅设计之中,与原有版本使用HDM文件(横断面宽度描述文件)固定路幅模式不同,EICAD 4.0支持设计者按模板部件逐一组合形成路基模板,以适应当前复杂的路幅变化情况。在横断面戴帽设计中,EICAD 4.0突出的技术特点是注重严密的、通用的、优秀的设计模型算法,突出灵活、直观、简便的人机交互方式,实现了道路三维联动设计和道路建模过程,颠覆了传统的二维设计,演变为全三维设计和自动建模,设计数据与三维模型之间实现了联动,确保设计者可以随时预览道路三维模型,由粗而精,逐步逼近最终的三维设计成果(图5.33、图5.34)。

设计模型算法为EICAD软件实现复杂条件下横断面戴帽设计奠定了理论基础,为工程构筑物与地形条件完美结合提供了保证。设计者直接在CAD图形环境中创建和修改路基模板和边坡模板,实现了模板实体的向导方式创建、可视化编辑、实时预览,并提供了更加丰富的条件判断功能,大大简化了边坡模板反复调试修改的过程,而且丰富了路幅和边坡的类型,将设计过程非常直观地展现在设计者面前。设计师可按模板部件逐一组合,形成"积木式"参数化路基模板和边坡模板,以适应复杂的路幅变化情况,使道路边坡与地形完美结合。

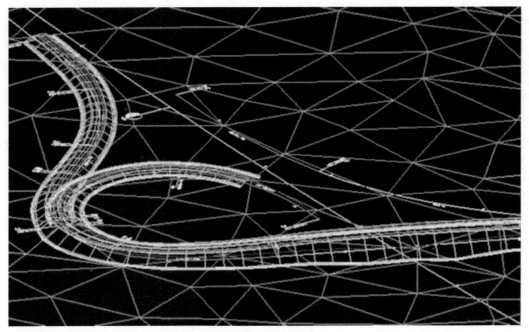

图 5.33 道路模型

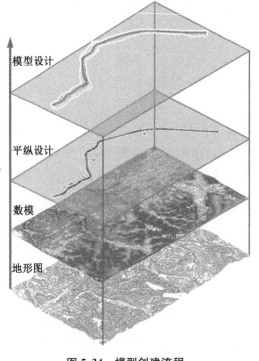

图 5.34 模型创建流程

图 5.35 图纸集管理

(4) 图表与视图

软件中丰富多样的功能可以帮助自动创建平面图、纵断面图、横断面图和各类数据表格（图 5.35）。数据表格包括直曲表、逐桩坐标表、单元要素表、断链表、平曲线加宽超高表、竖曲线表、土石方数量表、公里土石方数量表、路基设计表、清表土工程数量表、挖台阶数量表等等。EICAD 图纸集管理器将自动捕获图表输出过程，会按照用户设定的图纸编号进行分类和管理。不同的道路工程设计项目、在不同的设计阶段，可设置不同图纸集。因此，软件可以为每一类项目定义"图纸集模板"。在图纸集模板中，定义了该项目图纸集包含哪些分册，每一个分册包含哪些种类的图纸（图名、图号），每一种图纸需要使用哪个 EICAD 图表生成的命令来完成。图纸集模板用一个 XML 文件来保存。用户可以针对不同的项目、设计阶段等实际情况，定义多个图纸集模板，以便设计时选取并使用它。图纸集能够根据设计人员预先定义的图纸集模板（以 XML 文件形式定义），对项目所需出版的图表进行集成化管理。图纸集模板包括分册、图表组和图表文件三级。系统软件还提供"连续打印"功能，可以自动搜索图纸文件中的图框实体（EdbPageFrame），自动确定图纸的出图范围（左下角和右上角坐标），按照设定的打印机和打印方式，快速连续地出图（图 5.36）。支持的打印方式包括直接输出到打印机或绘图仪、输出为 PDF 文件、输出为 PLT 打印文件。输出的 PDF 或 PLT 文件自动保存到"图纸集"文件夹中。设计人员将"图纸集"文件夹打包即可实现图纸自动归档。下一步还可以按照当前确定的归档文件的要求，修改和设计程序功能，自动完成按每个图表号一个单独文件夹的方式实现图档管理，无须设计人员对归档过程进行人工干预。

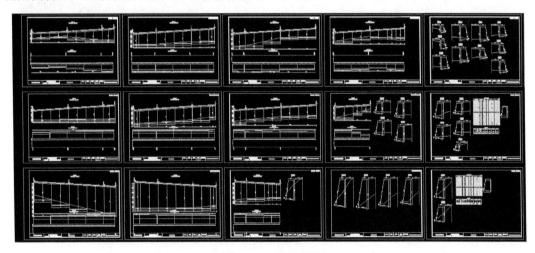

图 5.36　出图示例

3. 互通立交设计子系统

EICAD 4.0 在原有版本的基础上，吸收了国内外道路、轨道和管线等领域新的线路平面设计理论和实现方法，保持了 EICAD 统一的高度集成化、动态拖动等设计风格。互通立交设计命令包含了立交自动布线、积木法、基本模式法、扩展模式法、立交辅助设计和查询等命令。这些命令中汇集了国内领先的路线曲线形设计思想，可以辅助用户快速、准确地完成互通立交布线和成图（图 5.37）。

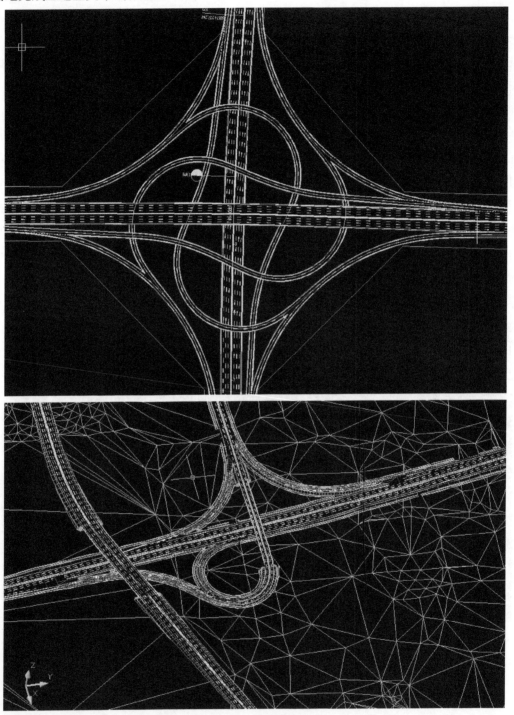

图 5.37 立交设计

（1）积木法

积木法作为最早的互通立交设计方法，被广泛采用。它的基本设计思想是将路线或立交匝道看成由一个个首尾相接的独立线形单元构成。这些线形单元的类型有直线单元、圆曲线单元和缓和曲线单元三种。早期的积木法中主要采用参数化设计思想，通过用户输入的参数，构造线形单元组合。此后出现的"动态积木法""交互式接线设计法"等，又在此基础上不断演变发展。在EICAD综合版的积木法命令中，弥补了参数化设计不直观的不足，引入动态拖动方法，设计过程更加直观，保留和发展了参数化设计的优势，方便用户直接输入参数，刷新线形。这样，通过动态拖动的方式来定性，通过数据输入的方式来定量或微调（图5.38）。

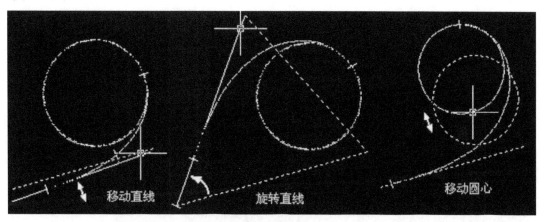

图5.38 动态拖动

（2）模式法

模式法的基本概念：将线路看成为简单单元之间的连接关系，即直线和圆、圆和圆之间的连接。例如，在直线和圆间采用一条缓和曲线连接，就是最简单的"直圆模式"。在圆和圆之间，则根据半径和圆心距离不同分为"S形曲线""C形曲线"和"卵形线"。这样，可以将圆和圆之间采用一条或两条缓和曲线连接，这三种曲线总称为"圆圆模式"（图5.39）。"直圆模式"和"圆圆模式"构成的基本模式法设计思想，奠定了"扩展模式法"设计的基础。设计理念的更新，带来了设计方法的革命。此后出现的静态与动态模式法等，都是在此基础上演变发展而来的。EICAD综合版的模式法命令不断深入挖掘模式法思想，使得计算模型更加完善，功能更加丰富，操作更加方便、快捷。程序提供了丰富的动态操作功能，包括移动和旋转直线、移动圆曲线和拖动圆曲线半径等等。此外，多种参数拖动控制方式和锁定设置，使得用户能够快速、准确地获得单元设计参数，大大提高了设计效率。

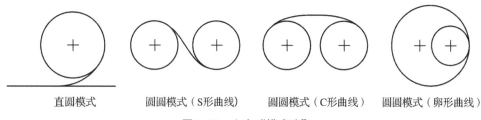

图5.39 立交"模式法"

(3) 立交自动布线

互通立交布线是路线设计中最为复杂、耗时的部分。EICAD 4.0 实现了单喇叭、双喇叭、菱形、苜蓿叶形等常见的互通立交形式的全自动布线，其中喇叭形互通立交支持水滴形和非水滴形两种样式，一个立交平面方案的全自动布线时间小于 1 min（图 5.40）。立交设计方案阶段可直接完成自动布线，例如喇叭形和菱形的立交处理，此时只需要少量的交互，即可快速生成所需的立交设计方案。该软件也可以进行复杂的互通枢纽的设计，此时传统的导线交点法并不能很好地调整道路中线，彼此约束并互相影响，但模式法可以很好地解决这个问题。模式法分为简易和复合两种方法，应对不同的场景。在设计过程中，用户只需绘制约束线，然后软件会自动分析出合适的路中线即直线缓和曲线以及圆曲线的相互连接，并有相应的 UI 界面供用户输入需要的设计参数，最大化地为用户节省设计时间。在互通立交方案研究阶段或设计招投标期间进行互通样式比选时，该软件模块能够大大提高设计方案平面布线的设计效率；在初步设计和施工图设计阶段，该软件可以利用该模块快速实现平面方案，并以此为基础加以修改调整。

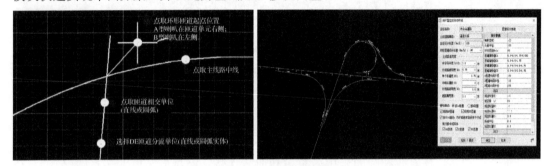

图 5.40 单喇叭自动布线

4. 土石方调配子系统

基于线路平面图和土方块信息实体，土石方调配子系统以可视化图形界面显示路线填挖方（土石分显）、构造物、取土坑、弃土堆等信息，用户在选择调配区段后只需简单地进行起讫点的拖放，便可轻松完成土石方调配全过程的计算、累计，直接输出土方计算表（图示纵向调配）、每公里土石方数量表、运量统计表（图 5.41）。该系统提供直观可视化调配操作窗口，通过不同颜色的柱状图直观显示各类土石的填挖方信息；通过鼠标简单点击、拖动即可以完成土石方的调配工作；可进行回退撤销操作，从而保证调配过程准确无误。操作界面简洁、清晰，操作方便、快捷。该系统首次实现了跨路线和多路线（如互通立交）之间的土石方调运；支持土石方按比例、先土后石、最小填土量、取弃土场运输、就地取弃等多种调配原则；支持取土场和弃土坑智能设计、上路运输路径自动优化和定义运输里程计算、智能搜索上路位置桩号等；调配设计图所见即所得，调配过程直观、快捷，生成土石方调配图表准确、规范。该系统能够帮助设计人员大幅减少土石方调运的工程数量，降低工程造价。

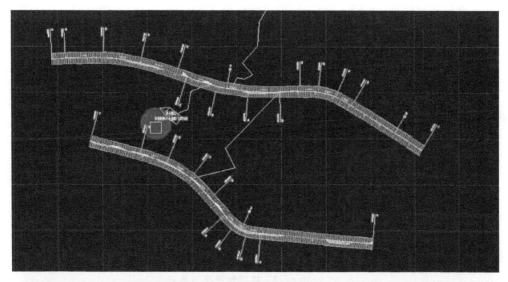

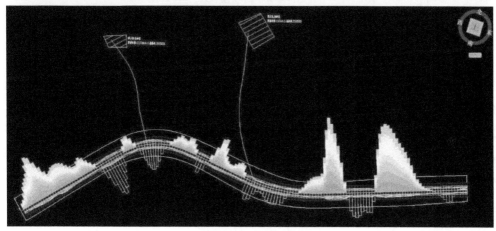

图 5.41 土石方调配

5. 挡土墙设计子系统

EIDQ 挡墙辅助设计系统（简称"EIDQ"），是 EICAD 4.0 的一个重要的功能扩展模块。EIDQ 模块是道路工程设计单位及施工单位进行挡土墙的平立面设计、工程量统计的一款简便、快捷、适应性极强的软件工具。该系统能直接提取并利用 EICAD 的道路模型实体，读取模型中的平、纵、横设计资料和成果数据，方便准确，能够完成道路工程中扩大基础式、折线式、俯斜式、垂直式、衡重式、仰斜式、悬臂式等各类结构形式挡墙的设计、绘图、工程量计算与表格生成等工作。该系统采用开放式自学习挡土墙数据库（标准图库），除系统原本带有的标准图库外，可扩增记录用户设计的挡墙标准图入库，以便以后直接使用（图 5.42）。该系统实现了动态交互式完成挡土墙平立面布设，支持通过鼠标拖动挡墙分段位置、墙高变化，同时实时刷新墙底埋置深度和墙底高程等信息；支持多种墙底纵坡变化模式，包括水平、给定坡度或随路线纵坡等，使挡土墙软件不再仅仅只能进行绘图，更多地体现设计思路。EIDQ模块吸取了国内外多种挡墙设计软件的优点，充分考虑了系统的方便性与实用性，操作简单、界面友好，符合我国道路工程师的设计习惯。

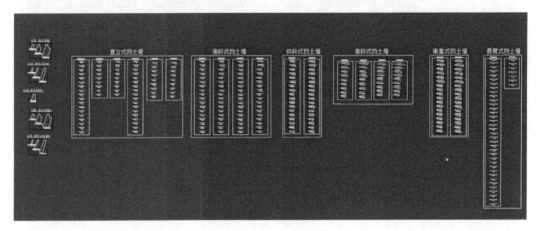

图 5.42　挡墙模板库

6. 交安设施设计子系统

EITEQ 交通工程 CAD 是一套系统、专业、智能的交通设施计算机辅助设计软件，内容包括交通标志、路面标线、信号系统三大功能模块，每个模块涵盖了设计、修改、工程量统计和成图成表等功能命令（图5.43）。三大基础模块均以国家和行业规范为基础，其中交通标志模块提供指示标志、警告标志、禁令标志、指路标志、高速公路指路标志、旅游区标志、组合标志和车道标志等智能参数化设计功能。每项标志牌面板支持独立的文字内容修改，可方便快捷地自定义文字信息。标志杆提供平、立面布置功能，灵活多样的标志修改、查询、标注及工程量统计功能可满足交通标志工程设计的要求。

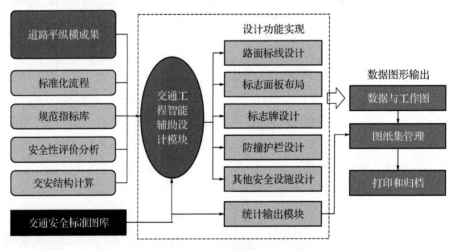

图 5.43　交通工程模块流程图

其中道路标线设计功能能够帮助设计者创建道路路面标线，根据道路平曲线半径、纵断面坡度和坡长、桥梁和隧道等道路平纵横设计信息，并根据规范要求，自动绘制内外车道边缘线和车道分界线。此外，该系统还包含一组特殊标线绘制的功能命令，包括车距确认标线、减速丘、横向减速、纵向减速、收费区、停车区、爬坡车道等标线的绘制命令。使用搜索统计功能，可自动生成道路标线和突起路标的统计计算，并生成标准样式的电子表格。道路标志牌布设模块能够帮助设计者快速布设道路交通标志牌，通过组合标志牌面板、设置立柱牌立柱，确定标志牌的布设位置、面板布局位置，自动生成标注桩号。用户手动移动标志牌时，标准信息自动更新；支持直接拷贝标志牌实体，双击该实体可以编辑修改标志牌面板内容。系统支持按预设规则自动连续插入一组标志牌；能够汇总、预存有常用标志牌面板图库，包括规范规定的警告、指示和禁止等标志牌面板图案，并且涵盖大多数常见指路标志牌面板（图 5.44）；另外提供一组标志牌面板设计功能命令，为用户自定义面板提供便利。自定义面板设计功能能够绘制定义任意形式的面板，当面板文字字数发生变化时，文字和图案元素能够自动调整位置。采用标志牌版面设计功能创建的面板实体可以由布设命令插入道路平面图纸中；同时将其归档入库后，便于其他项目使用。系统支持工程量智能分类统计，更直观、准确，并可直接生成 CAD 和工程数量统计表。

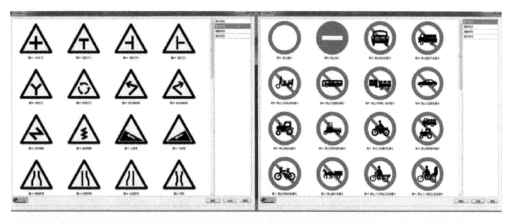

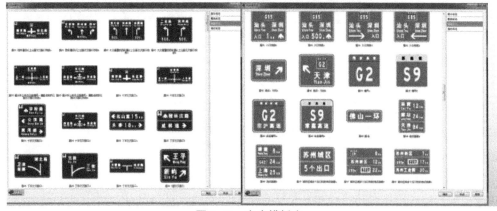

图 5.44　交安模板库

7. 涵洞通道设计子系统

涵洞通道设计模块基于道路三维模型可视化、参数化设计涵洞、通道构造物，设计效率高，全自动成图，适应方案变化能力强，修改变更工作量小（图5.45）。该系统提供了多种类型涵洞的快速布置与详细设计功能，包括盖板涵、箱涵、圆管涵、明通、暗通等；适用于公路、铁路工程的涵洞设计任务，可大幅度提高涵洞设计效率。系统自动批量绘制项目所有涵洞布置图、剖面图；自动统计输出涵洞工程数量汇总表、各类型涵洞工程数量分类汇总表；提供图表自动排版功能，通过参数修改可自动调整页码、图号，自动排列图形，支持批量打印图表成果；提供丰富灵活的涵洞设计参数修改功能，支持任意切换涵洞类型，灵活修改涵洞结构、几何尺寸、绘图出表等各类设计参数，使得设计等更灵活、快捷。该系统与EICAD集成，根据桩号直接提取相应路线信息（路基标高、路基宽度、横断面地面线、边坡等），解决了其他涵洞软件需重复输入路线信息的问题；参数修改方便，结构参数修改可视化，涵洞间的数据可交换，涵洞类型随意切换，结构部分间的数据可拖动交换等。

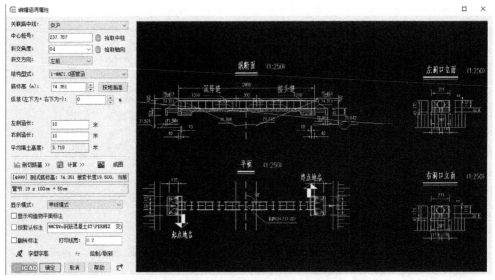

图 5.45 涵洞通道设计

8. EIBIM 子系统

设计师完成公路平、纵、横断面设计之后，可以在3DROAD模块的帮助下，快速建立道路、桥梁以及交通工程设施的三维模型（图5.46、图5.47）；可从任意角度观察、显示设计成果；以直观的方式表达设计思想，及早发现和避免设计缺陷；还可以将驾驶员视景透视图打印输出，作为设计成果图纸出版。

在道路规划设计、施工和运营养护领域，信息化技术得到普遍重视和快速发展，但在实践过程中，缺乏适用的设计建模软件，导致道路建模难、桥隧建模效率低、模型精度难控制等瓶颈问题产生，严重地制约了信息化技术在行业内的推广和使用。系列软件EIBIM

图 5.46 立交三维设计效果

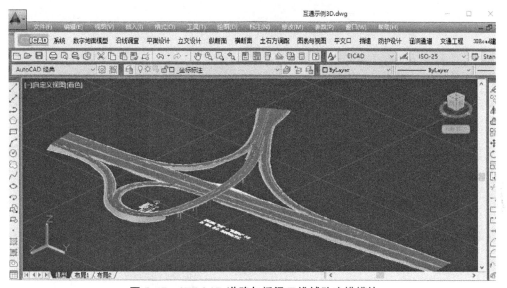

图 5.47 3DROAD 道路与桥梁三维辅助建模模块

从根本上解决了上述难题。该软件提出了"线路信息模型"(Route Information Modeling，RIM)的基本实现架构，并实现了其技术途径。在 EICAD 模型成果的基础上，该软件可导出线路信息模型数据，利用 Revit 二次开发工具，实现道路信息模型的无缝转换、同步更新；建立公路工程常用桥隧构件库，开发桥隧工程的自动建模功能；可轻松交付设计模型成果，支持多源信息模型数据如线路信息模型（RIM）、LandXML、FBX/OBJ 等数据文件导出。RIM 是 EICAD 与 EIRVT 进行数据交换的一种线路信息模型文件，能够无损地将 EICAD 设计成果自动导入 Revit 建模软件中，便于多专业设计模型集成和模型交付。LandXML 数据文件利用国际开放标准格式 LandXML 导出道路、数字地面模型、场地等设计信息和模型成果，实现与其他专业设计软件的数据交换接口（图 5.48）。EICAD 在浏览道路与立交的三维场景时，能够同时支持导出三维场景模型文件，主要格式有 FBX、

OBJ、DAT 等等。利用 3DsMax、Lumion 等软件可以实现场景加工编辑、景观设计、高质量渲染和动画输出。

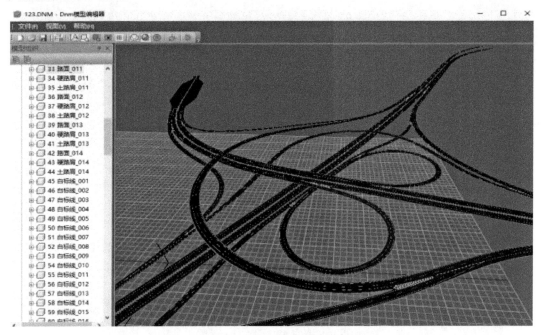

图 5.48　DNM 模型浏览器

EIBIM 实现了一种"EICAD 道路信息模型＋Revit"的设计建模方式，不再需要手动翻模，具有更好的方案优化适应性（图 5.49）；在模型与设计精度保持一致的同时，减少工作量，并实现坐标和高程误差小于 1 mm；建模综合效率提高 50 倍以上。

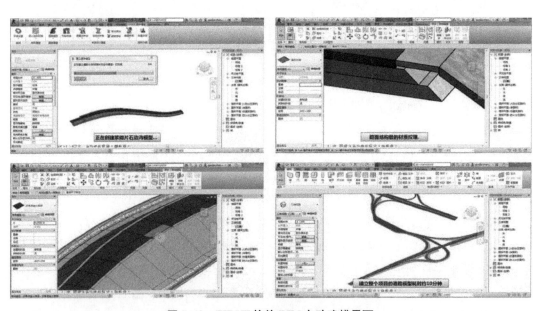

图 5.49　EIRVT 软件 BIM 自动建模界面

5.2.3　BIM 软件二次开发应用总结

BIM 软件的二次开发应用可以为工程行业提供定制化的解决方案，以满足特定项目和组织的需求。以下是对 BIM 软件二次开发应用的总结：

①自定义工具和功能：BIM 软件的二次开发可以添加自定义的工具和功能，以满足特定项目的需求。这些工具和功能可以针对特定的设计、分析、模拟或管理任务，提供更高效和精确的解决方案。

②集成外部应用和系统：通过二次开发，可以将 BIM 软件与其他外部应用和系统进行集成。例如，将 BIM 与计量软件、进度管理工具、设备模拟软件等进行数据交换和协同工作，实现信息的无缝集成和共享。

③自动化和批量处理：二次开发可以实现自动化和批量处理，减少重复性的任务和手动操作。例如，通过开发脚本或插件，可以自动执行模型检测、数据提取、图纸生成等任务，提高工作效率和准确性。

④数据分析和可视化：BIM 软件二次开发可以利用模型数据进行高级数据分析和可视化。通过开发算法和脚本，可以对模型数据进行统计分析、模拟仿真、优化设计等，为决策提供科学依据。

⑤增强用户界面和交互性：通过二次开发，可以改进 BIM 软件的用户界面和交互性，提供更直观和友好的用户体验。例如，开发定制的工具栏、菜单、快捷键等，以及增加交互式的操作和可视化效果，提高用户的工作效率和满意度。

⑥扩展数据管理和共享：二次开发可以扩展 BIM 软件的数据管理和共享功能。通过开发数据接口和云平台集成，可以实现多个团队和利益相关方之间的实时数据共享和协同工作，提高项目的协同效率和信息一致性。

⑦定制化报告和文档生成：通过二次开发，可以定制生成各种报告和文档，满足项目和组织的特定需求。例如，自动生成材料清单、施工图纸、技术规范等，减少手动编制的工作量和错误。

BIM 软件的二次开发应用可以为建筑和工程行业提供定制化的解决方案，增强软件的功能和灵活性，提高工作效率和质量，通过开发定制工具、集成外部应用、自动化处理、数据分析和可视化等，满足不同项目和组织的特定需求，并推动 BIM 技术在行业中的广泛应用。

5.3　施工阶段 BIM 应用

施工建设阶段作为高速公路生命周期的重要组成部分，是整个 BIM 体系中一个必需的环节。如果施工管理不纳入 BIM 体系，整个体系将因出现断层而无法顺利运行。这是参建各方所不愿意也不允许的。高速公路工程施工阶段的 BIM 应用包括施工阶段 BIM 可视化交底、施工准备 BIM 应用、施工过程 BIM 应用以及施工交付 BIM 应用。

本节主要结合祁婺高速论述 BIM 在施工阶段的应用，从施工的成本、质量进度、安全、信息管理等方面阐述 BIM 的应用价值，并从可视化图纸会审、施工组织设计、技术交底、模拟施工、BIM＋VR 等方面详细说明 BIM 的优势。

5.3.1 基于 BIM 技术临建方案比选

①确定比选目标和评价指标：明确比选的目标和要求，以及评价指标的权重。例如，施工时间、成本、资源利用效率、施工安全性等可以作为评价指标，并根据项目需求给予不同的权重。

②收集项目数据：收集项目相关数据，包括设计文件、土地信息、预算限制等。这些数据将作为 BIM 的基础和临建方案比选的依据。

③创建 BIM：使用 BIM 软件创建项目的基本模型，包括地形、建筑物、道路、管道等。确保模型的准确性和完整性，以便后续的模拟和分析。

④设计多个临建方案：根据项目要求和约束条件，设计和发展多个临建方案。每个方案应包括必要的构建元素、工程量和时间表。可以考虑不同的建筑材料、施工方法和设备使用。

⑤进行模拟和分析：使用 BIM 进行模拟和分析，评估每个临建方案的效果。可以模拟施工序列、资源利用情况、施工冲突检测等。分析的目的是预测方案的施工过程和结果。

⑥比较和评估方案：基于模拟和分析的结果，比较和评估每个临建方案的优缺点。根据评价指标和权重进行定量评估，以确定每个方案的综合得分。可以使用决策矩阵、成本效益分析或其他决策工具来辅助比较和评估。

⑦优化和调整方案：根据比较和评估的结果，对临建方案进行优化和调整。可以通过修改设计、调整资源分配、优化施工序列等方式改进方案。目标是提高方案的效率、可行性和经济性。

⑧呈现比选结果：将比选结果以可视化的方式呈现，包括图表、报告或演示文稿。这有助于与相关方面共享和讨论结果，并做出决策。

根据祁婺高速项目品质临建创建活动实施方案中科技增效的活动理念，充分运用 BIM 技术在大临建设方案设计中的引导作用，结合 GIS 还原周边环境，模拟施工平面布置并进行优化比选和校核，发挥动态可视化功能，合理调整场地平整标高、场地布局、设备摆放，实现投入最小化、场地规范化、功能齐全化、效益最大化，并形成第一批次 BIM 技术应用成果。

1. 目标和意义

通过BIM技术，对施工现场原始地形创建模型和模拟平整场地，更好地控制现场临建设施的标高，通过现场实测数据创建临建模型，优化布置施工现场和后期施工道路，做到科学规划、绿色施工，避免重复布置，提高场地使用效率。

将BIM技术运用到总平面布置中，通过BIM技术，建立预制梁场、施工区、临时道路、钢筋加工区、材料堆放区、生活区及办公区、施工机械、临水临电、安全文明施工设施等临时设施以及项目企业形象（Corporate Identity，CI）布设，并结合GIS还原周边环境，模拟施工平面布置并进行优化，可以解决传统二维总平面布置中很难发现和解决的许多问题，以实现施工平面的科学布置。BIM技术对项目临建进行快速标准化的模拟搭设，可视化展示临建各细部构造，在前期进行碰撞检查，直观解决空间关系冲突，优化工程设计，减少在建筑施工阶段可能存在的错误和返工，节省成本，而且优化净空，优化管线排布方案，达到工程一次成优，并合理充分利用现有场地进行设计优化，减少征地面积，节约项目成本。

通过基于BIM技术的数据模型还可提取与工程造价相关的工程信息，做到对临建建设成本的有效管控，增加工程项目效益。

基于BIM技术的三维数据模型结合时间维度还可将设计思路及施工方案详尽地传达给项目相关参建人员，进行有效协同，项目参建方对工程项目的各种问题和情况都能了如指掌，从而减少建筑质量问题、安全问题，减少返工和整改。

利用模块化方式，在一个项目的BIM信息建立后，下一个项目可类同地引用，达到知识积累、BIM临建模型库积累，同样的工作只做一次。

2. BIM应用范围（表5.3、表5.4）

表5.3 BIM应用范围表

场站名称	建模范围					精度
	基础模型	设备	绿化	电路	给排水	
项目驻地	√	√	√	√	√	LOD 300
1#钢筋加工厂	√	√	√	√	√	LOD 300
2#钢筋加工厂	√	√	√	√	√	LOD 300
3#钢筋加工厂	√	√	√	√	√	LOD 300
1#搅拌站	√	√	√	√	√	LOD 300
2#搅拌站	√	√	√	√	√	LOD 300
3#搅拌站	√	√	√	√	√	LOD 300
4#搅拌站	√	√	√	√	√	LOD 300
T梁预制场	√	√	√	√	√	LOD 300

表 5.4　BIM 应用成果提交格式

成果文件	具体内容	备注
Revit 文件	施工便道、搅拌站、梁场、生活区模型	RVT 格式
Navisworks 文件	施工便道、搅拌站、梁场、生活区模型	NWD 格式
动画文件	施工车辆、机械进场动画	MP4 格式、1920×1080 分辨率

3. 施工场地管理应用

(1) 应用流程

为统一各参与模型创建过程，制定如图 5.50 所示应用流程图。

(2) BIM 应用

项目部利用 BIM 技术对整个现场及生活区进行建模，整体规划临建、现场临边防护、塔吊及机械加工棚等位置，并不断地研究讨论多方案直观对比，将形象与功用最大化。对比二维平面施工布置图，三维施工布置图更直观，更符合施工真实情况（图 5.51）。

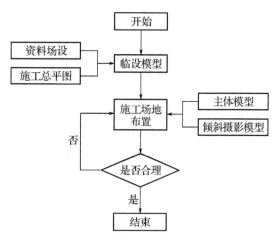

图 5.50　施工场地管理应用流程图

图 5.51　驻地模型效果图

根据标高方格网导入地形（图 5.52），提前策划整个现场的道路标高系统、排水系统、塔吊、施工升降机等临建设施的布置位置。

图 5.52 项目部地理位置

规划生活区管道，利用 Revit 建立管道相应 BIM，对生活区整体消防、给排水等管道布置、危险源进行识别、探讨论证，使庞大复杂的临建生活区方案简单、明了。

场内临建元素建立标准化族库（图 5.53），族库内所有元素形成详细做法，统一标准，提高场地布置效率，也能在前期临建施工时更直观地指导现场施工。

图 5.53 标准化库应用效果

针对山区地理特征,在搅拌站的选址上,根据 GIS 模型进行综合对比,选择临建施工便利、土方转移最少、距公路距离适宜的地址。

料仓 BIM 应用:1#搅拌站共设 10 个,每个仓占地尺寸为 15 m×35 m,4 个待检区料仓,6 个合格区料仓;料仓隔墙高度 3.0 m,采用高钢波形板分隔,隔墙外露基础高度 50 cm,钢波形板高度 2.5 m,基础内置槽钢加固。

(3)临建方案规划比选

①选址及方案比选

根据项目实际情况,结合三维地形模型,对项目驻地项目部、钢筋加工中心选址提供辅助决策(图 5.54)。

图 5.54 临建方案选址

②场地布置方案比选

通过原方案BIM，结合项目场地实际情况，经讨论后修改原钢筋加工中心方案，进行方案对比（图5.55），最终选取最优方案，极大提高项目驻地空间利用率。

图 5.55　新旧方案对比

③现场平面管理

在项目部进场前，利用软件建立三维平面模型，并画出基坑（图5.56）。由项目经理牵头，组织各部门对现场平面布置进行讨论。首先考虑周边道路环境及施工需求，确定场地大门及道路设置，之后确认办公区、生活区位置，最后确定料场及样板区尺寸及位置。

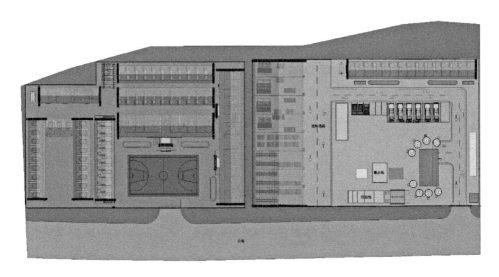

图 5.56　临建平面布置

利用BIM技术可视化即"所见即所得"的形式,可以直观感受临建设施间的位置关系,更方便进行多角度、多方面的考量。在各专业协同工作中沟通、讨论,提出不足之处并进行修改。反复进行几轮后,即可形成较为成熟的布置方案,这样可以避免许多施工问题(图5.57)。

图5.57　项目部施工与BIM对比

④区域细部管理

在确定办公区的位置及大小后,项目部继续讨论办公区的篮球场、花坛及旗杆的位置及大小(图5.58)。通过等大小模型的构建,即可看出球场布置后的效果,并及时调整花坛及旗杆,使办公区整体达到整洁美观的效果。

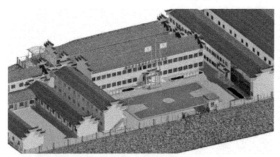

图5.58　BIM模型细化

⑤CI布置

为了展示企业形象,精神文明建设必不可少,通过BIM技术,可以直观展现预想标语的效果,之后即可很容易确认标语位置及大小,这样可以一次成型,避免二次返工(图5.59)。

图 5.59 BIM 技术应用在企业展示上

⑥物资管理

临建 CI 施工方案最终确定后,可通过明细表功能提取各材料用量,联系施工进度计划即可形成物资进场计划及采购计划等,且通过对模型的更新可完成材料用量的更新,既减少算量工作又提高准确率,可实现专业性较强的物资管控。

(4) BIM 效益分析

利用 BIM 技术"所见即所得"的形式,可以直观感受临建设施间的位置关系,更方便进行多角度、多方面的考量,减轻了现场勘查人员的工作量及劳动强度,有效缩短了前期策划的时间及成本,提高场地资源利用率,节约征地面积 23 亩(1.53 hm^2),减少土石方运输量约 5.2 万 m^3。

①选址方案应用

结合 GIS 分析,1#搅拌站选择最优地理位置,在方案确定过程中,比传统决策提前 5 天,规划场地分析,节省土石方运输量 0.5 万 m^3,累计节约经济成本约 30 000 元。

②项目部驻地 BIM 应用

空间布局规划,在有效利用土地的基础上,利于便道施工,节约征地面积 0.6 亩(400 m^2),节约直接经济成本 2 000 元。

③1#搅拌站钢筋加工棚

通过空间对比,使原有钢筋网片成形设备由原尺寸 3 600 mm×4 200 mm 变更为 3 150 mm×3 800 mm,避免二次搬运导致的经济损失约 20 000 元,经过三维可视化的方案论证,使决策方案的确定较传统决策方案提前 3 天。

利用 BIM+实景建模减轻了现场勘查人员的工作量及劳动强度,有效缩短了前期策划的时间及成本。该技术能够提升前期策划中场地选址、施工方案的可行性、合理性,减少工作衔接和专业协调过程中产生的矛盾，在精细化资源配置中起到了很好的作用，使得前期策划更加科学、合理，较大程度地提升了前期策划质量。BIM+实景建模技术可以对项目整体进行全局性的把控，可有效地减少在施工过程中因总体的预见性不足而导致的额外的费用，缩短项目工期，减少建设项目的成本投入，其直接经济成本可比传统方法减少0.5%~1.0%。

（5）开展品质临建比武活动

为提升临建工程的建设质量，筑牢品质工程创建基础条件，祁婺高速项目开展了"临建有品质、临建保品质"为主题的品质临建创建活动，组织召开动员大会，签订品质临建作战任务书（图5.60）。通过临建设计方案及BIM技术应用比武（图5.61），评选出最佳临建方案设计奖和最佳BIM应用奖等相关奖项。通过全线评比，评选出最美经理部、最美搅拌站、最美试验室等，并组织全线观摩，形成互学、互促、互进的良好建设氛围。

图 5.60　品质临建创建活动动员大会签订作战任务书

图 5.61　临建设计方案及 BIM 技术应用比武

4. 临建 BIM 应用总结

本次临建BIM技术应用活动是祁婺高速项目BIM技术应用的第一次比武活动，各标段BIM小组成员按要求积极参与，结合BIM的可视化、协调性、模拟性、优化性和可出图性这五大特性，按要求对各临建设施进行精细化建模，并在场地规划选址、场内布置及便道设计中积极开发BIM深层次应用，真正做到BIM助力品质临建创建进程，开发行业先进技术对传统建造模型的科技增效。通过本次活动，也暴露出一些亟待解决的问题：

①各标段 BIM 小组成员对于 BIM 的理念理解不深刻，认为 BIM 只是二维图纸向三维图纸的一个展示效果的转变、一个展示手段。针对此问题，BIM 咨询单位可组织 BIM 理念宣讲，同时通过直播的形式组织相关人员进行 BIM 理念学习，转变参建人员对 BIM 技术的认识。

②各标段 BIM 小组成员的 BIM 建模应用软件的掌握程度不一致，且掌握的软件类型较少。因此 BIM 咨询单位可组织 InfraWorks 软件培训学习，并将软件培训作为一个长期活动，争取每个月完成一项 BIM 软件的培训，在培训结束后，达到每一位成员熟练操作 2~3 款 BIM 软件，对各种 BIM 应用软件都能达到了解的程度。

③本次活动实施者为各标段 BIM 小组成员，其余技术人员参与程度低。作为江西省公路水运工程第一批 BIM 应用示范项目，活动应达到人人参与的程度。因此各标段 BIM 小组成员在后续生产活动中应积极引导大家利用 BIM 手段对方案进行展示汇报讨论，让参建人员感受到 BIM 汇报手段的先进性。

④BIM 软件的深层次应用水平欠缺，比如在利用 Bentley 软件对便道进行设计时，可通过软件进行工作量表格、图纸输出等应用，后续将加强对 BIM 相关软件的深化应用挖掘。

5.3.2　倾斜摄影辅助土方算量

在进行倾斜摄影时，需要注意以下内容：

①摄影设备选择：选择适合倾斜摄影的设备，如倾斜摄影仪、无人机、航空摄影系统等。确保设备具备高分辨率、稳定性和可靠性，以获得清晰、准确的影像数据。

②摄影计划和航线设计：在进行倾斜摄影之前，制订详细的摄影计划和航线设计。考虑场景的大小、复杂度以及所需的数据覆盖范围，合理规划航线，确保能够捕捉到所需的影像信息。

③图像校正和配准：倾斜摄影会产生倾斜、畸变等影像问题，需要进行图像校正和配准。使用专业的图像处理软件或算法，对影像进行几何校正，使其符合真实场景的比例和几何关系。

④地面控制点设置：在倾斜摄影中，设置地面控制点是重要的步骤。地面控制点是已知位置的点，用于提高影像的地理位置和几何精度。在摄影过程中，需要在合适的位置设置足够数量的地面控制点，并进行准确的测量和记录。

⑤光照和天气条件：光照和天气条件对倾斜摄影的影响很大。应选择适当的光照时段和天气条件，避免强烈的光线、阴影和过度曝光等问题。如果需要在不同时间段进行多期摄影，应确保光照条件相对一致，以便进行影像比对和变化分析。

⑥数据处理和分析：倾斜摄影产生的数据需要进行处理和分析。要使用专业的软件和算法，对影像进行配准、地形提取、三维模型生成等处理步骤，确保数据的准确性和一致

性，以便后续的土方算量和分析应用。

⑦数据安全和隐私保护：倾斜摄影可能涉及拍摄敏感区域或个人隐私信息。在进行倾斜摄影时，要遵守相关的法律法规，保护数据的安全性和隐私性，确保仅在授权的范围内使用和共享数据。

倾斜摄影需要在设备选择、摄影计划、图像处理、控制点设置、光照条件、数据处理和隐私保护等方面进行注意。遵循专业的工作流程和准则，可以获得高质量的倾斜摄影数据，并为土方算量等应用提供准确的基础。

土石方工程量计算是公路工程领域施工中的一项重要内容。路基土石方工程测量是在路基开挖前，通过测绘手段来计算填挖土石方工程量，从而选取最优的方案。现在常用的土方工程量计算方法有方格网法、断面法、等高线法和表格法，但因其通过分散的几个高程点不能准确地表现地貌真实形态，在计算过程中误差不断累加，易造成土方计算结果偏离准确值。基于祁婺高速项目的倾斜摄影测量突防技术，结合对地面控制点的合理布设、点云分类和高程值修正优化等处理，在一定程度上优化无人机倾斜摄影测量土方计算流程，并且提升土方计算精度，较好地解决复杂地区植被和建筑物等地物遮挡对土方计算精度的影响。

利用基于实时动态（Real-Time Kinematic，RTK）载波相位差分技术的无人机倾斜摄影技术精准还原地形实时状况，对测区改造前后的地形分别进行航空摄影测量，获取场地前后三维地形及影像数据，再将数据导入 Civil 3D 软件中，通过计算每条分界线所包围成的封闭区域体积大小，即可计算每一个挖填区的体积，求得土石方的挖填方量。在 K15+800—K16+000 高边坡测试结果表明，倾斜摄影较传统手段误差可控制在 3% 以内，避免施工过程中土方复核出现超算，可用于指导施工。

1. 目的和意义

地面开挖工程几乎都会涉及土方计算工作，土方计算的精度会对整个工程的施工控制、成本管理等产生直接影响，对土方精度进行分析优化使土方计算结果能反映真实地貌特征显得尤为重要。不同测区的地形地物特征千变万化，如何通过对其影响因素进行分析得出各个要素对精度的影响情况，提出各个影响因素的最优化方案以提升土方计算精度，是土方计算精度分析的主要目的和难点。

倾斜摄影是一种利用数字视频进行图像重构、处理的现代数码设备，它在同一个飞行平台上放置五台传感器，然后从垂直角度和四个倾斜角度进行拍摄，采集影像数据信息，并对采集到的影像数据信息进行归纳和分析。通常在拍摄航测遥感影像时，会拍下很多重叠的照片，倾斜摄影测量技术能够快速找到最为清晰的照片，使结构分析比较轻松。它可以通过多种方式实现对三维空间场景信息资源的获取与交换，可将三维立体图形转换成二维平面图，并显示出物体本身的特征和纹理变化情况。

土石方的量算精度由地形表达质量直接决定。通过无人机倾斜摄影测量生成的地形表达完整,外业工作量小,内业自动化程度高。其成果用于两期土方量计算,可靠性高且具有可视化效果。传统的土石方测量方法有水准仪测量法、全站仪测量法和GPS测量法。水准仪测量法是通过使用水准仪测量事先在测区布设方格网的每个角点高程来计算土石方量的。该方法适用性单一,若测区不适合布设方格网,该方法就不适用了,且费时费力。全站仪测量法具有操作简单、仪器要求低等优点,适合测量面积较小和通视良好的区域。而在祁婺高速项目上,大部分的施工区域都是山区,视野受限而且测量方法会有很大影响,从而导致效率低下。GPS测量法是目前土石方测量中应用较多的一种方法,它不受距离和通视限制,且测量速度和精度较全站仪测量有所提高,但当测区有一些建筑、树木、电磁场等影响GPS信号时,该方法就不太适用了。因此传统方法受场地影响大、效率低下、人工成本高,亟待寻求一种高效、安全且经济的测量方法。

通过倾斜摄影测量技术可以获取项目高填深挖工点区域内的第一手资料,还原现场情况。对测区改造前后的地形分别进行航空摄影测量,获取场地变化前后三维地形及影像数据,再将数据导入相关软件中,可快速生成前后两次三维地形模型,对改造前后土石方量的计算进行分析。

2. 技术要求及准备工作

(1) 应用范围

倾斜摄影在祁婺高速项目中的应用范围为祁婺高速项目主线范围内高填、深挖工点覆盖区域(表5.5)。

表5.5 倾斜摄影应用一览表

序号	桩号	名称	倾斜摄影应用点
1	K5+440—K5+542	K5+440—K5+542 高填方工点	土方测量
2	ZK7+914—K8+200	ZK7+914—K8+200 高填方工点	土方测量
3	Z2K9+750—Z2K9+820	Z2K9+750—Z2K9+820 高填方工点	土方测量
4	K5+250—K5+330	K5+250—K5+330 右侧深挖边坡	土方测量
5	K9+620—K9+730	K9+620—K9+730 右侧深挖边坡	土方测量
6	K9+800—K9+860	K9+800—K9+860 右侧深挖边坡	土方测量
7	Z1K3+874—Z1K3+931	Z1K3+874—Z1K3+931 左侧深挖边坡	土方测量
8	K14+550—K14+800	K14+550—K14+800 高填方工点	土方测量
9	K14+830—K14+930	K14+830—K14+930 高填方工点	土方测量
10	K15+739—K15+840	K15+739—K15+840 高填方工点	土方测量
11	K18+101—K18+211	K18+101—K18+211 高填方工点	土方测量

续表

序号	桩号	名称	倾斜摄影应用点
12	K18+800—K19+000	K18+800—K19+000 高填方工点	土方测量
13	K19+000—K19+180	K19+000—K19+180 高填方工点	土方测量
14	K21+569—K21+704	K21+569—K21+704 高填方工点	土方测量
15	K23+060—K23+198	K23+060—K23+198 高填方工点	土方测量
16	Z2K12+640—K12+805	Z2K12+640—K12+805 左侧深挖边坡	土方测量
17	K14+290—K14+421.3	K14+290—K14+421.3 左侧深挖边坡	土方测量
18	Z2K11+520—Z2K11+640	Z2K11+520—Z2K11+640 左侧深挖边坡	土方测量
19	Z2K12+510—Z2K12+610	Z2K12+510—Z2K12+610 左侧深挖边坡	土方测量
20	Z3K17+940—Z3K18+040	Z3K17+940—Z3K18+040 左侧深挖边坡	土方测量
21	Z3K18+050—Z3K18+131.7	Z3K18+050—Z3K18+131.7 左侧深挖边坡	土方测量
22	K27+900—K28+020	K27+900—K28+020 右侧深挖边坡	土方测量
23	K28+040—K28+170	K28+040—K28+170 右侧深挖边坡	土方测量
24	K32+050—K32+160	K32+050—K32+160 右侧深挖边坡	土方测量
25	K28+010—K28+160	K28+010—K28+160 左侧深挖边坡	土方测量
26	ZK35+867—ZK35+960	ZK35+867—ZK35+960 左侧深挖边坡	土方测量
27	K27+440—K27+560	K27+440—K27+560 高填方工点	土方测量
28	K30+071—K30+125	K30+071—K30+125 高填方工点	土方测量
29	K30+150—K30+210	K30+150—K30+210 高填方工点	土方测量
30	Z4K30+630—Z4K30+767	Z4K30+630—Z4K30+767 高填方工点	土方测量
31	K33+100—K33+200	K33+100—K33+200 高填方工点	土方测量
32	K33+875—K34+023	K33+875—K34+023 高填方工点	土方测量

（2）技术要求及主要设备（表5.6）

表5.6 主要设备配置清单

名称	规格型号	数量	标称精度/参数
GNSS接收机	海星达 H32	2台	静态、快速静态精度： 平面：±$(2.5+1×D)$ mm 高程：±$(5+1×10^{-6}D)$ mm RTK定位精度： 平面：±$(10+1×10^{-6}D)$ mm 高程：±$(20+1×10^{-6}D)$ mm

续表

名称	规格型号	数量	标称精度/参数
无人机	D2000 旋翼无人机	1套	空机重量：2.6 kg 最大起飞重量：3.35 kg 标准起飞重量：2.8 kg 最大载重能力：750 g 对称电机轴：598 mm 外形尺寸： 展开 495 mm×442 mm×279 mm（不含桨叶） 折叠 495 mm×442 mm×143 mm（不含桨叶） 卫星导航：GPS、北斗、GLONASS 动力方式：电动 飞行器最大速度：20.0 m/s 最远航程巡航速度：16.0 m/s（最远航程 49 km） 最长航时巡航速度：7.0 m/s（最长航时 74 min） 悬停时间：≤56 min（挂载单相机载荷海平面悬停） 最大爬升速度：8.0 m/s（手动），5.0 m/s（自动） 最大下降速度：5.0 m/s（手动），3.0 m/s（自动） 悬停精度 RTK：水平 1 cm+1 ppm，垂直 2 cm+1 ppm 最大起飞海拔高度：6 000 m 最大抗风能力：6级（10.8—13.8 m/s） 任务响应时间：展开 10≤10 min，撤收≤15 min 测控半径：图传≤10 km，数传≤2 020 km（空旷无遮挡） 起降方式：无遥控器垂直起降 避障系统：毫米波雷达避障 工作环境温度：−20 ℃至 45 ℃
五镜头	D-OP3000 倾斜块	1套	相机型号：SONY Alpha 6000 传感器尺寸：23.5 mm×15.6 mm（aps−c） 有效像素：2 430 万，总像素：1.2亿 倾斜角度：45° 曝光：曝光时间＞0.8 s 镜头焦距：25 mm 定焦（下视），35 mm 定焦（倾斜）
影像预处理软件	无人机管家专业版（测量版）	1套	无人机管家专业版软件具备 GPS 融合解算、控制点测量、空三解算、一键成图、一键导出立体测图功能，提供数字正射影像（DOM）、数字表面模型（DSM）、真正射影像（TDOM）、2.5D 模型、真三维模型等多种数据成果及浏览
空中三角测量软件	Mirauge3D 全自动影像三维建模系统	40套	Mirauge3D 采用并行化的自由网技术，利用图形处理器（GPU）加速下的光束法平差和稳健的相机自检校，以及 GPS 辅助稀疏控制点的高精度平差，使得其在处理海量数据的同时兼具效率和精度的双重优势

续表

名称	规格型号	数量	标称精度/参数
无人机倾斜摄影测量建模软件	Context Capture Master	40套	可以快速为各种类型的基础设施项目生成最大尺寸、最具挑战性的现状三维模型，包括源自任何数码照片的与整个城市同样大小的规模，还支持最精密复杂的航空相机系统和无人机（UAV）采集系统

（3）航线规划及关键技术参数设置

倾斜航测的飞行参数包括高度、速度、拍摄间隔、航拍间距、旁向间距等，不同的参数设置对航测的精度、效率等产生影响。通过飞行器上搭载的 5 个镜头，同时从下、前、后、左、右 5 个不同的方向进行拍摄，让用户从多个角度观察地物，更加真实地反映地物的实际情况。拍摄到的地物可以直接进行包括高度、长度、面积、角度、坡度等的测量，这些数据极大地方便了施工区域的三维建模。

根据现场踏勘进行航高设计及航线设计，利用多旋翼无人机搭载单镜头相机从多视角同步采集地表数据（表 5.7），通过搭载 POS/IMU 平台获取飞行过程中的实时位置信息。

表 5.7 航飞参数设置

序号	项目	参数
1	航飞比例	1：500
2	地面分辨率	3.0 cm/pixel
3	航向重叠率	80%
4	旁向重叠率	65%
5	飞行高度	191 m
6	航线间距	63 m
7	拍照间距	24 m
8	飞行速度	14.0 m/s
9	作业面积	10.50 m^2
10	预计航时	351 min
11	预计航程	282.38 km
12	照片数量	58 080 张

（4）任务内容和拟定工作量（表 5.8、表 5.9）

表 5.8 祁婺高速项目倾斜摄影测量项目—拟定工作量

序号	项目名称	单位	完成数量	备注
1	像控点布设	个	30	
2	无人机低空摄影测量	km²	12	
3	空中三角测量	km²	12	
4	三维模型制作	km²	12	

表 5.9 祁婺高速项目倾斜摄影测量项目—任务安排

序号	项目	内容	天数/天	备注
1	项目准备	进场	1	
		测区现场踏勘	1	
2	外业测绘	像控点布设	1	
		无人机低空摄影测量	3	
		空中三角测量	2	
		三维模型制作	7	
3		总工期	15	

4. 倾斜摄影土石方测量

(1) 应用流程

大疆精灵 4RTK 为四轴专业级无人机,为多旋翼飞行器,具有灵活、快捷、方便等优势,可抵抗五级风力,照片分辨率为 5 640 dpi×3 710 dpi,在稳定性、安全性、续航时间、成像质量等方面具有较优秀的表现。应用大疆精灵 4RTK 前往待测区域进行多角度航拍,可以降低测量风险和测量成本,提高效率,节省测绘时间(图 5.62)。

(2) 基本原理

无人机倾斜摄影测量技术是近年发展起来的一项高新技术,它可以通过在同一飞行平台上搭载的多台传感器,同时在多个视角采集影像,与此同时,机载传感器也记录下 POS 数据,并配合像控点等位置信息,嵌入影像等地理信息,从而生产可以量测的实景

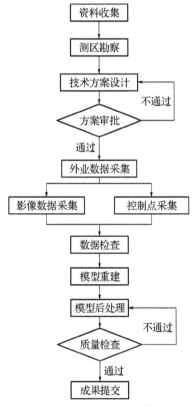

图 5.62 倾斜摄影测量实施流程图

三维模型及其附属产品,如数字正射影像(DOM)、数字表面模型(DSM),从而获取地面上的真实地物信息。无人机倾斜摄影测量技术较传统测绘技术具有测量准确度高、工作效率高、使用范围广等优点。

(3) 基本思路

①编制方案和选定测量区域;

②利用无人机航拍获取地表影像数据;

③将无人机获取到的影像数据导入 ContextCapture 软件构件 3D 模型;

④把 3D 模型导入 Civil 3D 软件之中生成原始地貌模型;

⑤场地挖填结束后,利用无人机航拍获取二期影像数据;

⑥重复上面第③和第④点,生成二期挖填方模型;

⑦计算土石方量,原始地貌模型和二期挖填方模型差异,即为土石方量。

测区范围内地势起伏落差均不超过 70 m,预先设置无人机飞行相对航高 150 m,机载的航拍相机镜头垂直地面往下拍摄,旁向重叠率和纵向重叠率均设置为 80%,无人机的航拍路线采用"之"字形沿场地的一个方向来回往返。机载镜头的视角范围呈现带状按次序逐步覆盖全部场地,最终获得测区内逻辑有序的全覆盖拍摄资料。采用 ContextCapture 加载无人机获得的矢量化数据自动处理生成实景模型。最后把两期生成的实景模型载入 Civil 3D 软件,软件系统将自动计算土石方工程量。

(4) 数据处理

航测后数据处理:倾斜摄影采集的数据包括各拍摄点的多角度影响信息和对应的 POS 数据。影像信息由五个镜头相机获取,无人机搭载相机以恒定速度对地面进行等距拍照,采集到具有 70% 重叠率的相片;POS 数据由飞控系统在相机拍照时生成,与相片一一对应,赋予相片丰富的信息,包括经纬度、高度、海拔、飞行方向、飞行姿态等。采用数据处理软件完成后期 GIS 数据处理。软件建模对象为静态物体,辅以相机传感器属性、照片位置姿态参数、控制点等信息,在进行空中三角测量计算、模型重建计算后,输出相应 GIS 成果,以供浏览或后期加工。常见的输出格式包括 OSGB、OBJ、S3C、3MX 等。后进行影像筛选,剔除无用影像(如起飞落地影像、周边影像等)。

结合 ContextCapture 软件对测区边界外多余影像数据进行剔除,利用 POS 数据与地面控制点数据进行影像匹配和联合平差,生成稀疏点云数据(图 5.63)。通过对稀疏点云进行点云加密得到密集点云数据,利用点云分类方式细化出地面点和非地面点,并基于高程改进方法进行非地面点高程改正,联合改正后的地面点和非地面点构建数字高程模型(DEM),最后通过导入测区和设计标高进行土方计算。

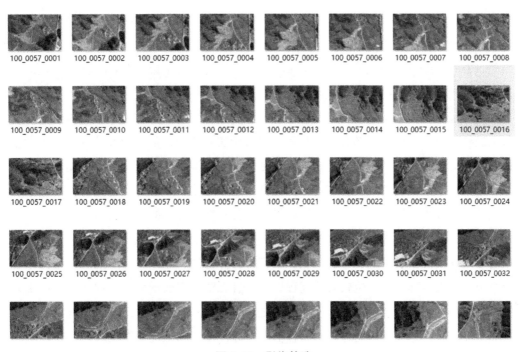

图 5.63 影像筛选

筛选好影像后载入软件进行处理（图 5.64）

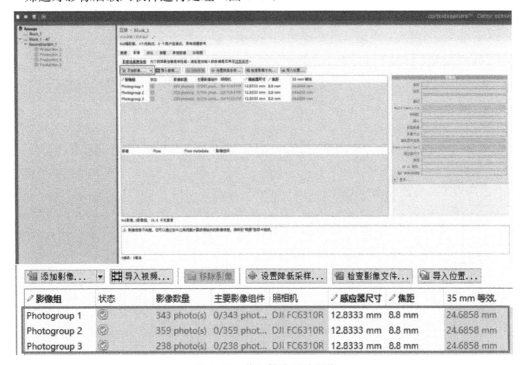

图 5.64 载入筛选后的影像

（5）倾斜摄影测量数据分析

在测区改造前后的地形分别进行航空摄影测量，获取场地变化前后三维地形及影响数据，再将数据导入 Autodesk 的 Civil 3D 软件中，快速生成前后两次三维地形模型，以对改造前后土石方量的计算进行分析。将改造前地表数字高程模型（DEM）生成的曲面数据结构（Triangulated Irregular Network，TIN）和改造后生成的 TIN 叠加，形成交线，即是场地开挖过程中开挖区与回填区的分界线。

①密集点云分类。生成的密集点云包含大量树木、建筑物等非地面点数据，若直接利用数据进行计算，会使得该部分计算高程明显大于实际高程，从而导致计算结果出现较大的误差，因此进行点云数据的分类，准确地区分出各类地物显得至关重要。测区各类型地物点数据往往不是均匀分布的，如何准确识别出各个地物类型的边界范围线，快速准确地构建建筑物、高大植被、湖泊等分类区，是土方计算数据分类的难点（图 5.65）。

②非地面点高程改正。当测区覆盖大量的植被、建筑物等非地面点数据时，会导致所获取的数据无法真实反映地面起伏变化。若直接舍弃植被、建筑物等非地面点坐标进行内播求算土方，内插部分会产生较大的高程误差，且无法真实表现地面高程起伏，而土方计算的目的是获取地表真实的标高和设计标高之间的真实差值，因此需要对非地面点高程值进行修正，使得其能够获得逼近真实高程值的坐标。由于测区覆盖的植被树木和建筑物等非地面点数据往往高低不一，如何利用抽样测量的方式得到植被树木最佳逼近值，如何对测区覆盖的建筑物利用邻近区域高程进行差值计算获得其地面点高程，是进行非地面点高程纠正的难点。

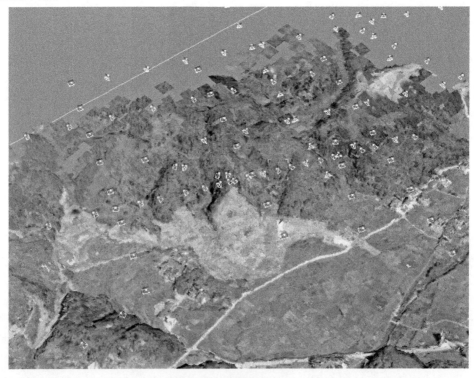

图 5.65　密集点云分类

(6) 倾斜摄影模型建立步骤

①航线范围确认：航线规划软件（地面站）的地图数据来源于 Google Earth，规划航线之前，在 Google Earth 中确定项目航测范围，了解航测地貌，进行合理的飞行架次划分，优化航拍方案，提升作业效率。

②航线规划及其参数设定：倾斜摄影航测的飞行参数包括高度、速度、拍摄间隔、航拍间距、旁白间距等，不同的参数设置对航测的精度、效率等产生影响。航测作业前，综合考虑飞控距离、电池消耗、地形地貌、建筑物分布、测量精度等因素，使用地面站软件进行航线规划和参数设定，飞行高度、地面分辨率及物理像元尺寸满足三角比例关系。地面站设置及无人机组装完成后，即可开始航测作业。无人机将依据指定的航线及参数设置，自动完成航拍任务，操作人员观察无人机位置及地面站实时飞行参数即可，每天可完成 2—3 km² 的航测任务。

(7) 倾斜摄影挖填方计算

两算进行对比：对测区改造前后的地形分别进行航空摄影测量，获取场地变化前后三维地形及影响数据，再将数据导入 Autodesk 的 Civil 3D 软件中，快速生成前后两次三维地形模型（图 5.66），以对改造前后土石方量的计算进行分析（图 5.67）。

通过计算每条分界线所包围成的封闭区域的体积大小，就可以计算每一个开挖区与回填区的体积，然后对每个开挖区与回填区进行累加，即为所求区域里土石方的挖方与填方量（表 5.10）。

图 5.66 挖方前后倾斜摄影地形模型

一期、二期土方计算		
	一期	二期
平场面积	14 807.6 m²	12 946.2 m²
三角形数	328	195
最大高程	167.701 m	166.995 m
最小高程	121.628 m	124.650 m
挖方量	28 418.45 m³	
填方量	22 924.78 m³	
计算日期：2020年11月9日		计算人： 审核人：

图 5.67 计算土石方量，生成三维地形模型

表 5.10 土方计算结果

		K15+800—K16+000（设计土方量）				
挖方（土方总量）		58 711.1 m³				
填方（土方总量）		65 025.7 m³				
		K15+800—K16+000（实际土方量）				
挖方（土方总量）		28 971.25 m³				
填方（土方总量）		23 066.3 m³				
		挖方段				
桩号		挖/m³	填/m³	距离/m	挖/m³	填/m³
AK0+	790	2.36	152.32	10	25.1	1 481.2
	800	2.66	143.92	10	31.5	1 402.8
	810	3.64	136.64	10	48.9	1 249.45
	820	6.14	113.25	10	67.8	859.85
	830	7.42	58.72	10	56.55	674.3
	840	3.89	76.14	10	28.75	812.7
	850	1.86	86.4	10	13.1	784.75
	860	0.76	70.55	5.65	11.610 75	352.56
	865.66	3.35	54.25	0.35	17.580 5	18.938 5
	866	97.11	53.97	10	1 064.55	463.35
	870	115.8	38.7	10	1 285.3	334.9
	880	141.26	28.28	10	1 155.1	368.55
	890	89.76	45.43	10	471.6	796.6
	900	4.56	113.89	10	45.6	1 459.3
	910	4.56	177.97		4 323.041 3	11 059.25
	0	3.95	152.63	10	329.15	777.15
	10	61.88	2.8	10	1 732.15	14.15
	20	284.55	0.03	10	4 020.5	0.3
	30	519.55	0.03	10	6 270.85	0.4
	40	734.62	0.05	10	7 901.75	0.5
	50	845.73	0.05	10	7 552.45	0.4
	60	664.76	0.03	10	6 000.9	0.3
	70	535.42	0.03	10	4 218	0.35
	80	308.18	0.04	10	1 841	27.95
	90	60.02	5.55	10	323.7	521.55
	100	4.72	98.76		40 190.45	1 343.05
倾斜摄影土方算量表 K15+800—K16+000						
挖方体积		28 418.45 m³				
填方体积		22 924.78 m³				

(8) 倾斜摄影测量精度评定

三维模型的位置精度评定跟空三的物方精度评定有类似之处，通过比对加密点和检查点的精度进行衡量。在控制点周边比较平坦的区域，精度比对容易进行；在房角、墙线、陡坡等几何特征变化大的地方，模型上的采点误差比较大，精度衡量可靠性降低，可以联合影像作业，得到最终的成果矢量或模型数据再进行比对。

传统手工建模可以自由设计地物的几何形状，而在真三维自动化建模中，影像重叠度越大的地方地物要素信息越全，三维模型的几何特征就越完整。在三维模型浏览软件中参照航拍角度固定浏览视角，同时拉伸到与实际分辨率相符的高度去查看模型，看不出明显的变形、拉花即可判定为合格，反之为不合格。

真三维建模完全依靠计算机来自动匹配地物的纹理信息，由于原始影像质量不同，匹配结果可能存在色彩不一致、明暗度不一致、纹理不清晰等情况。要提高纹理精度就必须提高参加匹配的影像质量，剔除存在云雾遮挡覆盖、镜头反光、地物阴影、大面积相似纹理、分辨率变化异常等问题相片，提高匹配计算的准确度。

5. 倾斜摄影土石方测量应用效果总结

土石方的量算精度由地形表达质量直接决定。通过无人机倾斜摄影测量生成的地形表达完整，外业工作量小，内业自动化程度高。其成果用于两期土方量计算，成果可靠性高且具有可视化效果。倾斜摄影测量能得到高精度、高分辨率的数字表面模型，可充分地表达地形地物起伏特征，能同时输出具有空间位置信息的正射影像数据，可在影像数据上进行量测。无人机具有机动、灵活、快速、经济等特点，以无人机作为航空摄影平台能够快速高效地获取高质量、高分辨率的影像。无人机倾斜摄影测量成果结合 ArcGIS 软件计算土方量，其精度可靠，外业工作量小，内业自动化程度高。利用无人机倾斜摄影技术进行土方算量，因为无人机的介入，外业的作业时间和作业人员大幅度减少，整个测量过程用时不到 1 天，全程仅用 1 人完成。内业数据处理通过借助 ContextCapture 和 Civil 3D，作业时间明显缩短，大大节约了施工单位的人力和时间成本。相对于传统测绘方法，效率提升了 3—4 倍，尤其是在外业测量方面，同时计算结果精度高。

新型无人机倾斜摄影技术解决了众多难题，开辟了一条崭新途径，其作为测绘发展的新技术，有机动灵活、数据现势性强、影像分别率高、减轻劳动强度、提高生产效率等优点。利用无人机倾斜摄影测量进行土方计算，不仅不受场地障碍的影响，且外业时间短、工作效率高、快捷方便，还能够简化内业操作流程，实现一体化土方计算。同时，通过对地面控制点的合理布设、点云分类和高程值修正优化等处理，能够在一定程度上优化无人机倾斜摄影测量土方计算流程，提升土方计算精度，较好地解决复杂地区植被和建筑物等地物遮挡对土方计算精度的影响。

无人机倾斜摄影测量技术具有两个明显的优势：

（1）根据现场踏勘进行航高设计及航线设计，无人机倾斜摄影测量突防技术完全可以满足土石方量算的要求。

（2）倾斜摄影测量技术有助于增加大数据的需求范围，使大数据能够满足工程的要求。

综上所述，基于无人机倾斜摄影测量的土石方量算是一个随着无人机航测技术发展起来的方向，可以预见未来的发展前景，这种土石方量计算方法必将取代传统全站仪外业测量方法。

5.3.3 BIM建造工艺方案模拟

1. 目的和意义

BIM建造工艺方案模拟的目的和意义包括工艺验证和冲突检测、制订施工进度计划、空间利用和碰撞检测、施工安全和风险评估、协作和沟通等。通过模拟施工过程，可以提前发现和解决问题，提高施工效率、质量和安全性，降低成本和风险。

①工艺验证和冲突检测：通过BIM建造工艺方案模拟，可以验证施工工艺的可行性并检测可能存在的冲突。模拟可以将不同构件、系统和设备的施工顺序、方法和时序进行可视化展示，帮助施工团队更好地理解和评估工艺方案的有效性。通过检测和解决冲突，可以减少施工中的错误和问题，提高施工效率和质量。

②制订施工进度和资源计划：BIM建造工艺方案模拟可以用于制订详细的施工进度和资源计划，通过模拟施工过程中的各个阶段，确定每个任务的持续时间、资源需求和工作序列。这有助于施工管理团队进行合理的进度安排、资源分配和协调，提高施工计划的准确性和可行性。

③空间利用和碰撞检测：BIM建造工艺方案模拟可以帮助评估建筑空间的利用效率，并进行碰撞检测，通过将建筑元素、设备和系统的模型与施工工艺方案进行结合，检测可能存在的空间冲突和碰撞，如管道与结构的冲突、设备与墙体的碰撞等。这有助于优化和调整工艺方案，确保施工过程中的顺利进行和空间利用的最大化。

④施工安全和风险评估：BIM建造工艺方案模拟可以用于施工安全和风险评估，通过模拟施工过程中的活动和设备操作，识别潜在的安全风险和危险点。这有助于施工团队采取相应的安全措施和预防措施，降低施工事故和人员伤害的风险。

⑤协作和沟通：BIM建造工艺方案模拟可以为项目参与方提供一个统一的可视化平台，促进协作和沟通。各个利益相关方可以在模拟环境中共同参与，共享信息，提供反馈和建议。这有助于改善跨部门和跨专业之间的协作效率，减少误解和信息不对称的问题。

目前，大多数施工企业主要依靠项目技术人员的施工经验及借鉴类似工程相关经验来编制施工方案，但是祁婺高速项目位于典型山岭重丘区，地形、地质条件复杂，且对沿线环境保护要求高,要尽量减少施工用地,实现绿色公路的示范要求,因此完全依靠或借鉴工程经验来编制施工方案必然会对沿线环境及后期施工造成影响。即使在充分考虑工程项目实际特点的情况下,由于需要考虑施工工序、施工工艺、施工场地布置、进度目标、立体交叉施工等多种因素,依靠传统施工方案编制手段仍然存在许多风险和不确定因素。BIM技术是一种与现实环境相对应的虚拟环境,可以对实际施工工艺工法进行场景建模,再辅以施工信息和周围环境要素,借助计算机制作三维动画对复杂部位或工艺进行演示,以视觉化的工具预先演示施工现场的施工顺序、复杂工艺以及重难点解决方案,实现指导现场实际施工,协调各专业工序,减少施工干扰、设计变更、人机待料等问题的出现。

而在基于BIM技术的施工方案优化过程中,根据施工方案的文件和资料,在技术、管理等方面定义施工过程附加信息并添加到施工作业模型中,构建施工过程演示模型。对施工过程进行可视化的模拟,包括工程设计、现场环境和资源使用状况,优化施工组织方案,减少对沿线周边环境的破坏,达到绿色公路的示范要求,改变传统的施工计划、组织模式。施工方法的可视化使所有项目参与者在施工前就能清楚地知道所有施工内容以及自己的工作职责,能促进施工过程中的有效交流,它是目前评估施工方法、发现问题、评估施工风险简单、经济、安全的方法。采用BIM进行虚拟施工,需事先确定以下信息:确定设计和现场施工环境的三维模型;根据构件选择施工机械及机械的运行方式;确定施工的方式和顺序;确定所需临时设施及安装位置。

2. 技术要求及准备工作

(1) 人员配备

各标段BIM小组由BIM总监牵头,各小组BIM工程师主要实施建模、添加信息及后期制作,现场技术员、施工员配合提供施工方案材料和审核成果。

(2) 准备资料

现场平面布置图、地形图,以及施工主体图纸电子版,拟定的施工方案,施工机械设备种类、型号、数量等。

(3) 软件要求

建模软件:Autodesk Revit 2018、3DsMax 2018。

效果制作软件:3DsMax 2018、Lumion 10.0、Autodesk Navisworks 2018、GIS平台。

视频制作软件:Adobe Premiere 2019、Adobe After Effects 2019。

(4) 建模要求

①BIM设计所有模型均应使用毫米作为项目单位,有效位数为三位。

②BIM设计中采用2000国家大地坐标系(China Geodetic Coordinate System,CGCS 2000)和1985国家高程基准。

③BIM来源：主体模型可使用设计单位创建的轻量化模型；场地模型需施工单位创建；施工设施、机械设备模型需施工单位创建。

④施工主体模型需能够按施工方案要求拆分。

⑤施工模型应满足 LOD 200 精度要求。

⑥为保证各参与方最终模型的一致性，制定模型创建方式及说明、颜色规定、透明度规定。

（5）建模及应用范围

根据施工图纸以及施工场地资料，建立施工主体、现场施工环境、机械设备和所需设施的三维模型。

①钢混组合梁/装配式预应力混凝土 T 梁/现浇箱桥施工模型

根据拟定的主梁桥下部及上部施工方案，分阶段创建以下施工模型：场地模型；施工设备及机械模型；下部结构桩基成孔模型，钢筋笼模型、水下灌注砼模型；下部结构现浇（承台/墩柱/盖梁）模型，钢筋、砼浇筑模型，养护成品保护模型；预制下部结构（桩/承台/墩柱/盖梁）模型；主梁（窄钢箱梁、钢板梁、工字梁）现场拼装模型、桥面板拼装模型、现浇段施工模型、钢束张拉模型；梁桥整体模型；附属模型。

②隧道施工模型

根据拟定的隧道施工方案，分阶段创建以下施工模型：场地模型；施工设备及机械模型；洞门模型；洞身模型（根据施工方案要求划分）；衬砌模型；附属模型；隧道整体模型。

③互通立交施工模型

根据拟定的主梁桥下部及上部施工方案，分阶段创建以下施工模型：场地模型；原有构造物模型；原有构造物拆除模型；施工设备及机械模型；封闭交通组织模型；道路模型；下部结构模型；上部结构模型；整桥模型；附属模型；

④其他施工方案模拟所需模型。

施工方案模拟重点应用范围如表 5.11 所示。

表 5.11 施工方案模拟重点应用范围

标段	序号	桩号	名称	模拟点
1标	1	K3+273	凤山水特大桥	装配式钢板混凝土组合梁安装模拟，柱式墩、矩形墩施工模拟，桩基础施工模拟
	2	K6+633.9	沱川互通主线桥	预应力混凝土现浇箱梁施工模拟
	3	K7+160	篁村大桥	装配式预应力混凝土 T 梁施工模拟
	4		月岭隧道	隧道施工模拟
	5		沱川互通	沱川互通

续表

标段	序号	桩号	名称	模拟点
2标	1	K13+495	十亩特大桥	装配式钢板混凝土组合梁施工模拟，柱式墩、矩形墩、薄壁墩施工模拟，桩基础施工模拟
	2	K25+398	龙腾大桥	装配式预应力混凝土T梁+预应力混凝土现浇箱梁施工模拟
	3		汪平坦隧道	隧道施工模拟
	4		龙腾互通	龙腾互通服务区交通模拟
3标	1	K32+076	三望源特大桥	装配式预应力混凝土小箱梁+装配式预应力混凝土T梁施工模拟，柱式墩、矩形墩施工模拟，桩基础施工模拟
	2	FK0+398.5	FK0+398.5匝道桥	装配式预应力混凝土T梁+现浇预应力混凝土箱梁施工模拟，柱式墩、花瓶墩施工模拟
	3	NK50+249	前亮厅中桥	预应力混凝土矮T梁施工模拟
	4		紫阳隧道	隧道施工模拟
	5		婺源枢纽	婺源枢纽交通导改模拟

3. BIM建造工艺方案模拟应用

(1) 应用流程

为统一各参与模型创建过程，制定如图5.68所示应用流程图。

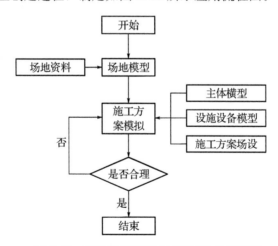

图5.68 BIM建造工艺方案模拟实施流程图

(2) BIM建造工艺方案模拟制作

①钢混组合梁/装配式预应力混凝土T梁/现浇箱桥施工方案模拟

根据具体梁桥施工方案要求，可分阶段进行施工模拟。具体如下：

a. 下部结构桩基成孔需模拟整个成孔过程（表明机械类型、成孔速度）。成孔过程模拟整个水下砼灌注过程，且对各种指标进行详细说明，模拟指标控制方法。

b. 模拟预制墩身、盖梁安装施工过程。

c. 模拟主梁现场拼装模型过程。

d. 模拟附属结构安装过程（图5.69）。

图5.69 附属结构模拟

②隧道施工方案模拟

根据拟定的隧道施工方案要求，可分阶段进行施工模拟（图5.70）。具体如下：

a. 模拟洞口开挖、边仰坡防护、洞门浇筑、截水沟施工过程（表明机械类型、施工方法）。

b. 模拟洞身开挖、支护，钢结构及二次衬砌施工过程。

c. 模拟临时工程及附属工程的施工过程。

图5.70 隧道施工方案模拟

③互通立交施工方案模拟

根据具体梁桥施工方案要求，可分阶段进行施工模拟（图5.71）。具体如下：

a. 模拟现有建筑物拆除。

b. 模拟道路封闭组织、临时便道施工。

c. 模拟道路及中央分隔带施工。

d. 下部结构桩基成孔需模拟整个成孔过程（表明机械类型，成孔速度），模拟整个水下砼灌注过程，且对各种指标进行详细说明。

e. 模拟预制墩身、盖梁安装施工过程。

f. 模拟主梁现场拼装模型过程。

g. 模拟附属结构安装过程。

图 5.71 互通立交施工方案模拟

④模拟施工过程中标题及阶段性说明文字要求

标题字体：黑色微软雅黑、大小 20 磅，标题位于屏幕正下中间位置。阶段性说明文字：黑色微软雅黑、大小 18 磅，说明文字位于屏幕左上角位置。

（3）虚拟建造应用

复杂施工工艺仿真：在盖梁施工、人工挖孔桩、爬模施工、隧道洞口施工、山区狭窄地形桩基施工、钢结构桥梁拼装架设、高填高挖施工等施工专项方案中运用 BIM，在施工过程中对施工人员进行技术交底，使具体操作人员从复杂抽象的图形、表格和文字交底中解放出来，利用 BIM 可视化的特点提高交底质量。一线作业人员采用视频动画作为项目的信息载体，结合 BIM 对工人进行三维技术交底，较传统手段更直观易懂（图 5.72、图 5.73）。

薄壁爬模施工模拟　　　　高墩混凝土浇筑　　　　二维码施工方案交底

   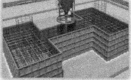

人工挖孔桩定位　　钻孔灌注下套筒、注浆　　钻孔灌注桩钻孔　　承台混凝土浇筑

图 5.72 复杂施工方案模拟

图 5.73　BIM 建造工艺方案模拟辅助技术交底

4. 应用总结

对重难点施工工点进行施工模拟，在施工之前就制定好施工方案，将施工方案运用 BIM 技术在计算机中演示一遍，观察是否与真实施工有误差，方案是否可行，人员与机械调度是否合理，材料调配是否及时等。基于施工环境处于山地之间，施工环境的不可控因素众多，而运用 BIM 技术能使这些问题得到很好的改善。据统计，全球建筑业普遍存在生产效率低下的问题，其中 30% 的施工过程需要返工，60% 的劳动力被浪费，10% 的损失来自材料的浪费。在这样的背景下，BIM 技术孕育而生，BIM 的核心是信息，其本质就是面向全过程的信息整合平台。随着 BIM 的不断成熟，将 BIM 技术与虚拟施工技术结合，利用 BIM 技术，在虚拟环境中建模、模拟、分析，将设计与施工过程数字化、可视化。通过模拟找到解决方法，进而确定最佳设计和施工方案，用于指导真实的施工，最终大大降低返工成本和管理成本。现阶段主要对隧道开挖施工、墩柱基坑施工、路基土方施工、桥梁面板施工等施工点进行施工模拟。在隧道开挖施工中，结合当前的施工环境以及对环境保护的要求，提前对施工过程进行施工模拟，对工艺工法进行详细的解说，对在施工过程中可能遇到的问题进行描述并提出解决方法，以保证隧道开挖施工能顺利进行。而在墩柱基坑施工中，在事先拟定好的施工方案内把施工中的重难点提出来，给出合理的解决办法，突出方案的可行性与合理性，使施工方案模拟技术用到实处，发挥实际作用，推动 BIM 技术在江西省的发展。

5.3.4　波纹管碰撞检测

1. 目的及意义

碰撞检查的主要目的是基于各专业模型，应用 BIM 软件对模型进行整合，检查施工图中各专业内部和专业之间的错漏碰缺等问题。碰撞检查不仅局限于软件自身的碰撞检查，更主要的是在模型深化过程中对施工图进行审查，发现图纸问题，并将问题分门别类进行梳理，输出碰撞报告，反馈给设计单位，从而帮助施工单位提前发现潜在问题，调整施工方案，提高建筑质量。

碰撞检查能有效地提高工作效率。利用 BIM 软件平台的碰撞检测功能，不仅能实现 T 梁钢筋与预应力波纹管、多层预应力波纹管之间，T 梁与桥墩以及设备等不同构件图纸之间的碰撞，同时也能加快各专业管理人员对图纸问题的解决效率，有效地节约工作人员的时间。也正是因为利用了 BIM 软件平台这种功能，所以能预先发现图纸问题，及时反馈给设计单位，避免了后期因图纸问题带来的停工以及返工，提高了项目管理效率，也为现场施工及总承包管理打好了基础，极大程度上节省了成本和时间。

2. 技术要求及准备工作

（1）人员要求

各标段 BIM 小组由 BIM 总监牵头，各小组 BIM 工程师主要实施建模、碰撞检查、报告制作、BIM 咨询工程师审核。

（2）准备资料

施工图纸、设计方案。

（3）软件要求

建模软件：Autodesk Revit 2018。

碰撞检查软件：Autodesk Navisworks 2018。

（4）建模要求

按照设计图纸创建 LOD 400 的高精度模型。

（5）建模及应用范围

创建全线混凝土 T 梁模型以及内部钢筋和波纹管、预应力钢绞线模型，创建桥墩、桥台、盖梁、支座及内部钢筋模型，创建现浇混凝土整体桥梁模型。

3. 碰撞检查应用

（1）应用流程（图 5.74）

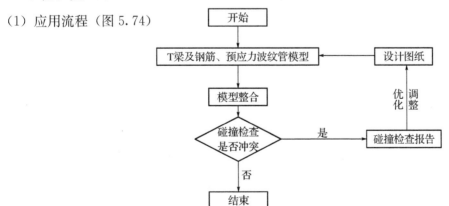

图 5.74 波纹管碰撞检查流程

(2) 碰撞检查应用

运用 BIM 技术所具有的碰撞检测及信息化优势，结合高速公路项目实际情况，对施工时的工艺问题及施工难题进行解决。BIM 可以起到施工预演的作用，运用 BIM 技术进行建模的过程，也就相当于做了一次三维校审。在这一过程中能够发现很多设计方面隐藏的问题，这些问题通常不会涉及规范性，但是和专业却密切相关，在一般的单专业（或者单构件）校审时不太容易发现。BIM 可以把不同专业（或者单构件）都放到相同模型中，对专业协调结果加以检验，需要注重考虑各个专业（或者单构件）间的差异、高度方面的碰撞等问题。模型要按照实际尺寸建模，在过去 CAD 图纸设计中要省略的地方都需展示出来，这样才能让那些表面上看没问题但实际上存在隐患的问题暴露出来。

预制 T 梁的碰撞检查包括钢筋与钢筋的碰撞检查、预应力管道与钢筋的碰撞检查。设计院给出的施工图纸中，其钢筋施工图纸均采用"·"表示，未考虑钢筋直径问题所带来的影响。建模过程中，利用 Revit 软件，按照设计图纸分别进行 T 梁模型，钢筋模型，预应力波纹管及预应力钢绞线模型、桥台、盖梁、支座模型等的精细化建模，并且在其准确位置处放置。审查图纸中的问题，对于错误之处予以更正，对于设计意图不明之处，提出解决意见。30 m、40 m 标准预制 T 梁建模过程中，审查图纸的问题主要是预应力波纹管与钢筋的冲突，翼缘板负弯矩处的预应力波纹管与翼缘板钢筋存在的碰撞问题，上部结构与下部结构连接点的空间位置关系等（图 5.75）。

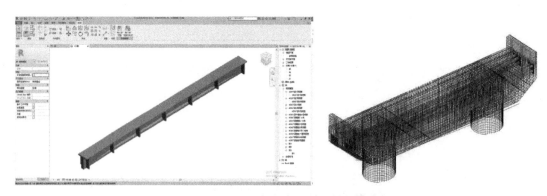

图 5.75　40 m T 梁及钢筋、预应力波纹管模型

将全部构件模型导入 Navisworks 软件中，通过软件的碰撞检查功能，设定碰撞规则，进行预应力波纹管和钢筋之间的碰撞检查，T 梁与支座空间位置关系吻合度、T 梁之间的位置关系，以及现浇整体桥面、梁、墩柱节点处钢筋碰撞检查等。找出钢筋与钢筋之间的碰撞位置。预制 T 梁的预应力管道比较复杂，尤其是翼缘板处的负弯矩预应力管道，其数量多且线形复杂。将模型导入 Navisworks 软件中，可找出预应力管道与钢筋之间的碰撞位置（图 5.76）。

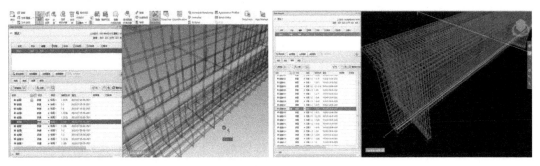

图 5.76 碰撞检查

(3) 报告制作

经碰撞检查，发现 30 m、40 m T 梁钢筋中所发生的碰撞问题均为直径为 10 mm 的 3 号普通钢筋与箍筋之间发生的碰撞，且最大碰撞距离为 9 mm，需对 3 号钢筋位置略微进行调整。发现 30 m、40 m T 梁钢筋与预应力波纹管之间碰撞 523 余处。结合各专业要求，进行钢筋优化搭接、调整，减少因设计错误造成的现场施工错误，满足施工及工程管理的需要。

对 30 m、40 m T 梁碰撞检查过程中发现的问题进行分类汇总，形成问题报告清单（表 5.12）。

表 5.12 波纹管碰撞检查问题报告

项目名称	德州至上饶高速公路赣皖界至婺源段新建工程	类型	T 梁
图名	40 m T 梁段普通钢筋布置图	序号	001
	40 m 简支 T 梁上部通用，主梁梁肋钢筋布置图	类型	碰撞
		详细内容：N3 钢筋（绿色）与 N4、N5 钢筋碰撞，建议将 N3 向外侧稍微平移即可	
		详细内容：T 梁下部结构连系梁 N25 钢筋与墩柱 N28 钢筋碰撞，且最大碰撞距离为 33 mm，需对钢筋位置略微进行调整	

（续表）

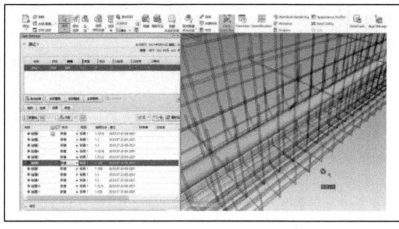

详细内容：
预应力波纹管与固定筋、T梁箍筋碰撞，部分固定筋需相对波纹管移动

4. 总结

基于 Revit 强大的建模功能，创建了高精度模型，通过 BIM 可视化软件对模型的整合处理，利用三维观察、系统自动碰撞检查功能找出设计图纸中的"错漏碰缺"，完成了图纸范围内各种钢筋布置，以及结构、机械、梁体运架等过程中平面和竖向高程相互协调的三维协同工作，避免空间碰撞，优化了布置方案。

5.3.5 BIM＋VR 技术应用

1. 应用概述

VR 可以通过计算机技术将人工智能、图形、仿真、传感技术融为一体，形成可以模拟环境、感觉知觉的动态的立体三维图像，就是对现实进行虚拟模仿。体验者可以在 VR 形成的逼真图像中感受到和真实世界一样的场景，计算机技术可以将体验者的运动信息传输到计算机内，并且反馈给体验者，让体验者体会与虚拟现实产生连接。BIM＋VR 技术存在一些常见的挑战和难点需要注意，包括以下六个方面。

（1）数据集成和一致性

BIM 和 VR 技术需要数据的集成和一致性，以确保模型的准确性和完整性。数据的收集、整合和转换可能涉及不同软件和格式之间的兼容性问题，需要确保数据的正确匹配和对齐，避免信息的丢失或失真。

（2）大规模数据处理

BIM 通常包含大量的数据，而 VR 技术需要实时渲染和交互性能。处理大规模数据可能对计算机硬件和软件性能提出挑战，包括存储、处理和渲染的效率。因此，需要考虑数据优化和处理策略，以确保在虚拟现实环境中能够实现流畅的用户体验。

（3）用户培训和接受度

BIM＋VR 技术相对于传统的项目管理方法具有新颖性和学习曲线。团队成员可能需要接受培训，以了解如何使用 BIM 和 VR 技术进行项目管理和协作。此外，团队成员对于新技术的接受度和适应能力也是一个挑战，需要逐步推广和普及，以确保团队成员能够充分利用这些技术的潜力。

（4）设备和成本

使用 VR 技术需要相应的硬件设备，如 VR 头盔、沉浸式设备等。这些设备的成本和可用性可能会对项目的预算和资源造成影响，需要在项目计划和决策中加以考虑。此外，设备的维护和更新也需要相应的管理和支持。

（5）数据安全和隐私保护

BIM 和项目数据涉及敏感信息，包括设计、施工和商业数据等。在使用 BIM＋VR 技术时，需要注意数据的安全性和隐私保护，采取适当的措施保护数据免受未经授权的访问和泄露。

（6）项目团队的合作和沟通

BIM＋VR 技术的应用涉及多个项目参与方和团队成员之间的合作和沟通。确保团队成员之间的协作和沟通的有效性是一个挑战，需要建立适当的沟通渠道和协作机制。

BIM 和 VR 技术的结合，可以最大限度发挥 BIM 技术的优势，使得所呈现的图形更加具体，也更加立体。让现场工程师项目管理在虚拟现实中对建筑项目进行施工模拟分析、安全分析等工作，降低现场工程师项目管理的难度，完善项目管理工作，避免项目管理工作的错漏。

2. BIM＋VR 技术在项目管理中的应用

BIM 与虚拟现实技术的结合在项目管理中具有广泛的应用，包括以下五个方面：

（1）可视化项目规划

通过将 BIM 与 VR 技术结合，可以创建虚拟的项目场景和公路模型，使项目规划更加可视化和直观。项目团队成员可以通过 VR 头盔等沉浸式设备进入虚拟现实环境，实时体验项目的整体布局、空间设计和流程安排。这有助于更好地理解项目的复杂性和可行性，提前发现潜在问题，并进行相应的调整和优化。

（2）冲突检测和问题解决

利用 BIM 和 VR 技术，可以进行更全面和立体的冲突检测。项目团队成员可以在虚拟现实环境中自由移动和观察建筑模型的各个细节，发现可能存在的构件冲突、系统冲突或设计问题。通过早期的冲突检测和问题解决，可以减少施工阶段的工程变更和修正，提高项目的效率和质量。

（3）模拟和可视化演示

利用 BIM 和 VR 技术，可以进行建筑模拟和可视化演示，为项目管理和决策提供支持。项目团队成员可以在虚拟现实环境中模拟建筑施工过程，观察施工序列、工作流程和资源利用情况。此外，通过虚拟现实演示，可以向项目相关方展示设计、景观规划等，帮助他们更好地理解和参与项目,提高沟通和决策的效率。

(4)培训和安全培训

BIM+VR技术可以用于项目团队成员的培训和安全培训。通过创建虚拟现实场景,模拟施工过程和操作流程,可以提供沉浸式的培训体验。团队成员可以在虚拟环境中学习施工技能、操作设备、遵守安全规范等,减少实际操作中的错误,降低事故风险。

(5)进度管理和协作

BIM+VR技术可以支持进度管理和协作。项目团队可以在虚拟环境中共享和更新项目进度信息,实时监控施工进展,识别潜在的延迟和风险。此外,在虚拟现实环境中进行协作会议和讨论,可以促进团队成员之间的交流和合作,提高项目管理的效率和协同作业能力。

项目施工前准备阶段建设智慧VR体验馆,购置VR设备,搭建VR体验系统,系统内植入有机械伤害、触电伤害、物体打击、坍塌伤害、坠落伤害、其他伤害等50多种常见伤害体验区,同时,植入10余种工艺模拟,以及钢筋样板、桥墩样板、钢梁拼装样板、边坡样板、桥面、路面沥青摊铺样板等30多种质量样板体验区。

VR虚拟场景的基础是创建模型、添加信息数据,并赋予现实场景中一致的环境要素。首先要在建立完成的模型中建立VR与BIM技术的链接,在模型当中导入Fuzor或是VRay等引擎软件,建立二者的链接,形成虚拟现实环境下的模型,然后链接计算机与HTC VR,配合各种基础设备,实现管理者与虚拟现实模型的互动体验。

通过BIM与VR技术的结合,体验者可以在三维场景中进行沉浸式体验,如身临其境地感受危害发生的正面冲击,直观地感受危害发生时的恐惧,从而强化现场安全意识。在施工之前,让现场施工人员体验BIM的空间与外在展示效果,更可直接选择与读取源BIM中构件的属性,如尺寸、材质、功能等原始BIM信息,另外可在VR眼镜中模仿现实进行BIM的构件显示切换、间距数据测量、分析甚至构件调整等操作,达到传统桌面端BIM浏览方式前所未有的体验感(图5.77)。施工过程中,通过BIM+VR技术定期对一线管理人员和工人进行沉浸式的安全教育和技术交底,避免施工过程发生较大安全事故,提高工程质量。

图5.77 BIM+VR沉浸式体验

3. BIM＋VR 技术应用优势

BIM 技术主要用于建筑模型构造和信息存储，而 VR 技术强调虚拟现实体验，BIM 技术为 VR 技术提供了虚拟仿真所必需的模型和信息，VR 技术替 BIM 技术解决了所见非所得的问题，能够在虚拟环境下进行沉浸式的体验。VR 和 BIM 技术的结合还能够使整个施工过程信息化、可视化，加强对整个建筑施工过程的管理能力。将 BIM 和 VR 技术结合起来，能够加速建筑行业信息化的进程。

5.3.6　BIM＋工点标准化应用

为有力推进平安百年品质工程，解决施工过程中标准化不足的问题，以问题为导向调研学习国内优秀项目，并结合浙江舟山项目、萍莲高速项目的创建经验，祁婺高速项目提出了工点标准化的理念。同时，为打造品质工程，全面提升工程项目形象，响应贯彻党的十九大提出的建设交通强国的精神号召，落实国家质量强国建设 2025 年发展目标，根据国务院《质量发展纲要（2011—2020 年）》、交通运输部《关于打造公路水运品质工程的指导意见》《江西省质量发展纲要（2011—2020 年）》、江西省品质工程活动实施方案等新时代、新要求的具体实践，首次提出制定本标准化图册。

1. 工点标准化定义

工点指施工现场工序施工的作业点（区域），工点标准化即所有施工现场施工前应根据工点不同工序的施工特点，因地制宜制定工点标准化布置图，统一标准，对设备、机具摆放进行功能分区，并进行必要的地面硬化等。

2. BIM＋工点标准化应用理念

BIM 以三维数字技术为基础，将建筑的数据信息、几何尺寸、物理属性等以更加直观形象的方式展现出来，能表示出建筑空间相对位置及功能的关系。而标准化则是要建立完善的标准化体系，以促进建筑工业化生产，利用构件配件的通用性和互换性来规范生产，从而取得更佳的经济效益。BIM 可以更加形象有效地指导标准化交底，以数字技术促进标准化。标准化则规范了 BIM 的数字化模数，两者相辅相成，相互促进。

"BIM＋工点标准化"模式规范了项目建设标准，作为参建单位品质工程实施标准，使参建单位对建设要求更加清晰、规范，促使工程品质不断持续提升，增强所有参建人员的安全和文明环保施工意识，使工程质量通病得到有效治理、现场施工更加文明、施工管理更加规范。

3. BIM＋工点标准化应用

工点标准化即所有小型临时施工现场在施工前根据工点不同工序的施工特点、企业文化等，制定工点标准化布置图，对设备、机具摆放进行功能分区，采取安全文明措施，统一标准，并进行必要的地面硬化。典型小型临时作业点有施工便道统一标准布设、路基填筑压实作业点、路基防护、排水作业点、涵洞施工工点、钻孔桩、人工挖孔桩施工作业点、桥面系施工作业点、隧道进出口等，其适用范围及标准要求如表 5.13 所示。

表 5.13 施工工点（小临）标准化适用范围表

标准化工点	工点名称
路基工程	施工便道
	高边坡防护及爆破
	土石方填筑
	路基防护及排水工程施工
路面工程	机械设备形象管理
	路面摊铺及压实
	压实完成
	路面安全管理
桥涵工程	基坑临边防护
	钻孔灌注桩
	水上钻孔桩
	人工挖孔桩
	墩柱施工
	盖梁施工
	现浇梁施工
	桥面系施工
隧道工程	洞口标准化
	二衬施工
	照明、管线布设
临时用电、用气	临时用电
	临时用气

4. 道路工程 BIM＋工点标准化应用

道路工程施工包括路基和路面的施工。路基是指经过开挖或填筑而形成的土工构筑物，是轨道或者路面的基础；路面是指用各种筑路材料铺筑在道路路基上直接承受车辆荷载的层状构造物。道路工程施工涉及的工点较多，以下主要从高边坡防护及爆破、土石方填筑、机械设备形象管理、路面摊铺及压实等四个工点说明 BIM＋工点标准化具体应用。

(1) 高边坡防护及爆破

在进行高边坡作业时,对其采取必要的防护措施不仅可以保障施工人员的安全,还可以防止污染路基路面,对环境起到保护作用。

①高边坡硬防护

在对高边坡进行防护之前,高边坡防护工点平面图的设置,可以在很大程度上提高施工效率,保障施工安全。在采取硬防护措施时,应划定区域整齐摆放,采用 2 m 长、1.8 m 高、0.6 mm 厚的蓝色彩钢板围挡(两端采用活动板,纵向采用固定板,围挡宽度 4 m),长度根据高边坡施工区域长度进行调整,搅拌区域使用合适的铁皮下垫防止污染路基路面,并在两端设置警示、警告、提示标牌,如图 5.78 所示。

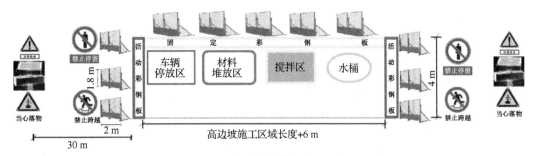

图 5.78 高边坡防护工点平面图

②石方爆破

为了避免爆破作业时出现工件飞出、滚石坠落、放炮意外等伤害工人和生产设施的情况,在路基施工时涉及的爆破作业应该按《爆破安全规程》(GB 6722—2014)的规定执行。工程施工爆破作业周围 300 m 区域为危险区域,并且在此区域内不得有非施工生产设施,对区域内的生产设施和设备也应采取有效的防护措施;同时,爆破危险区域边界的所有通道应设有明显的提示标志/标牌和有效的音响和视觉警示装置,以起到警示作用,如图 5.79 所示。

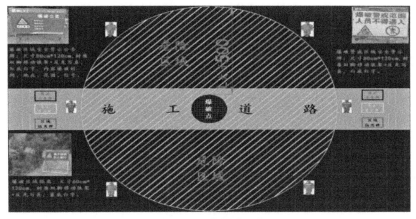

图 5.79 石方爆破工点

(2) 土石方填筑

土石方填筑是指对土砂石等天然建筑材料进行开采、装料、运输、卸料、铺散、压实的施工行为。在填筑时，必要的警示牌和有序施工的机械设备能有效提高土石方填筑、压实的工作效率。

在土石方进行填筑前，为了提高施工效率、保障施工人员的安全，可以根据土石方填筑工点平面图来对材料的存放、施工便道口的各类标志等进行统一的布置，以达到事半功倍的作用，如图 5.80 所示。同时，在土石方填筑坡面碾压、夯实作业时，应设置边缘警戒线，设备、设施必须锁定牢固，工作装置应有防脱、防断措施。

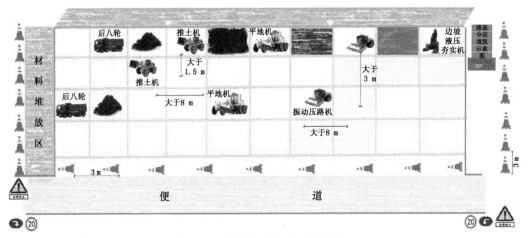

图 5.80 土石方填筑工点平面图

为了使机械车辆在土石方开挖时有效进入施工场地，也为了方便在施工后对机械设备的高效管理，机械设备可以进行统一编号、统一摆放，如图 5.81 所示。

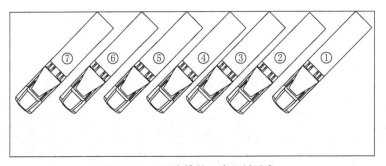

图 5.81 土石方填筑工点机械设备

(3) 机械设备形象管理

为了提高机械生产率，延长工程机械的使用寿命，减少由于操作不当造成施工意外的概率，在路面施工时，必须对常用的机械，如摊铺机、压路机等加强管理，进行统一编号。

摊铺机和压路机是用于公路上基层和面层各种材料摊铺、压实作业的施工设备，使其得到有效管理能够提高路面工程修建质量。因此，必须对摊铺机和压路机的设备编号、设备标识牌、施工告示牌、操作规程等进行详细描述，做到图文合一，如图5.82、图5.83所示。

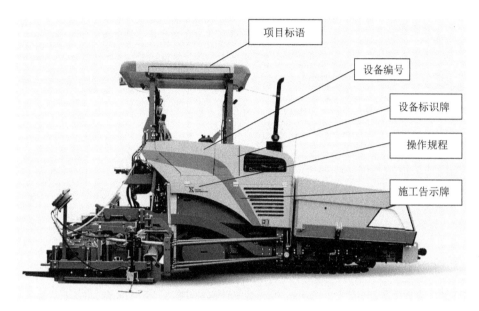

图 5.82　摊铺机机身贴图

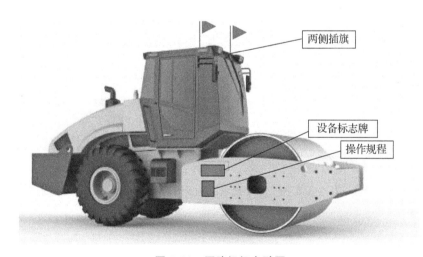

图 5.83　压路机机身贴图

(4) 路面摊铺及压实

在路面进行摊铺前，在施工现场通过设置移动式的安全宣传栏，并在宣传栏内放置班组五牌一图（工程概况牌、管理人员名单及监督电话牌、消防保卫牌、安全生产牌、文明施工与环境保护牌、施工现场总平面图），可以营造浓厚的安全气氛，如图5.84所示。

图 5.84　五牌一图

为防止路面摊铺及压实过程受到干扰，必须在摊铺路段两侧前设置安全围锥，其位置通常设置在距离路段两侧前大于 50 m 处，并设置导向牌、警示标志、施工告示牌。而且在摊铺压实时，等候的运料车多于 5 辆后才开始摊铺，等候车辆间距大于 10 m。在初压、复压、终压时，运料车根据现场实际情况进行摆放，如图 5.85 所示。

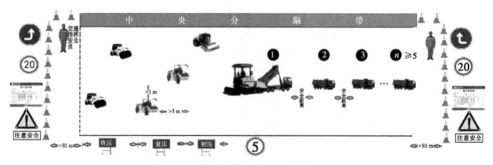

图 5.85　路面摊铺及碾压工点平面图

5. 桥梁工程 BIM＋工点标准化应用

桥梁是指架设在江河湖海上，使车辆行人等能顺利通行的构筑物。桥涵工程施工时涉及的工点较多，针对不同工点的施工，其侧重点也有所不同。桥涵施工工点主要包括施工便桥统一标准布设、基坑临边防护、自动钻孔桩、水上钻孔桩、人工挖孔桩、墩柱施工、盖梁施工、现浇梁施工、桥面系施工、拱桥施工、悬索桥施工、斜拉桥施工。

（1）人工挖孔桩

人工挖孔桩是指用人力挖土、现场浇筑的钢筋混凝土桩。为了提高人工挖孔桩的施工效率,可以在施工前对各类工作区、停放区等进行布置,如图5.86所示。

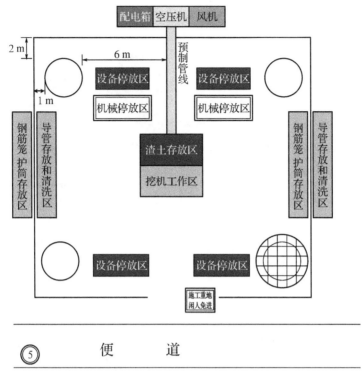

图5.86 人工挖孔桩施工布置示意图

对人工挖孔桩施工时的安全防护也是必不可少的。如在施工前对场地硬化后,为了防止环境污染,还可以在孔口外侧设置临时排水沟,如图5.87所示。同时,一些安全警示标牌、安全网、防护栏、漏电保护器、毒气检测措施以及供施工人员上下洞使用的专用扶梯等都应该配备齐全,如图5.88、图5.89所示。

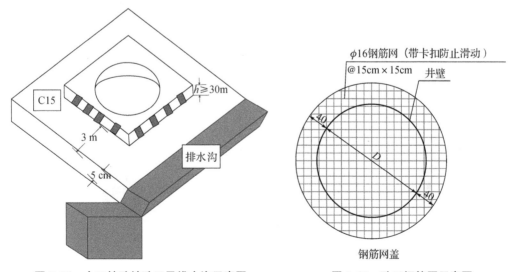

图5.87 人工挖孔桩孔口及排水沟示意图　　图5.88 孔口钢筋网示意图

××号桩			安全注意事项
安全员：××	累计桩长：××m		
联系电话：×××	孔径：××m	孔深：××m	
	监检员：×××	电话：××××××	
	技术员：×××	电话：××××××	
	施工员：×××	电话：××××××	
	安全员：×××	电话：××××××	
	监检监理：×××	电话：××××××	
	安全监理：×××	电话：××××××	

图 5.89　人工挖孔桩现场安全责任告知牌

(2) 墩柱施工

墩柱施工时，必须设置安全爬梯。安全爬梯的形式应该根据墩身的高度进行设置，在爬梯外侧需张贴上梯须知，如图 5.90 所示；同时，材料、机具等也应该按划分区域分门别类地整齐存放，相应的标牌标识清晰，在现场入口处设置安全操作规程牌、安全警示牌、班组信息牌、危险源告知牌、质量管控标准牌等，如图 5.91 所示。

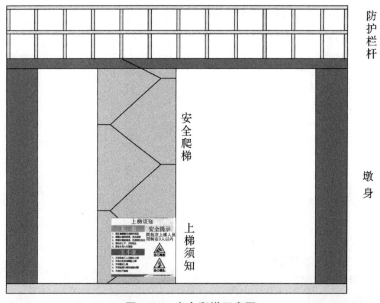

图 5.90　安全爬梯示意图

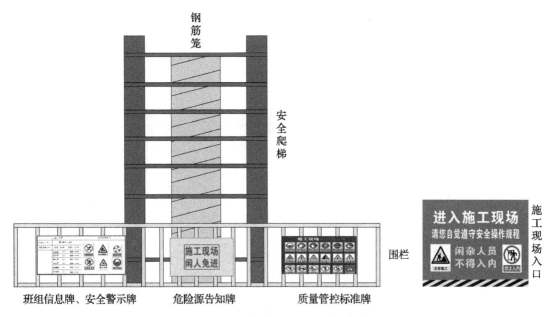

图 5.91 墩柱施工现场标牌示意图

(3) 桥面系接缝安全防坠

桥面施工材料应进行统一堆放,同时,为了便于施工作业人员上下,满足安全要求,需要采用定制安全挂篮;在桥面系接缝施工时,需要采用定做安全防坠措施,临边防护采用装配式防护栏杆并固定,如图 5.92 所示;在桥梁防撞墙施工时,钢模预留安全护栏插口,并设置可移动的混凝土浇筑平台及模板标高定位架,如图 5.93 所示;在伸缩缝施工前,必须在大小桩号桥台处分别设置双层水马路障(水马应注水配重),实行全封闭施工,水马前面设置"危险源告知牌""桥面施工,禁止通行"等标志标牌,开挖出的伸缩缝废渣应均匀横向堆放在已开挖的伸缩缝两侧,对已开挖的伸缩缝再次进行围隔封闭,如图 5.94 所示。

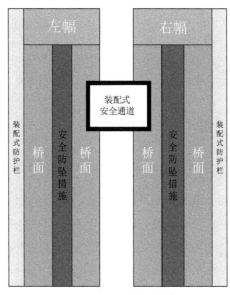

图 5.92 桥面系接缝防护布设图

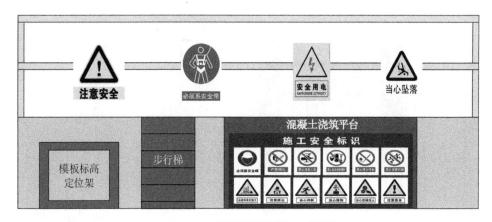

图 5.93　桥梁防撞墙施工布设图

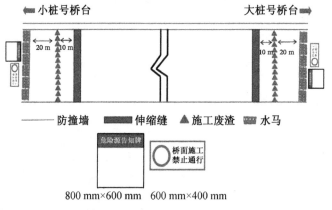

图 5.94　伸缩缝施工现场布设图

6. 隧道工程 BIM＋工点标准化应用

(1) 隧道洞口规划及防护

在隧道工程施工前，其总体的场地规划和布置应结合工程规模、工期、地形特点、弃渣场和水源等情况合理划分。隧道洞口场地布置，可根据场地实际情况对上述各个功能区布置进行调整，各功能区的占地位置及大小遵循基本布置原则。

在隧道洞口处，为防止不相关人员进入隧道施工现场，可以设置门禁，如值班房、自动栏杆等。同时，为了防止污染，将各个功能区内的污水集中排放，在隧道洞口附近处可以设置沉淀池。机房四周及顶棚采用彩钢瓦围挡，顶部安装避雷针，具有防水和防雷功能。空压机房内设置制度牌、操作规程、责任牌、特种设备合格证、警示牌等。隧道施工时的临时用电应该根据电气设备总用量配备变压器，同时配备一台备用发电机。变压器地基稳固，周围需要采用不锈钢栏杆围挡，如图 5.95 所示。

5 BIM技术应用

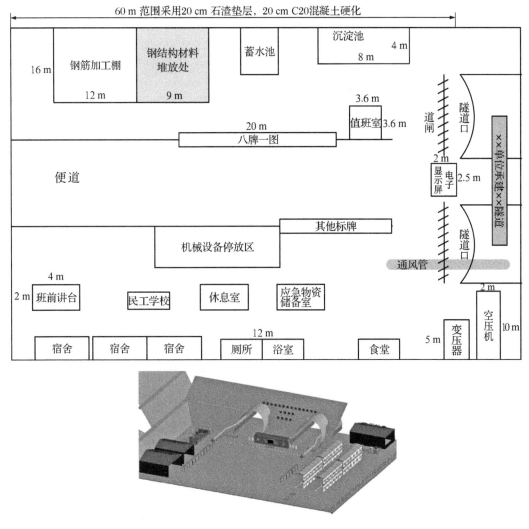

图 5.95 隧道洞口场地布置图

同时,在隧道洞口的栏杆、避雷针、通风设施等都应该按照各自的布设图进行设置;对于隧道施工过程中的办公生活区,应尽量满足基本生活需求;对于一些必要的标识标牌,为了达到简明扼要、清晰明了的效果,其名称、备注内容应该严格按照下表5.14所示。

表 5.14 标识标牌详细内容

序号	标识标牌名称	内容
1	工程概况牌	对隧道的工程量、主要构造、地址情况、施工方案、工期计划等做简要介绍
2	管理人员名单及监督电话	对项目组织机构和隧道施工主要管理人员进行公示
3	质量保证牌	质量控制措施等

(续表)

序号	标识标牌名称	内容
4	安全生产牌	安全管理制度及措施等
5	消防保卫牌	消防、保卫管理制度等
6	文明施工牌	文明施工制度及措施等
7	风险告知牌	告知隧道施工中可能出现的危害因素及控制措施等
8	安全警示牌	集中告知工点设置的安全警告、禁止、指令标牌图片、定义等
9	施工现场布置图	对施工现场的位置采用图示表达，注明位置、面积、功能等
10	领导带班制度牌	告知带班领导的时间安排、联系电话、紧急事件的汇报流程，带班领导的职责
11	安全操作规程牌	主要施工工序、设备、工种的安全操作规程集中设置
12	廉政监督牌	明确廉政制度、廉政领导小组、廉政监督小组、廉政监督电话
13	安全宣传栏	宣传安全生产的重要性，讲解安全知识、安全防护用品的使用方法

（2）二衬施工防护措施

二衬台车临边不仅需要设置防护栏杆、爬梯，相应的安全标志标牌、警示灯带、灭火器、配电箱等也需要配备齐全，并对其定期进行检查，如图5.96所示；在桥面要进行防侧滑处理，两侧应设限速警示标志，车辆通过速度不得超过5 km/h，栈桥两侧设置护栏，中间设防落网。

（3）照明、管线布设

隧道内的照明、管线布设（高压风管、高压水管、通风管、动力线、照明线）应按照总体布设图进行设置，如图5.97所示。高压风管、水管线的高度和电力线的颜色等也应该严格按照各自的布设图进行设置，如图5.98、图5.99所示。

 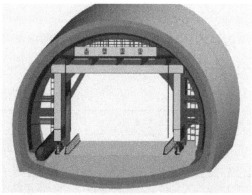

图5.96　隧道二衬台车、栈桥安全、警示标志示意图

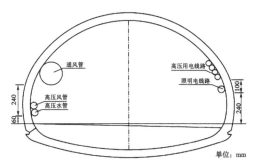

图 5.97 隧道内三管两线布设图

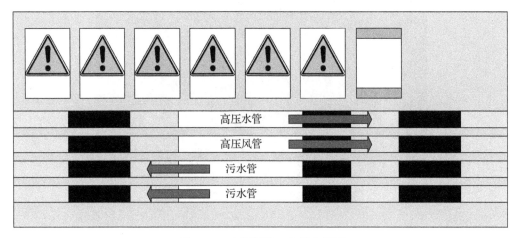

图 5.98 高压风管、水管布设图

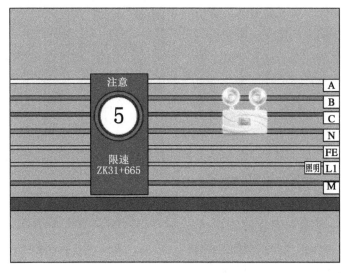

图 5.99 隧道内电缆布设图

7. 临时用电、用气 BIM＋工点标准化应用

在整个公路工程建设过程中，临时用电、用气在很多工点施工中都担任着极其重要的角色，贯穿着整个公路建设的始终。如钢筋加工场钢筋焊接需用到乙炔、氧气等；在桥梁

基础、主体结构施工阶段,需要在桥梁两岸安装镝灯,用于大面积照明;隧道施工时,洞内照明需要电源等等。因此,规范使用临时用电和临时用气是公路建设的基本要求。

(1) 临时用电

①配电房

对于施工工程中的临时用电,主要强调的是安全。对于配电房的布设,为了提高施工人员的警觉,必须设置相应的标识标志牌和防护措施,灭火器、消防砂、消防桶和消防铲必须配备足够,如图5.100所示。在配电房内进口处要摆放绝缘防护用品和绝缘工具。

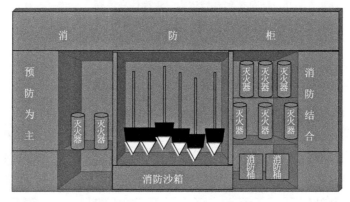

图 5.100 配电房门外消防设施布设图

②变电站

为各用电负荷进行供电的变电站,必须用混凝土搭好 1 m 承台进行排水,并在承台四周使用不锈钢进行围挡,围栏四周悬挂当心触电、高压危险、禁止攀爬、禁止跨越等标志标牌,其标识标牌的尺寸和颜色应该严格按照《工点标准化指南》中的要求进行设置,如图 5.101 所示。

③分配电箱

针对分配电箱,其配电箱和开关箱的距离不得超过 30 m,开关箱与其控制的固定式用电设备的水平距离不宜超过 3 m,如图 5.102 所示。应完善配电箱相应的防雨、防砸加锁等功能,配电箱上应贴上

图 5.101 配电房内安全布设图

"有电危险"、责任人及电话等标识牌,在配电箱四周 1 m 内要用 C15 混凝土硬化,垫上红色绝缘胶垫,如图 5.103 所示。电缆的铺设要优先采用埋地方式,如图 5.104 所示。同时,一些相应的用电防护工具也应该发放给具体的施工人员。

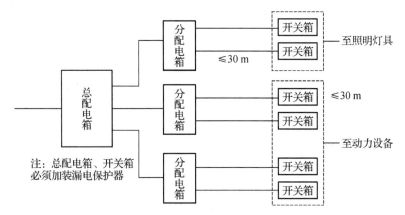

图 5.102 三级配电布设示意图

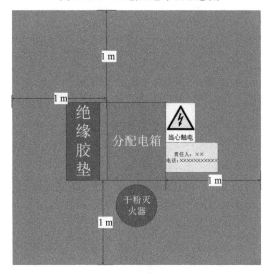

图 5.103 分配电箱安全防护图

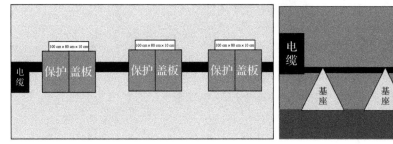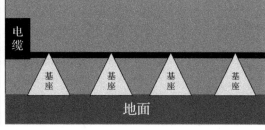

图 5.104 埋地式电缆安全防护图

（2）临时用气

公路工程施工过程中的氧气和乙炔瓶应使用统一的专用车，专用车须配备灭火器，并贴上禁止标志和警示标志，如图 5.105 所示。同时，氧气瓶和乙炔瓶工作间距也应该满足安全距离要求，而当不能满足安全距离要求时，一些必要的隔离防护措施、安全警示标志及灭火器材也应该配备齐全。备用、待用及用完的氧气瓶、乙炔瓶及空瓶应该分别存于氧气间、乙炔间,氧气间和乙炔间距离应大于 10 m,并设置安全警示标志及配备灭火器材。

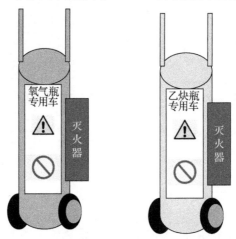

图 5.105　氧气、乙炔瓶安全警示布设图

(3) 工作人员要求

电力作业人员必须持证上岗,按规定正确穿戴、使用劳动防护用品;操作人员穿戴上护目镜、安全帽、绝缘手套、绝缘鞋、防护服等防护措施,如图 5.106 所示。

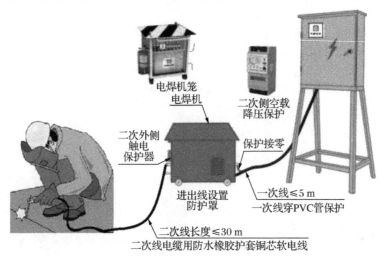

图 5.106　用电设备去电安全防护示意图

5.3.7　3D 作业指导

1. 目的

基于 BIM,为施工工艺的技术指标、操作要点、质量控制提供一种可视化 3D 作业指导,并编制 3D 作业指导书,易于施工技术人员学习和掌握,以解决现有施工生产中采用二维作业指导书指导较为抽象的弊端,方便现场作业人员使用。可视化技术交底的目的是在施工前对施工整个过程进行模拟,最大限度还原真实项目施工工序、工艺的实际情况,

以协助技术、施工人员分析不同阶段施工工法，综合成本、工期、材料等得出最优的建筑施工方案，并通过虚拟建造视频、三维模型截图的方式传达到相应的施工班组，让施工人员更形象地了解施工难点，从而减少因为建筑过程中对二维图纸和具体施工工艺的错误理解而造成的成本浪费，降低施工作业危险系数。

2．技术要求及准备工作

（1）模型创建应涵盖施工工艺、工序所涉及的构筑物和设施设备，参数信息包括该道工序所涉及的工机具参数以及设备工装参数。

（2）准备资料：施工方案（具体施工工序、方法、技术规范）；施工机具及设备工装参数（设备参数：尺寸、说明）；施工图电子 CAD 资料（图纸信息：地质、平面图、剖面图、细部图）。

（3）各标段配有专业的建模师和后期剪辑师各一名，总工作为组长指导实施。

（4）建模范围

结构复杂的或者施工工序复杂的，在项目中需要进行重点控制的构筑物主体或者局部，可通过建立 BIM，进行工艺工法模拟来实现对施工作业的三维技术指导。

（5）建模要求

①建模平台为 Autodesk，应用表现软件为 Autodesk Navisworks 或 3DsMax。

②BIM 来源：需模拟的主体或局部结构模型可使用设计单位创建的应用模型；周边环境模型及场地模型根据需求由施工单位创建；设备工具模型需由施工单位创建。

③模拟的主体或局部结构模型应能够按施工工艺工序要求拆分。

④模拟的主体或局部结构模型应满足 G3 精度要求。

⑤为保证各参与方最终模型的一致性，特制定模型创建方式及说明、颜色规定、透明度规定。

3．3D 作业指导书应用流程

（1）应用流程

为统一各参与模型创建过程，制定如图 5.107 所示应用流程图。

（2）3D 作业指导应用

①工序模拟

BIM 技术在施工工序模拟方面的应用的主要价值体现为，明确复杂工序的最优施工方案并进行可视化交底，具体如下：

a．按拟定的施工工序进行施工模拟；

b．根据模拟结果收集意见，并根据反

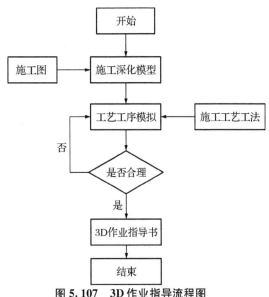

图 5.107　3D 作业指导流程图

馈结果对施工时间参数及模型进行修改；

　　c. 形成最终工序方案及带时间参数的施工模型；

　　d. 基于带时间参数的模型进行虚拟演示交底等应用（图 5.108）。

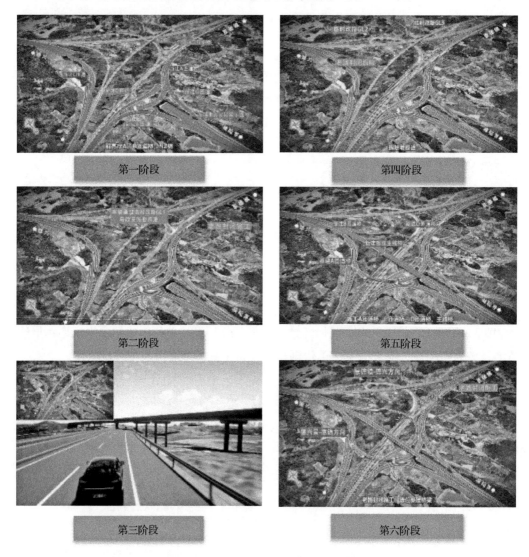

图 5.108　婺源互通枢纽工序方案模拟

②工艺模拟

BIM 技术在复杂节点工艺模拟方面的应用重点在工程特殊节点，用以实现可视化交底。具体如下：

　　a. 基于细化模型对关键、复杂节点进行工艺模拟；

　　b. 根据模拟结果及收集意见对模型进行修改；

　　c. 模型校审并针对施工要素进行书面、可视化交底；

　　d. 基于节点模型形成节点材料清单和虚拟施工影像（图 5.109）。

| 场地平整,桩孔定位 | 安装护筒,测量校正 | 钻机就位,逐层钻孔 |
| 终孔检测,清孔淤泥 | 钢筋笼就位安装 | 下放导管,浇筑水下砼 |

图 5.109　钻孔灌注桩工艺模拟

③制作 3D 作业指导书

3D 作业指导书是针对特殊过程、关键工序施工向施工人员交代作业程序、方法及注意事项,落实各项验收规范和标准,指导现场施工作业、严格控制工程质量、确保施工安全的技术文件（图 5.110）。3D 作业指导书利用 BIM 技术具有的可视化、协调性、模拟性、优化性等特点,以 BIM 为载体,以施工工艺的技术指标、操作要点、资源配置、作业时长、质量控制为核心,以工艺流程为主线,将 BIM 技术与传统的作业指导书结合,制作易于掌握和施工的可视化交底资料。3D 作业指导书中包括相应工程概况、施工方案、

 祁婺高速公路 A2 标项目钢混组合梁拼装架设施工 3D 指导书

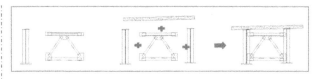

总体施工方案

结构采用两片工字钢梁+钢筋混凝土桥面板组成 π 型梁后进行整体架设,单幅桥采用"双 π 型"结构,梁高 3 m,高跨比为 1∶20,混凝土桥面板宽 12.75 m,混凝土板悬臂长 1.25 m,桥面板厚 0.25 m。单片钢主梁高度 2.75 m,钢主梁中心间距 3.3 m、3.65 m,上翼板宽 0.6 m,下翼板宽 0.8 m、0.9 m(跨中)。在墩顶及跨间位置,各片钢梁间设置横向联结系。

场内拼装设置可调节、可定位拼装台座,精确调整钢梁高度与位置;可移动式外悬臂底模,顶部配置可调顶托,适应桥面板不同横坡调节;节段式侧模,2 m 一个节段,高精度模拟梁型曲线。

研发了国内首次使用的公路 60 m-400 t 型架桥机,最大使用跨度 60 m,最大吊重 400 t,可适应架梁最小曲线半径 1 200 m、最大纵坡 3.5%、最大横坡 4%的工况。摒弃了传统需要梁体配重的过孔方式,采用了自平衡无配重过孔;配置了无线遥控操作装置;能够紧靠作业现场,操作简捷,安全可靠,架桥机同时具备带载横移另半幅进行钢梁架设的功能。

02

图 5.110　祁婺项目 3D 作业指导书样板

细部构造、具体施工等内容，通过多角度三维模型展现结构内部构造，制作动画视频演示工艺工序操作流程，同时，把交底资料（包括动画视频、模型）一键生成二维码，一线操作工通过手机扫码即可查看三维可视化的工作方案。

5.4 服务区 BIM 技术应用

5.4.1 龙腾服务区简介

龙腾服务区是祁婺高速项目最主要的配套服务区，是江西省高速公路首个设计＋施工总承包模式建设的服务区。龙腾服务区位于婺源县思口镇，地理位置优越，人文色彩浓郁，周围有龙腾古村落、清华水等优越的传统文化和自然资源，是展示地方形象的重要名片和窗口。项目规划用地面积 146 414.60 m²，约 219.6 亩。总建筑面积 30 874.48 m²（其中收费站总建筑面积 4 836.26 m²、服务区一期 9 771.50 m²、服务区二期 16 266.72 m²），绿地面积 36 173.73 m²，建筑密度 0.13，容积率 0.21，停车位数量为 564 个（图 5.111）。

图 5.111 龙腾服务区效果图

龙腾服务区项目包含收费站综合楼、收费站宿舍楼、服务区综合楼、便民服务室、食堂、设备用房、服务区综合楼、特色餐厅、公共卫生间、机修间、交警用房民宿酒店、接待中心、商业楼等 24 栋徽派单体建筑，1 座收费大棚和 1 座全省高速公路首个加油加气合建站,其中服务区综合楼面积达 5 200 m²,是整个场区内最大的单体建筑。该服务区打破了传统高速公路两侧地对式模式,建成后将成为集高速综合服务区、旅游集散中心和徽派文化展示为特色的园中园式的交旅融合型单侧服务区。

5.4.2 服务区 BIM 技术应用目的

服务区 BIM 技术应用以祁婺高速龙腾服务区项目为例,说明传统房建类项目施工全生命周期如何导入 BIM、确立和完善 BIM 服务工作流程、深度应用各类 BIM 技术辅助施工,减少规划、设计、建造、运营等各个环节之间的沟通障碍,提高效率、节约成本、减少拆改,大幅提高设计与施工的品质,同时分析介绍 BIM 技术在高速公路附属房建项目中取得的良好经济效益和社会效益。

(1) 设计与规划:BIM 技术可以在高速公路服务区的设计与规划阶段发挥重要作用。通过创建三维模型,设计团队可以模拟服务区的布局、道路设计、停车场和建筑物的位置等。BIM 可以帮助设计师更好地可视化和优化服务区的空间布局,确保各项设施和功能的合理性和效率。

(2) 冲突检测与协调:使用 BIM 技术,可以进行冲突检测和协调,以减少在施工阶段的问题和延误。通过将各个专业的设计与模型整合,可以发现潜在的冲突,例如管道、电线和结构之间的冲突。这有助于提前解决问题,并减少后续的设计变更和施工更改。

(3) 施工模拟:BIM 技术可以用于高速公路服务区的施工模拟,通过在 BIM 中模拟施工过程,预测资源需求、施工顺序和进度安排。这有助于识别潜在的施工冲突和风险,并制定相应的应对策略。施工模拟还可以用于安全培训,让工人在虚拟环境中熟悉施工流程和操作步骤。

(4) 维护与管理:BIM 技术在高速公路服务区的维护和管理阶段也有应用。BIM 可以记录设备、管线和结构的信息,维护人员可以使用 BIM 来查看设备的位置、维护历史和维修需求。此外,BIM 还可以用于规划维护活动和优化设施管理,提高维护效率和减少停机时间。

(5) 可视化演示与决策支持:BIM 技术可以生成高质量的可视化演示,用于向利益相关者展示服务区的设计和功能。这些演示可以用于项目的决策支持和推广宣传。利益相关者可以通过虚拟现实技术体验服务区的设计和氛围,从而更好地理解和参与项目。

5.4.3 BIM 技术应用

1. 全专业模型搭建

依据设计单位提供的建筑、结构、机电及场地总平面图,通过以 Revit 为主的多款软件进行模型搭建,使其更直观地展示建筑概况,各专业的沟通、讨论、决策等协同工作在基于三维模型的可视化情境下进行，为图纸会审、三维管线综合及后续深化设计等提供基础（图5.112）。并于过程中对模型进行更新与维护，在项目竣工阶段，根据项目中的变更、签证进行模型修改，形成最终的竣工模型，确保项目模型达到BIM"所见即所得"的基本要求。

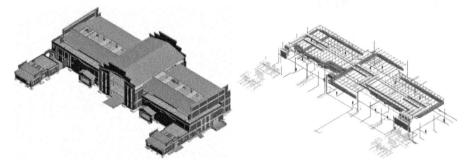

图 5.112 服务区 BIM

2. 碰撞检测及图纸问题核查

在项目设计阶段，通过碰撞检查系统软件自检和BIM工程师复检相结合的方式，查找项目过程中的"错、漏、碰、缺"问题，并在设计及施工准备阶段解决，确保建筑工程从设计端到施工端的良好过渡，高效预防设计问题给后期项目管理带来的风险，主动进行成本控制，减少施工阶段因设计"错、漏、碰、缺"造成的损失和返工，提高设计质量和施工效率。在图审会议提供图模一致的BIM设计模型，协同进行图纸会审，提高图纸质量，缩短图审周期。

龙腾服务区项目是践行全生命周期的BIM项目，在设计图升版之前，BIM咨询单位和施工单位就已经提前介入开展图纸审核工作。在设计院每一版本施工图下发的同时，咨询单位会根据图纸进行三维建模并出具图纸问题报告，增加模型与图纸之间的三维交叉审核（图5.113）。新的审核方式充分利用BIM三维可视化的特点，更高效地发现设计错误和遗漏等问题，并建立问题反馈机制形成工作流程的闭环，减少因图纸问题而产生的返工，为项目的顺利实施创造了良好的设计基础。

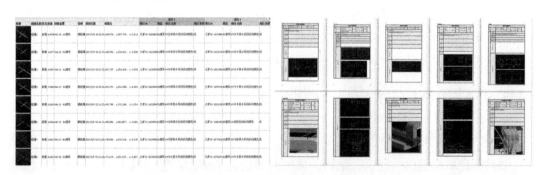

图 5.113 碰撞检查问题清单

3. 虚拟仿真漫游

在项目设计阶段，设计方案的确定需要在业主、设计院、施工单位之间进行协调沟通，BIM技术作为三者之间沟通的新兴技术媒介，在传统图纸、文件的基础上，提供了全新的信息化三维沟通方法。虚拟仿真漫游利用BIM软件模拟建筑物的三维空间关系和场景，通过漫游、动画的形式提供身临其境的视觉、空间感受，有助于相关人员在方案设计阶段进行方案预览和比选，在初步设计阶段检查建筑结构布置的匹配性、可行性、美观性以及设备主干管排布的合理性，在施工图设计阶段预览全专业设计成果，进一步分析、优化空间等（图5.114）。虚拟仿真漫游使各方不仅可以从设计方案汇报中了解项目设计理念，更可以通过BIM三维漫游动画视频对未来的建筑物进行全方位的沉浸体验，以三维的方式观察设计对象。虚拟仿真漫游模拟人的视点进行空间推敲，让业主方以更深入的姿态参与项目方案设计优化。

图 5.114　服务区景观漫游

4. 管线综合优化

在项目机电安装阶段，各专业施工单位作为具体实施方，基于服务生产、节约造价、节省工期、提升品质的目的，需要在初步设计阶段进行充分配合沟通，并对各自的需求进行提资，提供给相关专业及时进行综合设计。在传统的平面图纸表达下，设计、施工单位专业之间的沟通效率受到技术手段和多专业间的庞大工作量的限制，阻碍了沟通的积极性和实效性。

运用BIM技术，针对管线密集区域，进行三维管线综合，编制管线综合排布建议。其中，一般性的调整或需要细化的节点设计工作，根据设计单位回复意见或设计方案更新调整模型。消除不同管道之间、管道与线路之间、管道线路与建筑结构之间的碰撞，在合理规划各专业管线位置和走向的前提下，减少管线的占用空间，有效节约建筑的内部空间。协调土建、给排水、暖通和机电等各专业之间的冲突，确保不同专业之间的有序施工。综合协调管线分布，合理协调设备的分布，确保设备安装后有足够的工作平台和维修检查空间。精确定位为设备安装、管线铺设预留的孔洞，最大限度地减少对建筑结构的影响及孔洞预留不准造成的二次施工。预估施工所需各种设备、管件、线缆的数量，完善设备清单，准确提出物资采购计划，避免材料浪费，控制施工成本。对管线布置和走向进行可视化管理，在检查和维修作业时减少对隐蔽部位的破拆，提升巡检的质量和效率。

依据业主及施工单位实施要求，对存在净高要求的区域、空间狭小管线密集的区域，凭借已有的各专业模型，整合相关模型数据，对各层、各区域进行净空分析，并撰写净空分析报告提供给业主方、设计方、施工方，便于各方提前了解各个区域净空高度及管线排布情况，使得空间不足问题在施工图设计阶段得到解决。

管线与土建相对位置的布置原则：

（1）风管穿墙及楼板应避免与构造柱及圈梁冲突。

（2）管线在结构板上的预留孔洞尺寸应比管线尺寸多 100 mm（每边多 50 mm）为宜。

（3）各专业管线在穿过防火墙及楼板时应采取防火封堵措施，电力电缆穿过普通墙体时也应进行防火封堵。

（4）电缆桥架上部距顶棚或其他障碍物应不小于 150 mm；风管上部距顶棚或其他障碍物宜控制在 100 mm 以上（距离指至风管保温层外皮），风口与吊顶下皮的距离应根据装修实际情况而定，一般不小于 300 mm；冷冻水管的最高点距顶棚或其他障碍物的距离应不小于 200 mm，其余水管距顶棚或其他障碍物的距离宜控制在 150 mm 以上。

管线相对位置的布置原则：

（1）大管优先，因小管道造价低、易安装，且大截面、大直径的管道，如空调通风管道、排水管道、排烟管道等占据的空间较大，在平面图中先作布置。

（2）临时管线避让长久管线。

（3）有压让无压是指有压管道避让无压管道。无压管道，如生活污水、粪便污水排水管、雨水排水管、冷凝水排水管都是靠重力排水，因此，水平管段必须保持一定的坡度，这是顺利排水的必要和充分条件，所以在与无压管道交叉时，有压管道应避让。

（4）金属管避让非金属管。因为金属管较容易弯曲、切割和连接。

（5）电气避热避水。在热水管道上方及水管的垂直下方不宜布置电气线路。

（6）消防水管避让冷冻水管（同管径）。

（7）低压管避让高压管。因为高压管造价高。

（8）强弱电分设。由于弱电线路如电信、有线电视、计算机网络和其他建筑智能线路易受强电线路电磁场的干扰，因此强电线路与弱电线路不应敷设在同一个电缆槽内，而且应留一定距离。

(9) 附件少的管道避让附件多的管道，这样有利于施工和检修，更换管件。各种管线在同一处布置时，还应尽可能做到呈直线、互相平行、不交错，并考虑预留出施工安装、维修更换的操作距离，设置支、柱、吊架的空间等。

(10) 管道排布时，若走廊中存在桥架布置，在桥架布置方向留出 450 mm 宽度，以便后期上人进行电缆敷设（图 5.115、图 5.116）。

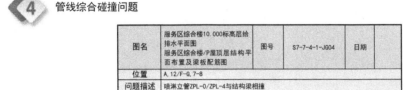

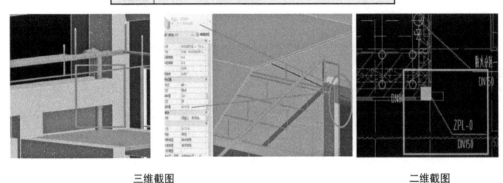

图 5.115　管线综合碰撞问题

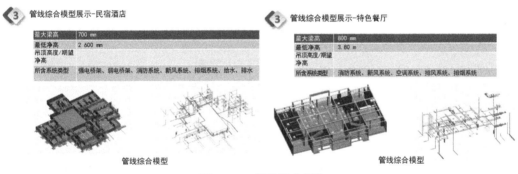

图 5.116　管线综合报告

5. 机房与支吊架深化

对于复杂的机房安装工程，使用 BIM 技术三维可视化及可精准定位的优势，提高现场施工安装的精细度，确保现场施工的准确性（图 5.117）。并出具相应的平、立、剖面图，便于现场施工实施者理解设计意图，避免现场施工过程中发生管道碰撞和返工现象，提高生产效率。

在项目主体施工前，对已优化的管线综合与主体结构进行对比，帮助现场准确预留管线洞口，减少材料浪费（图 5.118）。解决施工过程中预留洞口位置不符合实际而导致的事后开洞和封堵的工期和费用问题，以及项目后期因开洞导致的其他专业拆改问题。

图 5.117　机房深化模型

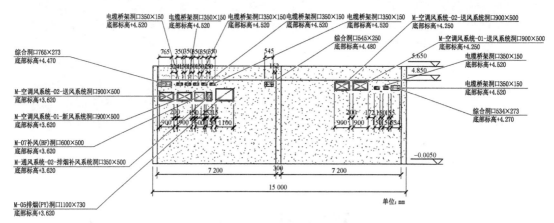

图 5.118　机房深化预留洞出图

依据项目图纸及设备信息，建立归属于项目的项目族库，族库内容包含各项建筑、结构、机电、设备使用的 BIM 族文件，族内包含其相应的几何、施工实施、造价等信息（图 5.119）。

通过 BIM 管线综合优化排布，运用 BIM 技术对综合支吊架进行深化设计，提高了管道排布的美观性，大大节约了钢材的浪费。通过 BIM 直接提取机电管线剖面确定支吊架尺寸，由施工方将支吊架尺寸发送给专业厂家生产（图 5.120）。

图 5.119　机房鼓风机模型构件

5 BIM技术应用

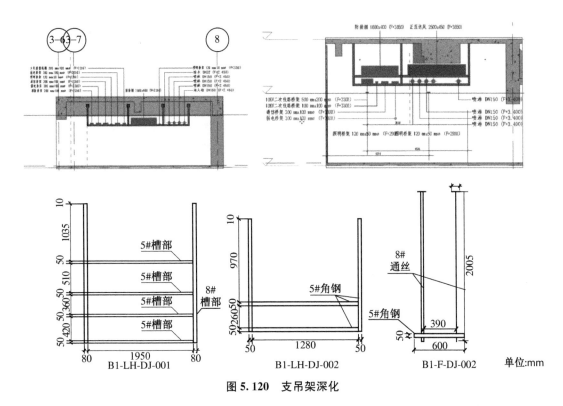

图 5.120 支吊架深化

6. 施工工艺模拟

工程在施工阶段会遇到许多问题,而施工工艺模拟在其中扮演的角色是可视化以及交互性。对项目中的施工工艺进行动态模拟,真实反映项目工艺的实施情况,验证工艺的可行性(图 5.121),同时通过模拟对现场实施者进行施工工艺可视化交底,让参与方可以统

图 5.121 梁柱复杂节点钢筋绑扎模拟

一在同一个平台上讨论问题，通过视频展示预先演示施工现场的现有条件、施工顺序以及重难点解决方案，提前暴露可能存在的问题，并利用优化后的施工方案动画进行施工交底（图 5.122），助力项目工法申报，使得各施工方不会因出现思维的误差而耽误施工的进展，达到提升工作效率、提升施工质量的目的。

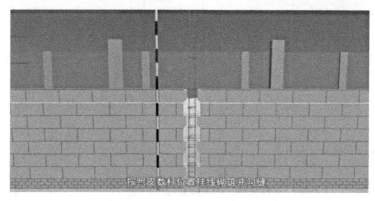

图 5.122　砌体工程施工模拟

7. 室外管网深化设计

场地内的管网与市政管网需要进行接驳以及覆土厚度分析，因此将导致错综复杂的场地管网排布。通过 BIM 的协调可以解决场地内的室外管线综合问题。首先按场地总平面设计图纸建立场地 BIM，正确反映各类场地的范围及标高，然后分专业建立室外管线、集水井及检查井等设施模型，再进行协调（图 5.123）。避免施工过程中造成拆改，节省施工工期及费用。

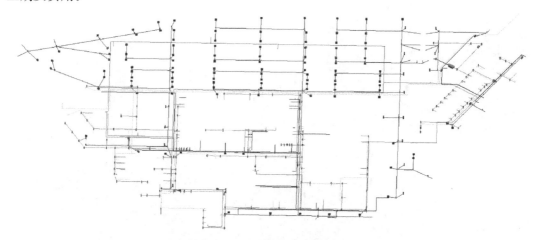

图 5.123　服务区室外管网模型

祁婺高速龙腾服务区项目在施工之前编制了室外总体（永临结合）的专项施工方案，做到方案先行。同时基于室外管网排布模型，对原有的室外管网进行了优化与修改，使得大部分原本需要项目后期施工的各类管线提前在项目初期就施工完毕，大幅度地缩短了施工工期，节约了材料成本，主体结构与室外总体基本上同步施工，而不是传统地等到主体结构施工完成、外墙粉刷保温结束、拆完外脚手架之后方可进行室外总体的施工。方案的优化离不开各方对图纸及现场实际情况的了解程度，而 BIM 技术所带来的三维信息模型正是各方最好的沟通交流平台。

8. 砌体排砖深化

砌体结构作为我国传统的建筑形式，在建筑中的应用仍比较普遍。就目前整个建筑市场的砌体施工工艺来看，砌块的加工方式都是将砌块运输至砌筑部位，工人根据图纸尺寸，边砌筑边加工。砌筑工程排砖的形式，对整个工程的成本损耗率、建筑美观度等方面具有非常大的影响。传统的排砖解决方式是在砌筑施工前用 CAD 画排砖图，用二维的平面图表达砌体排砖，这种方法不仅对画图者的三维想象能力有较高的要求，在实际施工过程中排砖图的意图也不容易被工人理解，容易造成交底错误。并且由于管理模式大多是劳务分包模式，材料及质量监督由总包负责，劳务分包自行解决二次搬运和建筑垃圾搬运费，一般分包提出多少量的需求，总包就给多少，这种模式容易导致施工质量和效率等多种问题的出现。如砌体质量灰缝不均匀，门窗洞口、过梁设置不满足施工和规范要求；现场工人切割随意，乱切乱砍造成废料较多，施工现场非常凌乱，对文明施工造成很大的影响；无法快速统计每种规格砌块的数量和砂浆体积，导致无法提前预制非标加砌块，只能现场切割，造成材料的浪费和人力成本的增加。

BIM 砌体排砖是基于 BIM 进行砌体排布这一工作的通俗称谓，砌体排布通过提前策划，运用 BIM 软件快速对整个项目或楼层的砌体墙进行砌体排布模拟，对项目砌体工程进行参数化排布，对项目的砌块尺寸、灰缝厚度、构造柱、圈梁、过梁、窗台压顶、塞缝砖、导墙砖等做好参数设置，自动排砖（图 5.124），提前获得填充墙施工需要的砌体规格和数量，并导出 CAD 图（图 5.125）。将模型统计出量，导出的工程量可以指导现场进料，经过排布策划的三维模型可以支持班组三维技术交底，从而提升墙体砌筑质量，并为墙体砌筑精细化管理提供依据（图 5.126、图 5.127、表 5.15）。在下一阶段对现场实现精细化施工，提高砌筑质量，降低现场损耗。

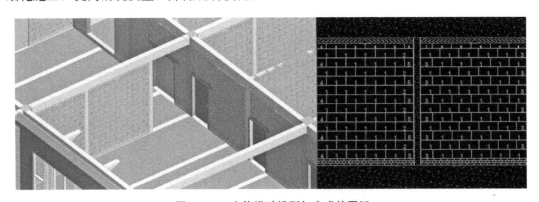

图 5.124　砌体排砖模型与生成的图纸

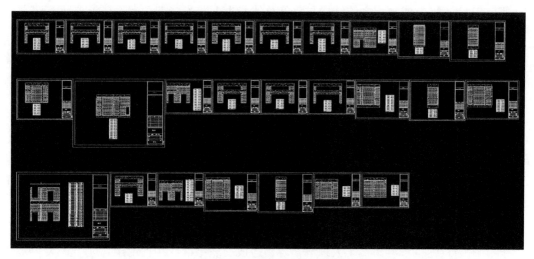

图 5.125　砌体排砖模型出图

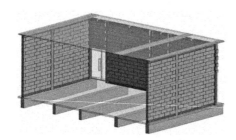

图 5.126　局部砌体三维图

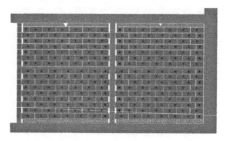

图 5.127　局部砌体剖面图

表 5.15　砌体工程量统计

墙 5 砌体明细表																		
	序号	长度/mm	宽度/mm	高度/mm	砌块类型	合计/块	序号	长度/mm	宽度/mm	高度/mm	砌块类型	合计/块		序号	长度/mm	宽度/mm	高度/mm	砌块类型	合计/块
墙 5	01	600	200	240	加气混凝土砌块	195	墙 5	08	400	200	190	加气混凝土砌块	1	墙 5	15	230	200	190	加气混凝土砌块	1
墙 5	02	600	200	190	加气混凝土砌块	11	墙 5	09	380	200	240	加气混凝土砌块	6	墙 5	16	220	200	240	加气混凝土砌块	2
墙 5	03	470	200	240	加气混凝土砌块	3	墙 5	10	350	200	210	加气混凝土砌块	1	墙 5	17	210	200	240	加气混凝土砌块	4
墙 5	04	440	200	240	加气混凝土砌块	4	墙 5	11	320	200	240	加气混凝土砌块	1	墙 5	18	200	200	240	加气混凝土砌块	4
墙 5	05	440	200	190	加气混凝土砌块	1	墙 5	12	300	200	240	加气混凝土砌块	13	墙 5	19	200	200	190	加气混凝土砌块	1
墙 5	06	430	200	240	加气混凝土砌块	2	墙 5	13	240	200	240	加气混凝土砌块	8	墙 5	20	140	200	210	加气混凝土砌块	1
墙 5	07	400	200	240	加气混凝土砌块	8	墙 5	14	230	200	240	加气混凝土砌块	8	合计						275

9. 精装修方案模拟

BIM 技术应用可以在很大程度上保证数据的准确性，施工人员可以根据模型更加科学地把控装修材料的用量。精装修设计是一个反复的过程，设计人员在设计的过程中需要及时发现存在的问题并进行调整和改正，而有了 BIM 技术，工作将会变得更加简单，设计人员不仅能够利用 BIM 技术减少修改设计方案花费的时间，而且能够实时完成模拟的呈现，显示最终的设计效果。

通过对 BIM 软件的应用，依据已有的精装修图纸，模拟现场精装修方案，建立项目内装饰模型，生成装饰效果图、二维码以及装修工程量清单。通过对"族"命令的执行，可以将渲染物质放入"族"构件中，对"族"的平面、立面、材质、灯光等效果进行合理的调整，实现这些内容的精确设计。通过对渲染命令的合理使用，设计人员能够将原有的图片转变得更加清晰，这样能将精装修的设计过程和设计效果更加清晰、完整地展现出来（图 5.128）。这种设计方式具有简单、全面、精确、清晰的特点，非常适合对施工周期有规定的工程项目，使管理者对于现场装修效果有直观了解，便于项目决策者对精装方案提出决策意见，有利于项目宣传交流，辅助现场进行物料统计和准备。

图 5.128　综合楼精装修方案模拟

10. 工程量复核

BIM 技术通过精细化族库模型的创建与搭建，使整个建筑模型具备完整的建筑信息，通过 BIM 软件自带的信息协调处理功能完成工程造价中最重要的信息集成处理。

在项目前期，通过 BIM 技术的多维建模手段（三维模型、时间阶段、进度划分、施工模拟、成本聚类等）进行真实化虚拟建造，可准确有效地进行各个方案的预估算统计，并且能将各种方案的施工计划生动、具体、清晰地展示出来，不仅可以提高预决算效率，更可以用数据选择最佳的工程质量与工程利益。

在施工过程中，BIM 技术的运用可以提高工程结算工作的准确率与效率。因为 BIM 的信息化系统大数据库，以及协同管理平台的实时信息共享功能，使建筑模型的总体信息时刻跟随施工进度进行更新，施工建筑与建筑模型的高度一致化，大大减少了后期对工程实际情况的调查工作。所有的信息都是及时化的，省却了造价人员很多麻烦，效率自然会大大提高。

在项目进入决算阶段,通过使用明细表统计功能直接从 BIM 基础模型(如基于 Revit 创建的模型)中获取工程计价所需的工程量(图 5.129),可以进行如下工作:竣工图纸审核;整理并统计工程量变更的实时更新、计算造价;检查承发包的合同项,查看其中的调整项是否在模型中运作;对比统计承包商工程竣工结算书;协同管理平台实时信息,共享评判、结算等工作。

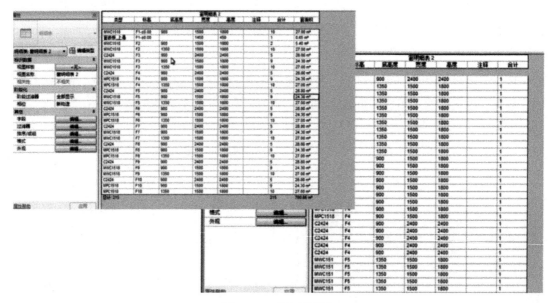

图 5.129　材料明细表

5.4.4　服务区 BIM 技术应用效益分析

(1)模型创建及图纸会审:在祁婺高速龙腾服务区项目中,通过 BIM 审图共发现图纸问题 41 项,节约费用 17 万元,节省审图周期 15 天。

(2)永临结合方案:通过永临结合施工,减少了大量的临时道路、临时排水、给水、消防管道等措施,而仅仅增加了一些维护保养的费用,节约费用 73 万元,同时节省工期约 25 天。

(3)管线综合及机房深化设计:解决净高不足、设备运输道路不通、专业间碰撞等问题,预估节省拆改返工周期 7 天,节约桥架管件阀门材料约 3 万元。助力机房排布整洁美观,解决机房各专业管线不协调导致的施工问题,预估节省拆改费用 5 万元,节省工期 4 天。

(4)砌体排砖深化设计:将材料损耗由常规项目的 7% 减少到 1% 以内,节省砌体约 400 m^3,按造价统计约为 11.5 万元。

(5) 施工工艺模拟：累计优化施工工艺 4 项，提升工程质量，避免施作人员因对施工方案理解不到位而造成的返工及施工质量问题，节省工期 5 天。

(6) 三维仿真漫游：提升项目观感，强化观摩体验，助力当地旅游事业宣传。

龙腾服务区项目通过 BIM 技术的运用，实现虚拟仿真漫游促进设计方案优化、三维图纸审核帮助发现图纸问题、可视化成果展示协力施工方案选择、管线综合优化推动各专业协同工作、施工工艺模拟支撑现场三维交底、砌体排砖深化指导现场绿色文明施工。项目将依据现场实际情况和相关规范编制 BIM 标准化图册，助力实现安全生产设施的标准化、工具化，并且以所有成果内容为素材支撑，参与 2023 年度各类奖项评选。

龙腾服务区项目秉承了 BIM 落地实施的理念，使得现场高效率、高精准度地完成各项工作，缩短项目周期，节约工程成本，实现了"建造"向"智造"的飞跃。

BIM 创新应用 6

在 BIM 技术基础应用基础上，深度挖掘探索 BIM 技术在高速公路工程建设中的创新应用，更大程度发挥 BIM 助力工程建设，推动交通运输行业数字化升级转型。

6.1 基于 BIM+北斗技术的沥青路面应用

祁婺高速项目建设前期引进了沱川、江湾收费站、婺源服务区 3 座北斗基站，覆盖全线北斗网络，实现高精度的外方位控制，为项目北斗技术应用奠定坚实基础（图 6.1）。北斗技术在路面摊铺、混凝土罐车、洒水车车辆定位、路基测量放样、倾斜摄影地形还原、隧道智慧工地等方面发挥着重要作用。

图 6.1 北斗基站建立

祁婺高速项目针对路基数字化施工进行创新应用，研发了支持北斗卫星定位与 BIM 关联和准确对应的路基连续压实信息系统（图 6.2）。其主要功能包括压实数据采集、采集端软件动态监测和展示、数据断点续传、压实数据在 Web 端以 BIM 形式展示、质量数据统计分析、业务报表生成、过程控制中多台压路机协同作业等。

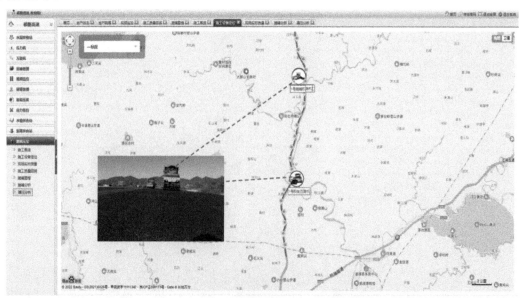

图 6.2 "北斗+智慧物联"路面工程施工系统

路面密级配沥青碎石（ATB）施工阶段通过对摊铺压实设备进行数字化改造（图 6.3），加装定位系统、温度传感器、平板电脑、视频监控系统等组件，实时监测、记录和存储施工过程所有的摊铺温度、速度、厚度等质量数据，形成摊铺温度云图、位置、速度波动等，并将数据自动上传到信息化综合管理平台智慧工地模块（图 6.4）。祁娄高速项目首推改性沥青试验数据实时采集。

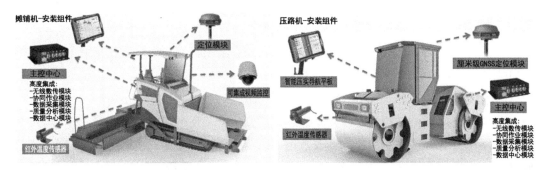

图 6.3 路面摊铺、压实设备数字化改装

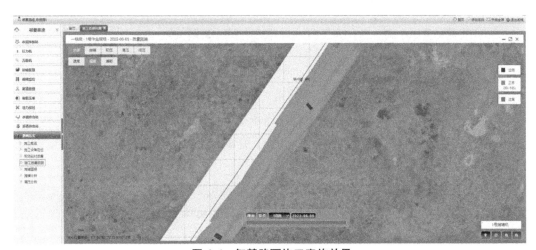

图 6.4 智慧路面施工实施效果

"北斗＋智慧物联"路面工程施工系统的创新点及经济、社会效益如下：

(1) 智能建造＋北斗技术

祁婺高速项目首次采用埋设北斗基站服务设计地理信息系统，对摊铺机及配套碾压设备进行精确定位，通过 5G 信号传播，校正摊铺机、钢轮压路机、胶轮压路机的定位系统，以获取更加精准的设备位置。相较于以往的厘米级精度，北斗基站地理信息系统的精度可达毫米级。

(2) BIM＋物联网数字化集成

祁婺高速项目自主研发基于 BIM＋GIS＋IoT 的智慧管控平台，搭建 BIM 施工场景，结合施工现场物联网技术，对摊铺质量、压实质量、运输轨迹等进行数据采集分析，运用数字化集成技术，将施工全过程信息进行存储、展示、预警、追溯。

(3) 数据信息自动化

自动采集施工作业数据，经过对数据的智能分析，结合互联网、云数据计算自动绘制提供摊铺温度云图、位置、速度波动等数据，以及路面压实温度、速度等数据，为质量回溯提供数据支撑，既节省了施工成本，又保证了路面施工质量。路面设备优化作业效率 20％以上，经济效果显著。相较以往每天耗损燃油费 1.5 万元，每天可节省燃油费约 6 000 元，路面工程施工共降低成本约 195 万元。

(4) 项目监管智慧化，形成路面施工标准化模式

形成一套完整的智慧化路面施工管理体系，基于 BIM 施工组织模拟，助力混合料运输路线规划、摊铺碾压过程质量和安全控制，施工过程中运用北斗基站定位系统、智慧工地监管系统、数据自动采集分析等功能，附加智慧安全防撞、倒车影像平台和报警设备，形成有效的事前、事中、事后管控，提升路面标准化施工水平，达到业务管理信息化、信息展示可视化、建造过程智能化、指挥决策智慧化。

6.2 基于 BIM 技术的二维码钢梁管控系统

基于 BIM 技术的二维码钢梁管控系统是一种利用 BIM 和二维码技术来管理和追踪钢梁在施工过程中的安装和质量信息的系统。该系统结合了 BIM 的空间信息和二维码的唯一识别能力，为钢梁的安装、验收和维护提供了可靠的数据支持。这个系统的工作流程通常包括以下六个步骤：

(1) BIM 创建：首先，根据实际的设计图纸和规范要求，创建一个包含钢梁安装信息的 BIM。在模型中，每根钢梁都被准确地建模并与相关属性信息关联，如类型、尺寸、材料等。

(2) 二维码生成与打印：针对每根钢梁，在 BIM 中生成唯一的二维码，并将其打印在对应的钢梁上。这个二维码可以包含与钢梁相关的信息，如编号、位置、安装要求等。

(3) 扫描与识别：在施工现场，工作人员使用移动设备或专用的扫描设备，对钢梁上的二维码进行扫描和识别。通过扫描二维码，系统可以获取该钢梁的详细信息，包括设计参数、安装位置等。

(4) 安装追踪与管理：一旦钢梁被扫描识别，系统会自动记录该钢梁的安装状态和位置信息。施工人员可以使用移动设备将安装进度和质量信息实时上传到系统中，以便进行实时监控和管理。

(5) 质量验收与维护：当钢梁安装完成后，可以使用扫描设备对钢梁进行再次扫描，记录验收结果和维护信息。如果存在质量问题或维护需求，可以在系统中记录并分配相应的任务给相关人员。

(6) 数据分析与报告：系统会自动生成钢梁安装和质量的数据报告，包括安装进度、质量指标、验收结果等。这些报告可以帮助项目团队进行数据分析和决策，及时发现和解决问题，优化施工流程。

基于 BIM 技术的二维码钢梁管控系统提供了一种高效、准确和可追溯的方式来管理钢梁的安装和质量信息。它能够提升施工过程的可视化和协调性，减少错误和冲突，同时提高钢梁的安装质量和施工效率。

祁婺高速开拓创新管理模式，向"信息化"要"生产力"，在钢梁构件制造中，引进"二维码信息系统"，以二维码载体为入口，为每根钢梁构件配备电子"身份证"，实现了钢梁构件加工的动态监控、智能制造、信息共享、规范流程等全过程管理，提升了现场的施工效率和管理水平。

祁婺高速项目共有 412 根钢混叠合梁，每根钢混叠合梁上张贴二维码，在这张小小的二维码上面，聚集了钢梁材料的进厂批次、产品规格、加工时间、构件状态、生产和验收者姓名等多种信息。管理者只需扫描二维码，便可清晰地了解当前构件的详细资料。二维码不仅有以上应用点，现场人员通过结合项目特点开发二维码应用，具体如下文所述（图6.5）。

图 6.5　祁婺高速项目二维码系统

1. 二维码助力首件制验收

二维码应用于首件制验收过程，在项目部设置固定展示窗口，将首件制验收过程信息集成二维码集中展示。检查人员通过扫码就可以查看项目概况、设计交底材料、技术交底材料、质量检验记录、施工影像、施工动画资料、BIM 视频等详细资料（图 6.6），极大地提升了首件制验收的效率。

图 6.6 二维码集成首件制验收信息

2. 物料实行电子"身份证"，管控更清晰

利用二维码技术，对进厂材料进行分区管理。将材料的进厂时间、质保资料、现场检验结果等信息通过后端上传至二维码公示牌，即可对现场材料进行实时有效的信息展示。二维码张贴在材料堆放现场，信息由相应的管理人员进行更新（图 6.7、图 6.8）。

图 6.7 二维码张贴在材料堆放现场

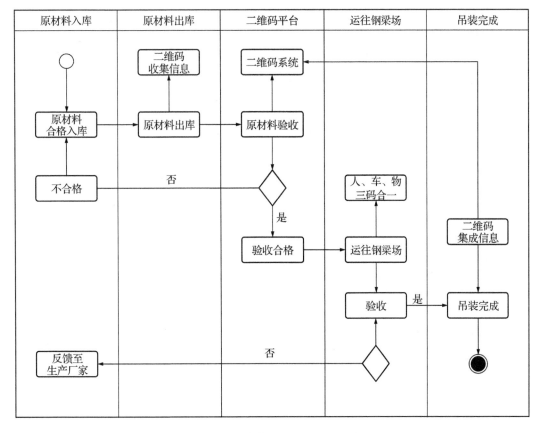

图 6.8 祁婺高速项目二维码系统

祁婺高速项目深度运用二维码技术，并在过程中总结方法经验，在运用二维码技术的过程中，结合二维码的其他应用，总结出如下特点：

1. 技术交底更到位

传统的交底方式，多以纸质文件对管理人员和工人进行统一交底，对交底内容的宣贯与被交底人员的知会程度多数流于形式，管理粗放片面，导致施工质量下降、安全隐患增多。将交底内容结合图片、BIM 动画等制成二维码，张贴于主通道及作业区内，管理人员与工人现场扫码获取相关交底内容，可增强对交底人员的针对性，确保现场工人牢记当前主要、分部、分项工序的施工要点、操作规程及注意事项。

2. 信息流转更便捷

钢梁的零件、板单元和成品构件可自动生成二维码，现场人员只需要通过手机 App 扫描二维码（图 6.9），就可直接查看钢构件录入接收人、接收时间、工序完工信息、现场照片、BIM 图形等信息，杜绝了材料混用并全程跟踪材料批次号，追踪每块板、每根型材的用途，钢板出厂后仍处于质量受控状态，实现了板材、型材的全生命周期管理。

图 6.9 手机扫码查看构件信息

3. 自动喷码枪应用

为解决钢结构构件大量信息的录入与喷码的重复性工作，生产厂家采购配置了市面较为先进的手持智能喷码机迪图 DT－T500（图 6.10）。这款手持喷码机具有携带方便、性能稳定的特点，机身自带存储功能，从钢结构系统中把需要喷印的信息数据 xls 文件直接

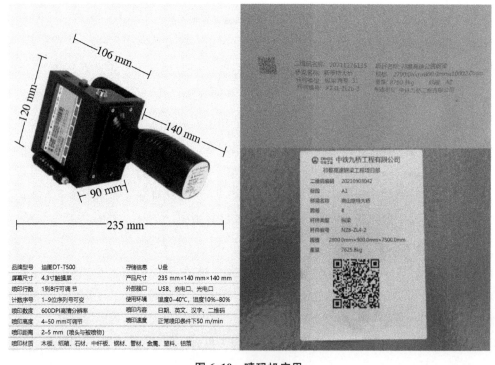

图 6.10 喷码机应用

导入 U 盘中，再将 U 盘插入喷码机，在喷码枪中选择打印的项目，然后在钢结构表面进行喷涂。同时，喷码机自带 4.3 英寸触摸彩屏，可直接在屏幕上编辑操作，个别数据更换无须返回钢结构系统修改，保障喷码信息高效准确，操作简单，节约时间。

祁婺高速项目基于 BIM＋二维码信息化平台打通设计—生产—施工信息端口，录入原材、涂装、发运等信息，实现信息协同，采用喷码机直接喷绘至钢梁构件，扫描二维码查看模型及拼装信息，便于钢梁拼装过程管理。祁婺高速项目将认真总结"钢梁构件二维码信息管理系统"的成功经验，学习吸收其他项目的好做法，继续创新提高，助力创建平安百年品质工程。

6.3 基于 BIM 技术的钢梁设计施工一体化

近年来，通过工厂预制构件现场安装在装配式建筑、交通基础设施建设中的占比逐年提高，不管是混凝土预制构件还是钢结构构件，都呈现蓬勃发展的行业态势。同时装配式预制构件行业呈现出企业多、规模较小、集中度低、市场较分散、竞争激烈等市场格局。

一方面各工程业主方应用 BIM 建管、运维信息化平台，要求施工单位和产品供应单位能基于实际施工或生产情况实时上报平台，同时要求基于构件二维码或无线射频识别（Radio Frequency Indentification，RFID）进行唯一标识，随时随地能查到生产过程、质量检验、原材料等信息的追溯档案。另一方面各构件工厂面临日益激烈的竞争，要想赢得市场、赢得用户就必须全面提高企业的竞争力，包括成本、速度、质量等。制造生产过程需要不断优化，提升物料管理、现场控制、质量管理等能力，从而最大限度地消除浪费、缩短制造周期、提高品质、实现精益制造。

6.3.1 设计施工一体化需求

祁婺高速项目采用的钢混组合梁为国内首创 60 m "π"型先简支后桥面连续的结构，全线设凤山水特大桥、南山路特大桥、新亭特大桥、十亩特大桥以及花园特大桥等五座大桥采用 60 m 跨钢混组合梁上部结构，全长 6 210 m，共有 60 m 跨 π 型钢混组合梁 412 根。祁婺高速项目采用的钢结构桥梁的构造比较复杂，而且具有较多的相同工序，加工的精度要求比较高，特别适合采用工厂化预制。

BIM 信息模型传递至钢结构加工厂时，加工厂根据自身的特点，将模型进行构件上的整合和拆分，并保证两者编码的连贯性。如图 6.11 所示，某钢箱梁的节段顶板在设计期是按照单块板考虑的，而在加工阶段，受钢材制造标准的限制，上顶板由 5 块钢板拼接而成（图 6.12）。根据模型编码的扩展规则，可将其信息保留下去，同时也为构件的快速检索提供可能。

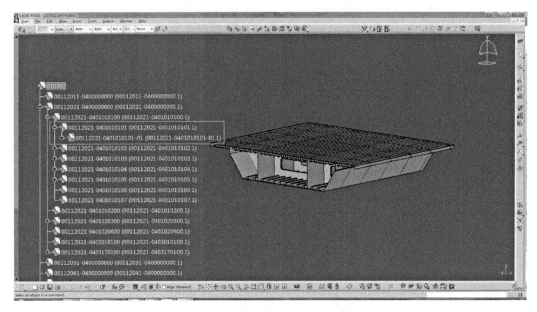

图 6.11 设计阶段 BIM 信息模型

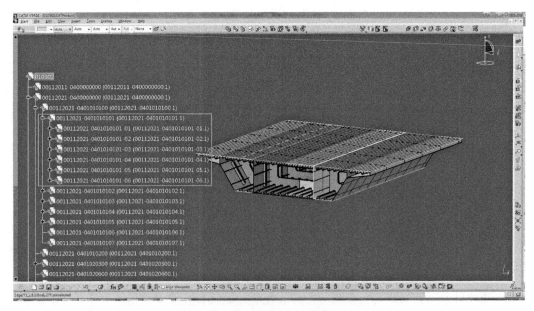

图 6.12 加工阶段 BIM 信息模型

为实现 BIM 与数控机床之间的有效集成,以 CATIA 为平台,根据该零件结构特点进行工艺分析,利用 CAD/CAM 模块完成零件几何体的数控加工仿真及数据控制代码(Numerical Control Code,NC 代码)的输出,有效保证零件的加工精度。其中,NC 代码是驱动整个数字化加工环境运作的执行依据,其技术路线如图 6.13 所示。

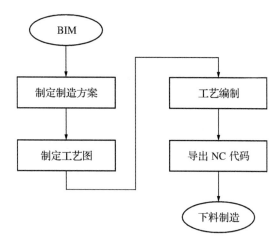

图 6.13 钢材数字化加工技术路线图

将 CATIA 模型转化为 NC 代码的具体操作步骤如下所述。

1. 确定数控加工的三维实体模型（图 6.14）及其构件的毛坯料

分析构件结构形式和几何尺寸参数，选择合适的毛坯料（图 6.15），并考虑构件相对机床坐标系的位置及被加工部位所处的坐标平面，将坐标原点放置在合理的位置及坐标轴方向。

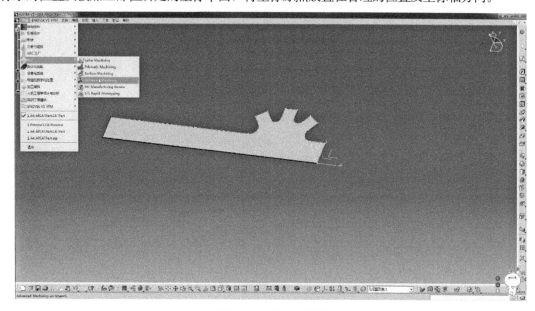

图 6.14 CATIA 模型

2. 构件的工艺分析

加工工艺分析是编写数控程序的基础，确定合理的加工方案及工艺参数对数控加工的质量和效率起决定性作用。

在利用 CATIA 编程前，需确定零件的公差及精度要求。而后选择合适的刀具类型和尺寸；确定工件坐标系、编程零点、找正基准面及对刀点；确定加工路线，并选择合理的

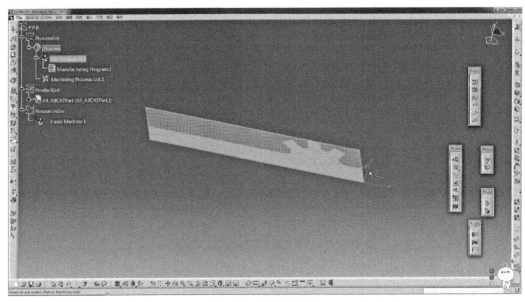

图 6.15 构件毛坯料

工艺参数。

3. 刀路的仿真及校验

进入 CATIA 数控加工设计平台后,根据工艺方案,选择 Prismatic Machining—> Prismatic Roughing 轮廓粗加工方式,并在 Prismatic Roughing 对话框中完成刀具参数、切削用量等一系列数控加工参数的设置,然后进行刀路仿真。

通过观察刀具的运动过程可知,整个过程无碰撞干涉,走刀路线及进退刀方式合理,证明了各参数设置合理,即可输出刀位源文件(图 6.16)。

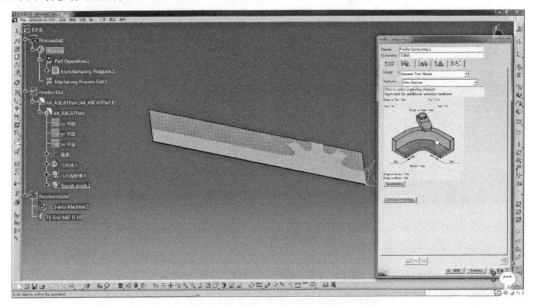

6 BIM 创新应用

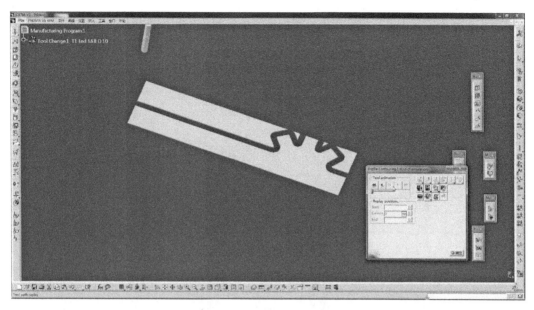

图 6.16 刀路仿真及校验

4. 导出 NC 代码

利用 CATIA 中的 "GenerateNCOutputInteractively" 功能选项，根据校核后的刀位，即可输出所需的 NC 代码类型（图 6.17）。

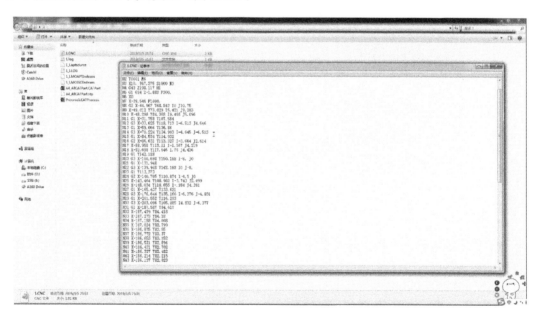

图 6.17 导出 NC 代码

5. 构件加工制造

主控机床依据 NC 代码文件逐句读取数据进行运动变换、非线性误差补偿和速度等的校验，指导刀口等机械对钢材进行切割，直到文件结束（图 5.18）。

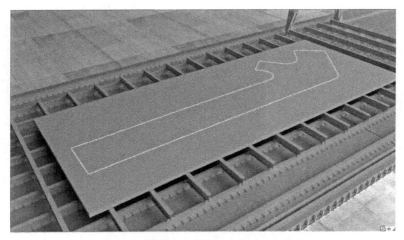

图 6.18 零件加工制造

6. 板件拼装

加工厂按需下料切割形成各样式板件,而后参考构件的 BIM 和实际加工要求进行板件的拼接(图 6.19)。

图 6.19 板件拼接

7. 成品复核

对拼接完成的节段模型,采用激光扫描仪,对组件进行全景扫描,并与 BIM 对比,确保出厂的质量。

6.3.2 智能制造系统及功能

1. 板材智能下料生产线

(1) 生产线的组成

板材智能下料生产线由物料优化及管控系统、网络数控切割设备、制造集成智能化系统组成。生产线设备安装于智能化板单元车间下料区内（图 6.20），下料车间占地约 2 万 m^2（图 6.21、图 6.22）。智能下料生产线设备主要由 2 台数控坡口等离子切割机、1 台数控等离子切割机、2 台仿形坡口切割机、2 台门式多头火焰切割机、1 台数控精细等离子切割机、1 台数控火焰切割机和 2 台数控划线号料机等组成。

物料优化及管控系统、制造集成智能化系统组成板材智能下料管理平台，通过公司局域网和各信息管理系统的数据交互，形成以智能提料、智能排版、智能切割、智能报工四大功能模块为主体的智能制造信息化系统，为板材智能下料管理提供分析决策依据，最终实现板材智能下料生产（表 6.1）。

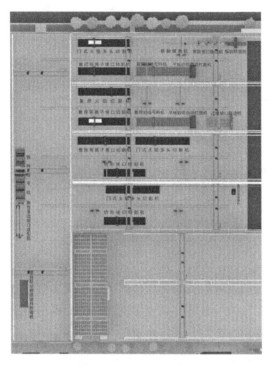

图 6.20　下料区布置图

图 6.21　下料区 1 跨实景（左）、下料区 2 跨实景（右）

图 6.22 下料区 3 跨实景（左）、下料区 4 跨实景（右）

表 6.1 下料生产线主要设备清单

序号	设备名称	型号规格	数量	安装区域
1	数控坡口等离子切割机	Trident-P6000×40000	1	板单元车间 1 跨下料区
2	数控坡口等离子切割机	Trident-P6000×40000	1	板单元车间 2 跨下料区
3	数控等离子切割机	Trident-D6000×40000	1	板单元车间 3 跨下料区
4	仿形坡口切割机	Trident-H6000×24000	1	板单元车间 3 跨下料区
5	仿形坡口切割机	Trident-H6000×24000	1	板单元车间 4 跨下料区
6	门式多头火焰切割机	GZⅡ-60006000×40000	1	板单元车间 1 跨下料区
7	门式多头火焰切割机	GZⅡ-60006000×40000	1	板单元车间 3 跨下料区
8	数控精细等离子切割机	GSII-6000D6000×40000	1	板单元车间 4 跨下料区
9	数控火焰切割机	GSII-60006000×40000	1	板单元车间 2 跨下料区
10	数控划线号料机	GSII-6000P6000×40000	1	板单元车间 1 跨下料区
11	数控划线号料机	GSII-6000P6000×40000	1	板单元车间 2 跨下料区

(2) 生产线主要功能

板材智能下料生产线建设目标为实现板材的自动扫描识别、智能化喷码划线、智能化切割与坡口开制。通过工控网络将所有数控切割机与智能制造智能化系统服务器互联，通过联网管理系统实现设备状态监控、人员作业任务管控、工时物量统计分析、报表打印和电子看板管理等功能。智能制造智能化系统自动下达由套料软件高级算法编制的指令程序，收集加工过程数据，实现与信息系统互通。通过合理选择激光、等离子及火焰等多种切割工艺，实现 150 mm 范围内不同厚度板材的精密切割与坡口开制。

2. 智能焊接生产线

(1) 生产线的组成

智能焊接生产线由生产设备、物料优化及管控系统、制造集成智能化系统、数据采集与监视控制系统（Supervisory Control and Data Acquisition，SCADA）组成。生产线设备安装于智能化车间装焊区内，装焊区占地约 3 万 m^2。板单元智能焊接生产线由顶板 U 肋板单元焊接生产线、底板 U 肋板单元焊接生产线、板肋板单元焊接生产线、横隔板单元焊接生产线、横肋板单元焊接生产线、H 型钢生产线、箱型杆件生产线等组成。

焊接生产智能制造管理平台由经营信息决策系统、物料优化及管控系统、制造集成智能化系统、数据采集与监视控制系统（SCADA）共同组成，通过工业互联网、场内工业终端、智能焊接设备和各信息管理系统的数据交互，形成以生产计划、生产执行、质量管控、设备数采、物流运输五大功能模块为主体的智能制造信息化系统，为智能焊接生产线的管理提供决策依据，最终桥梁钢结构的智能焊接生产。

智能焊接生产线主要使用 H 型钢生产线及焊接机器人进行生产制造（图 6.23~图 6.26、表 6.2）。

图 6.23 跨装焊区实景一

图 6.24 跨装焊区实景二

图 6.25　跨装焊区实景三

图 6.26　跨装焊区实景四

表 6.2　智能焊接生产线主要设备清单

序号	功能介绍	设备名称	主要技术参数	设备照片
1	利用全方位的压紧定位装置进行杆件的自动组立	H型钢组立机	宽度：1.5 m 长度：40 m 退行速度：2 000 mm/min 精度：±1 mm	

(续表)

序号	功能介绍	设备名称	主要技术参数	设备照片
2	利用双臂机器人双侧对称焊接加筋焊缝，有效提高焊接质量	焊接机器人	焊接电流：120～360A 焊接电压：20～40 V 焊接速度：100～1 000 mm/min 胎架宽度：8 m	
3	利用双丝4.0埋弧焊进行工字梁主梁焊缝焊接施工	双丝埋弧焊机	焊接电流：120～360 A 焊接电压：20～40 V	
4	根据生产计划进行详细的工单派工并执行	制造集成智能化系统	工单管理	
5	记录自检、互检、专检数据，并验证	制造集成智能化系统	质量管理记录自检、互检、专检数据，并自动验证	

(2) 生产线主要功能

智能焊接生产线建设目标为杆件的自动装配与智能焊接。通过工控网络将所有设备与制造集成智能化服务器互联，由制造集成智能化系统自动下达指令程序，收集加工过程数据，实现与信息系统的互通。设备的控制系统以可编程控制器（Programmable Logic Controller，PLC）为中心，实现控制系统的逻辑控制，控制系统设有设备过载保护、断电保护等功能；电控系统设有完善的自锁和互锁保护功能，以保证设备和操作者的安全。

3．信息化系统建设及应用情况

桥梁钢结构智能制造信息管理平台的建设通过集成产品数据管理（Product Data Management，PDM）、企业资源计划（Enterprise Resource Planning，ERP）、生产执行系统（Manufacturing Execution System，MES）、物流执行系统（Logistics Execution System，LES）

等信息化管理软件，通过车间网络与设备实现连接，可实现对项目制造过程中的产品设计、材料采购仓储、生产质控、设备管理等多方面的管控。

桥梁钢结构智能制造信息管理平台总体涉及武船重型工程股份有限公司、业主，以及其他项目相关方；集成产品研发生产周期中的产品结构、图文档管控、工艺设计、钢板套料，生产制造过程中的生产计划、执行，质量保障流程中的基础项、检验、追溯，设备全流程的台账、维保、使用状态，原材料、半成品、产成品的仓储、运输等智能制造全流程；并可与业主 BIM 信息平台集成，对接业主所需提供的节段、单元件制造过程中的过程数据，同时将设计、生产、质控、设备、物流数据与总包方和业主共享，形成信息管理平台集成对接。桥梁钢结构智能制造信息管理平台如图 6.27、图 6.28 所示。

图 6.27　车间制造执行智能管控系统架构

图 6.28　桥梁钢结构智能制造信息管理平台架构图

桥梁钢结构智能制造信息管理平台系统具有建立信息化管理系统,实现设计研发、工艺设计、生产执行、质量管控、资源管理、设计协调、物流运输全智能制造流程管理的功能。其应用如下:

(1) 数字安全模型管理系统

桥梁钢结构工程数字安全模型管理系统,通过数字安全模型信息管理系统的实施,统一技术资料管理,实现电子图文档的集中有效管理和技术数据信息安全共享;规范业务流程和变更管理,实现协同开发;建立产品设计零部件库,提高设计复用;提高工艺编制效率,改善工艺管理状态,缩短技术准备周期;提高标准化和规范化程度,建立数字化管理的规范制度(图 6.29、图 6.30)。

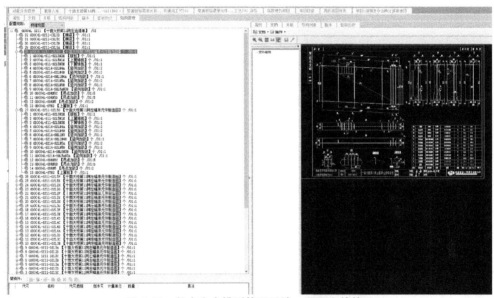

图 6.29　数字安全模型管理系统—项目文件管理

图 6.30　数字安全模型管理系统—BOM 结构

数字安全模型管理系统基于桥梁工程特点，以信息集成为技术手段，建设以产品数据管理为基础的数字安全模型信息管理系统，理顺技术管理流程，理顺数据源，为下游提供准确有效的数据，形成产品数据可视化、工艺规划可视化、项目过程可视化、设计制造协同化的产品研发平台（图6.31）。

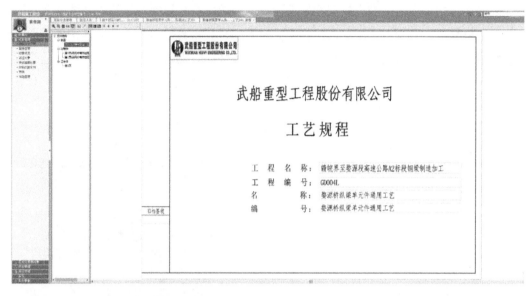

图6.31 数字安全模型管理系统—工艺规程展示

（2）经营信息决策系统

桥梁钢结构工程经营信息决策系统基于桥梁生产制造型及项目运营型特点，上承数字安全模型管理系统，下接制造集成智能化系统、物料优化及管控系统，综合提升企业的经营决策能力、规划能力、运营能力、交付能力。本系统以项目管理（图6.32）为主线，以

图6.32 经营信息决策系统—项目信息管理

生产业务为核心，以绩效提升为导向，以决策支持为目标，从而实现经营管理信息化、项目管理协同化、设计项目集成化、采购管理集约化、物资管理条码化、制造管理智能化、成本管理精确化。通过推行优化项目的目标成本管理，有效压缩不必要的项目成本，并且实现资产管理电子化、业财融合一体化、决策支持数字化（图6.33、图6.34）。

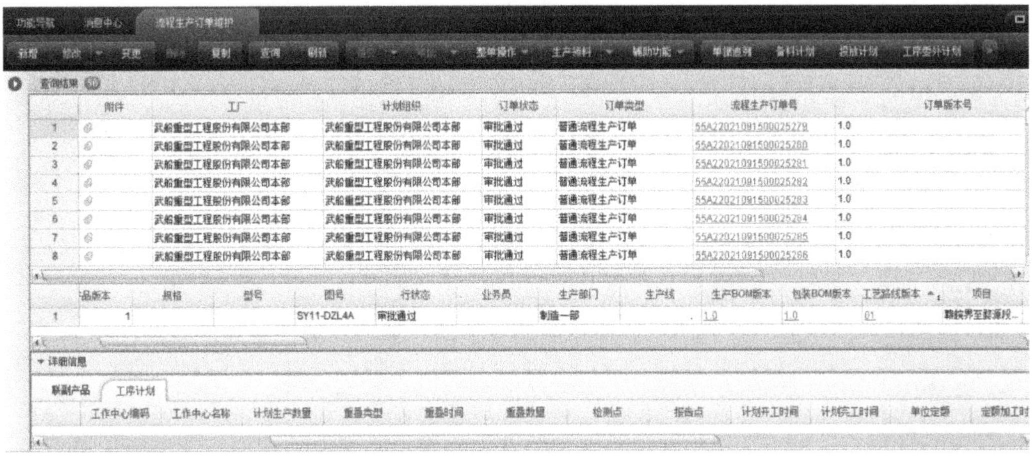

图6.33 经营信息决策系统—生产订单

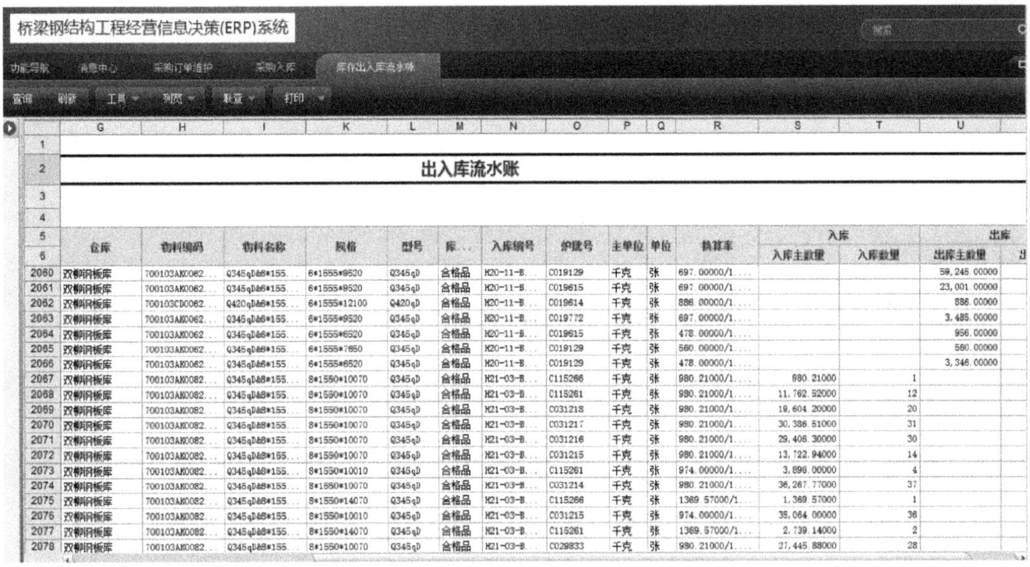

图6.34 经营信息决策系统—出入库管理

（3）制造集成智能化系统

桥梁工程制造集成智能化系统将智能化企业信息技术与智能设备技术相结合，打通上下游的板材切割、下料、加工单元件、节段组装、焊接、涂装智能生产等环节，应用于桥梁建设的总装建造、桥梁部件生产管理各个阶段和各个方面。重点建设制造集成管理、计划排程、数据采集与监控，并实现与智能化产线的数据集成。

制造集成智能化系统以订单计划数据拉动生产的方式，将计划转化为内部生产工单，按生产顺序排产，下发到各生产机台进行流水线派工/排产，协同监控上下游生产和供应链，当影响异常发生时，快速定位、分析和应对，协同调度通过人工对生产计划进行调整，完成所有生产工序，实现信息资源共享、研制过程协同、功能集成和设备能源建设（图 6.35—图 6.38）。

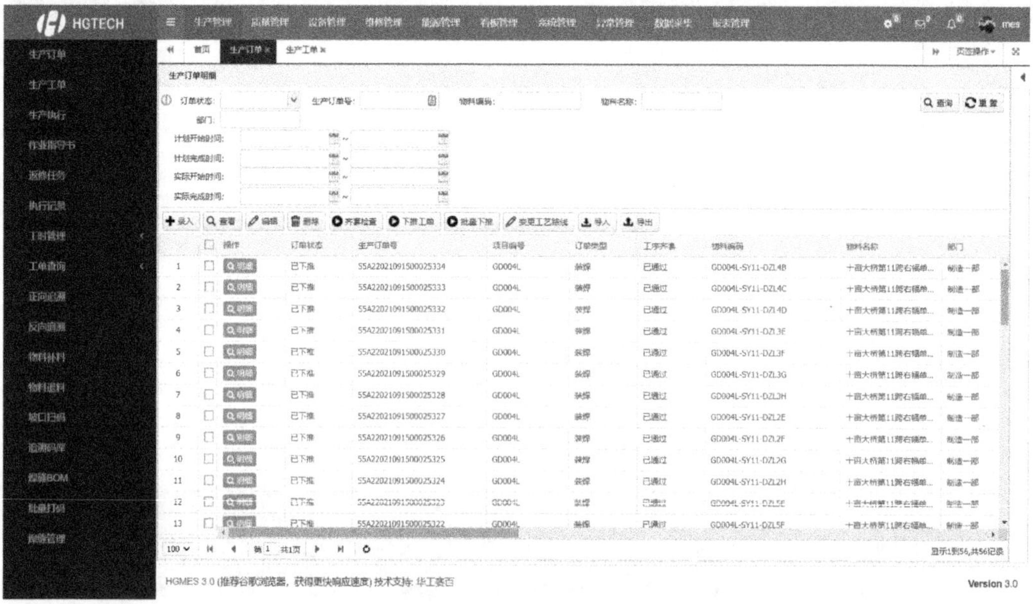

图 6.35 制造集成智能化系统—生产工单

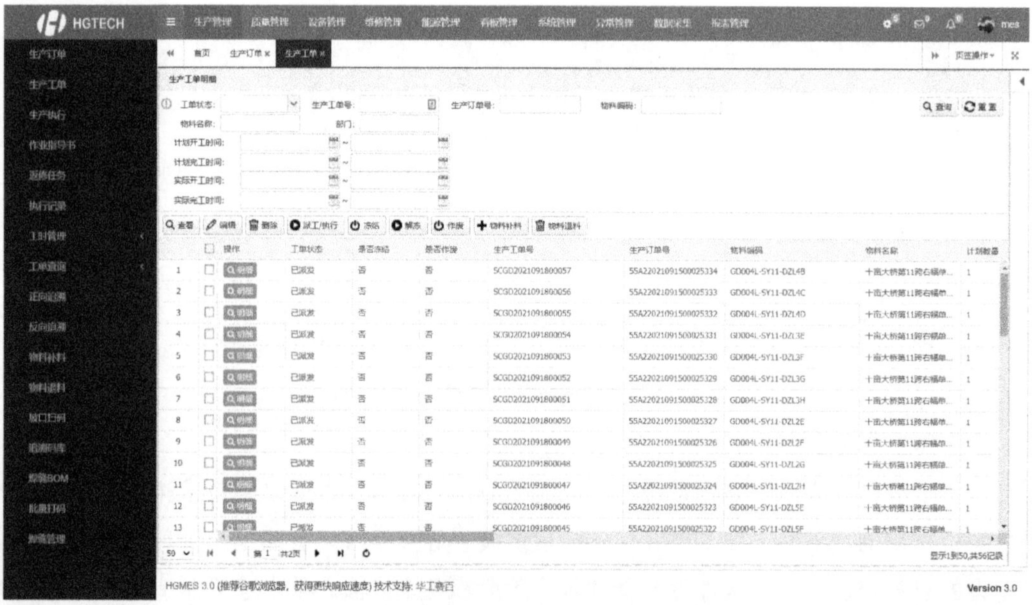

图 6.36 制造集成智能化系统—生产执行

图 6.37 制造集成智能化系统—质量管理

图 6.38 制造集成智能化系统—设备数据采集与监控

(4) 物料优化及管控系统

桥梁钢结构物料优化及管控系统部署实现优化套料,以及优化切割工艺;实现零件及钢板、余料信息可追溯;实现钢板的套料软件自动化,提高排版人员工作效率,提高板材的利用率，降低产品成本，建立物流执行系统，整合并优化业务处理模式；实现仓储物流业务的标准化作业，提升库内作业效率，降低差错率，降低运营成本；实现零部件从入库到产品入库全过程的系统化管理（图 6.39—图 6.41）。

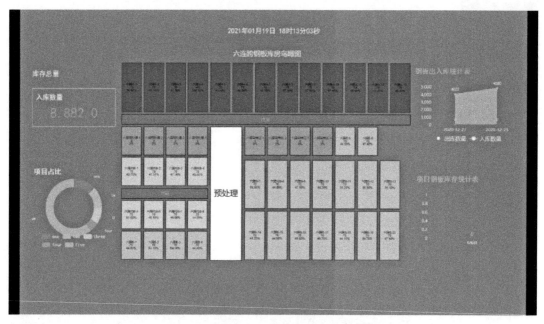

图 6.39　物料优化及管控系统—智能钢板库

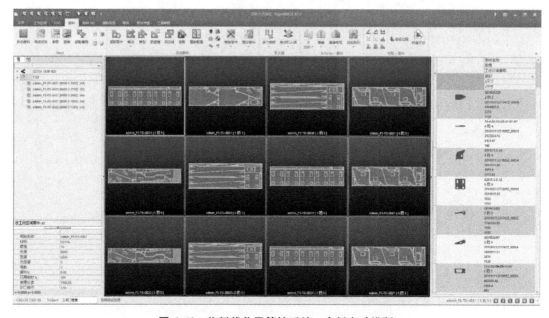

图 6.40　物料优化及管控系统—套料自动排版

图 6.41 LES—自动报工

（5）中控及看板系统

中控室是信息化网络中心和数据中心，同时也是智能车间相关子系统的控制中心，通过综合管理平台汇聚车间视频监控系统、设备监控系统、车间控制系统、车间物联网系统、能源管理系统、BI展示大屏，实现统一监管、协同工作（图6.42）。

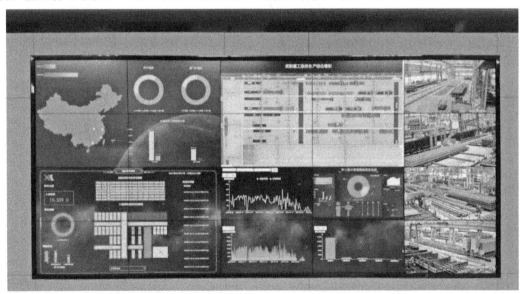

图 6.42 双柳基地中控室

6.3.3 钢梁制造加工工程项目智能制造结论

在代建监理部及各参建单位的大力支持下，经过各部门的共同合作，桥梁钢结构智能制造生产线建设完毕并取得了初步成效，达到业内相关要求。通过实施ERP、MES、

PDM、LES 等信息化系统、工业互联网以及先进的智能生产线，为公司建立统一的管理平台，建成了覆盖全业务流程的智能制造生产线。

桥梁钢结构智能制造生产线经过了调试和试生产，已在祁婺高速项目上正式投入生产应用，验证并固化了生产线的各项运行参数和质量指标，表明了生产线能够满足的施工质量及总体施工计划要求。通过在后期的不断改进，智能化生产线各项功能得到不断完善，可投入后续桥梁钢结构批量生产使用，达到桥梁钢结构行业智能制造的各项要求。

6.4 基于 BIM 技术的交通导改模拟

在互通立交施工过程中，不可避免地会对既有交通产生影响，为保证既有交通的正常运行，需采取交通疏导措施，以确保施工通行两不误。为此，运用 BIM 技术与已经建好的模型，结合交通导改方案，制作与导改方案相匹配的交通通行模拟演示动画，以生动形象地展示交通导改方案，让导改方案直接以动态模拟的形式展示出来（图 6.43）。通过对导改方案的模拟，可以更合理地提出导改方案变换或者其他改进建议，包括导改线路的选择，改变交通导航标志、交通安全警示标志等。

祁婺高速项目在婺源枢纽互通导改方案论证阶段，基于"江苏狄诺尼交通组织设计与模拟软件（简称 DnnTOS）"，结合 BIM+GIS 基础数据，在三维模型上进行交通组织预演与分析，不仅具有形象可视化的表现效果，还具有实时调整方案、实时演示的功能，解决了以往 BIM 模拟动画一旦输出再次修改耗时、耗费成本的问题。DnnTOS 可对交通导

图 6.43　婺源枢纽互通

改方案进行模拟,能形象地反映出车与路、与周围地形地物的关系,给现场管理人员提供了决策依据,辅助管理人员编制导改方案,这种三维展现还能指导施工现场,避免人员、物资、时间的浪费。婺源枢纽互通项目应用 BIM 技术,在三维模型的帮助下辅助工程师直观地进行交通导改方案的编制。根据 BIM+GIS 三维场景,结合周边地形地物、路网以及工商农分布情况,综合考虑各方因素,开展交通导改方案的编制工作,使得项目施工过程对周边的影响最小、费用最低、效率最高,全面提高经济效益。

为解决互通枢纽改扩建施工期间多次转换交通组织、多次进行车道封闭及交通导改,交通组织设计复杂多变等痛点问题,婺源枢纽互通项目在国内首次开发应用交通导改三维设计软件(江苏狄诺尼交通组织设计与模拟软件),解决传统交通组保通设计方案不直观、方案优化速度慢、沟通成本高的问题。

1. 婺源枢纽工程概况

婺源枢纽设置于德州至上饶高速公路赣皖界至婺源段新建工程终点位置,是主线与德婺高速、杭瑞高速交叉形成的十字枢纽,是基于原有 T 型枢纽改造而成。既有互通被交路为德婺高速、杭瑞高速两条。两条路线呈"Y"字形结构,主线与德婺高速主线顺接后与杭瑞高速形成十字形交叉,婺源枢纽互通是在交叉位置对原有互通工程进行部分利用后改建而成,互通采用双环形匝道+半定向匝道的变形苜蓿叶形式,同时完全利用德婺高速既有的婺源互通,通过辅助车道连接构成复合式互通立交。

2. 建设规模

主线路基宽度 26 m,与交路杭瑞高速现状路基宽度采用分离式互通匝道形式,左线宽度 12.25 m,右线宽度 12.25~14 m(全互通范围内线性过渡)。婺源枢纽互通工程对杭瑞高速左线进行移位新建,新建路基宽度为 13 m,对右线需增设变速车道路段进行扩建,扩建后的路基为 13 m 路基标准断面。

婺源枢纽互通设置匝道 9 条,其中,单向单车道匝道 3 条(F、H、I),路基宽度 9 m,单向双车道匝道 6 条(A、B、C、D、E、G),路基宽度 10.5 m。匝道全长 6 233.366 m(不含变速车道)。婺源枢纽互通设置桥梁 10 座,总桥长 1 265 m,设置通道及涵洞共 16 道(表 6.3、表 6.4)。

表 6.3 婺源枢纽互通匝道功能统计表

序号	名称	长度/m	功能	备注
1	A 匝道	1 869.589	德兴、婺源去往景德镇方向	改建
2	B 匝道	1 331.077	景德镇去往婺源、德兴方向	改建
3	C 匝道	706.459	德兴、婺源驶入杭瑞高速黄山方向	改建
4	D 匝道	1 012.144	黄山驶入德兴、婺源方向	改建

(续表)

序号	名称	长度/m	功能	备注
5	E匝道	707.615	黄山驶入祁婺高速清华镇方向	新建
6	F匝道	897.64	祁婺高速驶入杭瑞高速黄山方向	新建
7	G匝道	724.997	祁婺高速驶入杭瑞高速景德镇方向	新建
8	H匝道	419.539	景德镇驶入祁婺高速去往清华镇方向	新建
9	I匝道	1 025.095	F、H匝道间的辅助车道，加减速车道	新建

表6.4 婺源枢纽匝道桥梁工程统计表

序号	桥梁名称	起点桩号	终点桩号	桩基	墩柱	盖梁	T梁	现浇箱梁
1	婺源枢纽主线桥	K37+032	K37+297	49	40	8	53	10/4
2	A匝道桥	AK0+683.5	AK0+833.5	18	10	1	—	6/2
3	A匝道前亮厅中桥	AK1+396	AK1+456	10	4	2	27	
4	B匝道前亮厅中桥	BK0+322.4	BK0+382.4	12	4	2	24	
5	D匝道桥	DK0+721	DK0+946	22	16	0	—	9/3
6	F匝道桥	FK0+266	FK0+531	20	14	3	16	5/2
7	N前亮厅中桥（拆除新建）	NK50+217	NK50+277	12	4	2	27	
8	N陷田中桥（拆除新建）	NK50+769	NK50+829	12	6	2	36	
9	NZ前亮厅中桥（拆除新建）	NZK50+222	NZK50+282	12	4	2	27	
10	NZ陷田中桥（拆除新建）	NZK50+744.2	NZK50+834.2	12	6	2	36	
11	合计			179	108	24	246	30/11

3. 交通组织原则

基于婺源县的旅游资源丰富这一特殊情况，履行相关文件的要求，施工过程中坚持扩建通车两不误，质量进度双确保。施工过程中的重要事项如下：

（1）施工与道路通行安全：改扩建工程施工期间，必须保障运营车辆的行驶安全，同时也必须保障施工车辆和施工人员的安全。

(2) 通而不堵原则：改扩建工程施工期间，确保高速公路施工过程中道路保持通行，坚持领导带班作业制，节假日期间实施 24 小时轮班制，确保道路正常通行。

(3) 确保施工进度原则：改扩建工程是在原有高速公路的基础上进行的，其施工必然会对高速公路通行能力有一定的影响。因此要确保施工进度，合理组织施工、缩短施工周期是最有效的解决手段。

4. 应用流程

基于 BIM 技术的互通枢纽交组保通创新技术应用流程如图 6.44 所示。

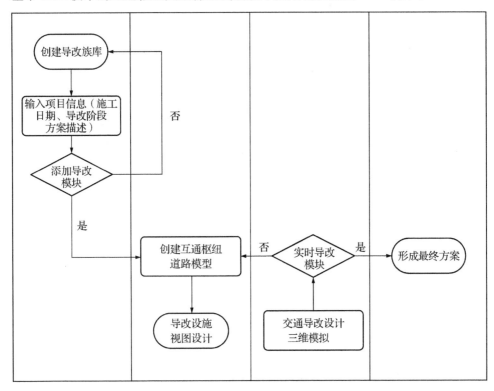

图 6.44 BIM 技术的互通枢纽交组保通应用流程

(1) 准备阶段

交通导改三维设计软件内包含所需标识标牌、施工机具等模型，新建项目添加名称、施工阶段、施工日期和方案描述等信息。

(2) 实施阶段

①利用软件创建现状道路模型，创建互通枢纽模型。输入路线信息创建道路，选择里程桩号即可实现路改桥，整个模型创建过程准确、快捷地还原互通枢纽交通状态。

②场景设计，在三维环境下进行交通导改设施设计，软件内自定义线状，选择放置对应标志牌、路面标线、隔离防撞设施、施工机具等模型，就可完成初步交通导改设计（图 6.45）。

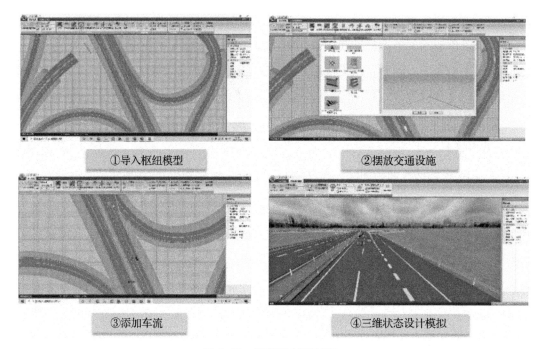

图 6.45 交通导改模块添加

（3）模拟阶段

利用软件交通组织模拟，为设计成果添加车流，设置车流量和车辆速度，选择车辆第一视角进行模拟，查看设计的合理性（图 6.46）。

图 6.46 实时导改模拟

（4）方案模拟调整阶段

根据交通导改模拟结果，对设计存在的不合理之处进行调整，通过这种设计、模拟一体化特点，完成不断优化后的交通导改方案（图 6.47）。

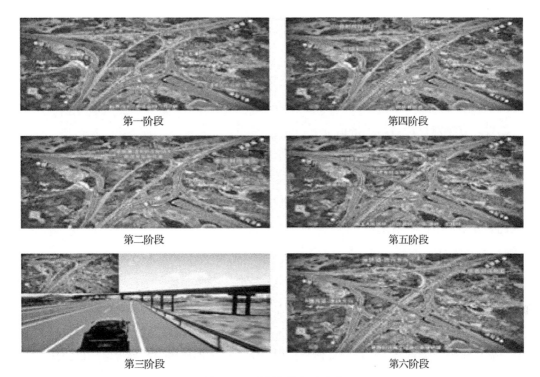

图 6.47 阶段优化导改方案

（5）最终方案阶段

将已经成熟的交通导改设计方案向相关产权单位汇报，在汇报现场实时根据专家要求修改方案。

5. 创新点及经济、社会效益

（1）首次研发交通导改软件，形成交通导改标准化模板

江苏狄诺尼交通组织设计与模拟软件是首次研发的一款基于BIM交通导改的三维设计软件，软件创建了导改标准化族库，族库模型可重复利用，采用线性布置方法，能够快速、准确地布置导改族库，大幅提升交通导改方案设计的效率。

（2）"视图设计"＋"实时模拟"的三维交通导改设计

传统交通导改设计采用CAD平面设计，再利用BIM动画进行模拟。交通导改设计在二维环境下设计表达不直观，再利用BIM动画模拟展现方式，存在设计与导改模拟脱节现象，BIM动画在方案会审时又无法实时修改，未实现真正的三维设计。

江苏狄诺尼交通组织设计与模拟软件是基于BIM技术研发的交通导改软件，集成设计视图和交通组织模拟两大功能，"设计视图"对车流、标志标牌、安全防护、施工机具等进行设计，"交通组织模拟"实现实时的三维动态模拟及检查，二者相互配合，设计模拟一体化，成为交通三维设计的强劲引擎。

（3）节约造价

①实时修改导改方案，节约沟通成本

江苏狄诺尼交通组织设计与模拟软件在三维环境内进行交通导改设计和模拟，在交组保通方案会审时，能够根据专家意见，实时、快速、准确修改导改模型，在现场完成方案修改，直至满足导改标准及专家要求，可减少与路政、交警等产权单位的汇报轮数，预计可将方案决策时间缩短50%，节约沟通成本，达到节约造价的目标。

②设计方案对比，节约经济造价

江苏狄诺尼交通组织设计与模拟软件通过自动获取交通导改设计方案的施工机具、标识标牌等模型数量，统计硬件投入的数量，匹配导改方案施工组织所需人员及进度情况，计算出一套导改方案成本台账。通过对设计方案的合理性、成本造价进行全方面对比，选择最优的方案，节约经济造价。

6. 应用情况

婺源枢纽互通项目首次研发了交通组织设计软件，集成实景、工程 BIM、施工临建、临时交通标志和车流等模型，搭配交通流量算法，在三维环境内进行可视化交通组织设计和模拟；支持实时修改临时交通设施，减少与路政、交警的汇报轮数，减少导改次数，将方案决策时间缩短30%，实现了不中断交通改造。同时方案所见即所得，确保方案的可行性。

6.5 基于 BIM 技术的高强螺栓智能化电动施拧扳手及监控系统

为了对施拧作业进行可视化管控和数据采集，实现对每个螺栓的施拧状态的全面掌控和状态追溯，祁婺高速项目在国内首次开发应用高强螺栓智能化电动施拧扳手及监控系统（图6.48），采用第三代智能化电动扳手，按照系统标示的顺序进行施拧，该扳手能够显示

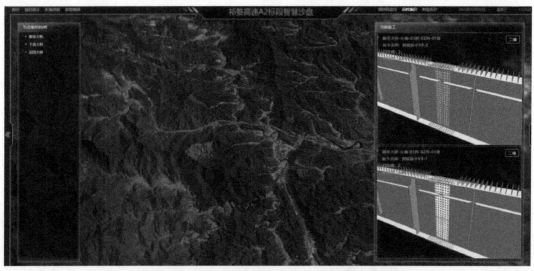

图 6.48 基于 BIM 技术的高栓施工监控管理系统

当前施加扭矩,并进行记录,每次施拧后的最终扭矩将自动上传至对应位置。通过手机端可以直观地查看每个螺栓的强度,及时对强度不够的螺栓进行加强。

1. 创新应用主题及设备

工艺名称:高强螺栓智能化电动施拧扳手及监控系统。

设备:第三代智能化电动扳手。

2. 适用场景

本创新工艺适用于钢梁拼装高强螺栓施工,尤其适用于以下场景中的高强螺栓施工:

(1) 施工质量要求高,但作业人员对规范不够了解,传统工艺工人难以完全按照规范的施工顺序作业,无法确保施工质量。

(2) 高强螺栓工程量较大的工程,若记录结果不直观,难以把握所有节点板的施工状态;若对所有螺栓进行轴力检测,工作量大,人力成本高。

3. 应用工艺流程及要点

在国内首次开发应用高强螺栓施工监控管理系统,采用研发的第三代智能化电动扳手进行高强螺栓施拧作业。高强螺栓具体施工流程如图6.49所示。

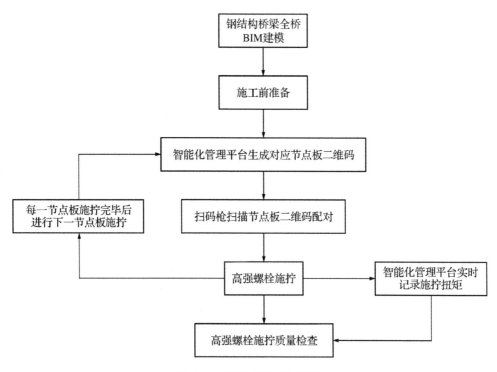

图 6.49 高强螺栓实施流程

（1）对钢结构桥梁进行全桥 BIM 建模，开发软件插件，提升高强螺栓节点位置准确性（图 6.50）。

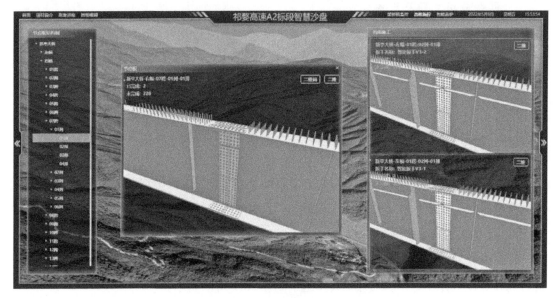

图 6.50　大桥模型植入系统

（2）通过创新研发的智能化管理平台高栓施拧模块找到对应节点 BIM，根据 EBS 编码生成高强螺栓节点二维码（图 6.51）。

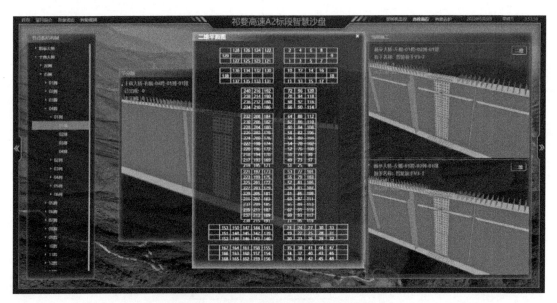

图 6.51　智能化管理平台高强螺栓编号图

（3）开始施拧前，通过与智能化电动扳手配套的扫码枪，扫描节点板二维码，完成配对（图 6.52）。

图 6.52　BIM 中钢梁节点板二维码

（4）根据节点模型的高强螺栓编号按顺序进行施拧，智能化电动扳手能够显示当前施加的扭矩（图 6.53）。

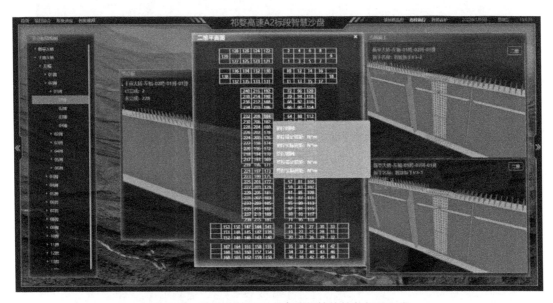

图 6.53　智能化管理平台高强螺栓施拧数据显示图

（5）施拧数据实时上传至智能化管理平台，准确记录对应高强螺栓位置的扭力值，未施工高强螺栓孔位不填充颜色（图 6.54），初拧合格后填充黄色（图 6.55），终拧合格后填充绿色（图 6.56），超拧或欠拧后填充红色。

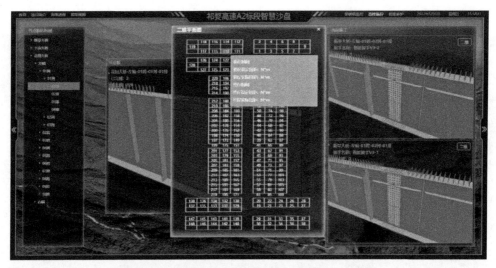

图 6.54 智能化管理平台未施拧螺栓数据显示图

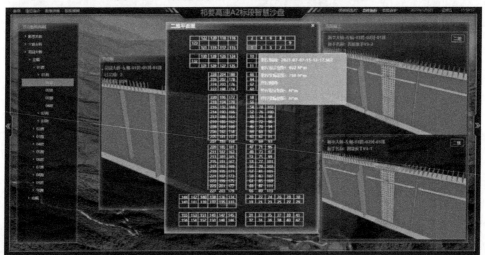

图 6.55 智能化管理平台初拧合格数据显示图

图 6.56 智能化管理平台终拧合格数据显示图

4. 实施效果

高栓施工监控管理系统通过对高强螺栓施拧作业进行可视化管控和数据采集，解决了传统高强螺栓施拧过程中漏拧、欠拧、终检不能100%覆盖等问题，并实现对每个螺栓的施拧状态的全面掌控和状态追溯。该系统能够完整、高效地记录高强度螺栓施工信息，实时掌握施工状态，随时统计分析施工质量，降低因超拧引起的延迟断裂发生概率（图6.57）。

图 6.57 创新应用成果

5. 创新点及经济、社会效益

（1）优化施工工艺：高强螺栓智能化电动施拧扳手及监控系统通过 BIM 的展示方式，结合物联网，在智能化管理平台上直观地显示每个节点板上螺栓的位置及拧紧状态，方便后续的补拧、检查等工作。

（2）提升监管效率：高强螺栓智能化电动施拧扳手及监控系统通过研发智能化设备及管理平台，实现数据实时共享，数据经标定后，可作为现场监理人员的终检依据，一定程度上实现了施拧合格即"免检"。

（3）提高施工质量：高强螺栓智能化电动施拧扳手及监控系统从根源上避免日常施工中由于工人的疏忽大意造成的漏拧或者扭矩不足，系统中所提供的施拧顺序也可以在一定程度上提高节点板的施工质量。

（4）降低施工成本：高强螺栓智能化电动施拧扳手及监控系统能自动记录节点板上所有螺栓的设定扭矩、施拧扭矩及施工时间，数据按照初拧和终拧两个流程分开记录，提升了高栓施拧效率，替代了人工约 13 000 次/天的施拧数据记录工作量。

6.6 基于 BIM 技术的边坡生态修复应用

沿线区域自然山体坡面原本就被茂密的乔灌木覆盖，山坡坡面的自然景观十分优越，因此常规的高速公路边坡喷播草种的绿化效果，难以满足修复坡面环境与周围自然坡面环境自然融合的需求。为实现边坡树林化的修复目标，通过 BIM 技术对边坡树林化设计进行空间直观化展现、时间动态化展现、群落演替化展现，以四维实景效果给设计者和业主提供决策参考，用以指导项目的设计和施工，提升项目高边坡景观绿化水平，为边坡生态修复技术提供依据，给生态高速公路建设带来一定的指导意义。

1. BIM 运用拟解决的问题

（1）利用 BIM 技术进行工程边坡设计，选取优势物种筛选和植物配置模式，研究适合于江西省东北区域高速公路边坡特点的植物配比的最优方案，模拟不同生态修复技术的工艺流程和建成景观效果。

（2）进行现场对比试验，从安全、生态、景观三个方面对实际效果开展评价分析，探索出适合于江西省东北区域特点的高速公路边坡处理设计方案。

（3）依托成功经验，大力发挥 BIM 技术在绿化设计中的作用。

2. BIM 运用的思路

（1）基于 BIM 的边坡树林化模拟设计和效果预测

①优势物种筛选和植物配置。通过利用 GIS、Access 等软件，对路域内的地形地貌、水文地质、植物群落等自然环境基础进行研究，结合实地调查和相关工程经验对该地区不同类型边坡进行植物适应性分析、群落结构数据统计分析，筛选适合该地区各类边坡生态修复的优势物种和最佳植物配置模式，选取实验边坡，使用 Revit 软件进行边坡三维建模（图 6.58）。

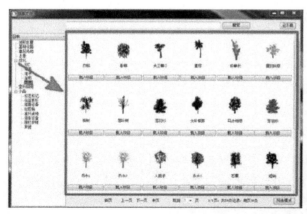 

图 6.58　植物物种选配

②基于时间+空间的植物配比。以实验边坡为基础选取2—5种植物配比方案,结合BIM技术利用Revit、GeoStudio、Lumion等软件,输入植物根系、边坡坡率等影响因素数据参数,预测最佳植物配置模式下优势物种的生长速度,分别推演3年、5年、8年甚至10年后的边坡群落效果(图6.59、图6.60),对比在不同时间段的边坡植物群落空间效果并分析其优缺点,筛选最优植物配比方案。

图 6.59　推演 0—3 年效果

图 6.60　推演 5—8 年效果

③现场对比试验。基于BIM的边坡树林化生态修复技术研究中不同植物配比方案在不同时间段进行现场对比试验,对BIM研究结果和评估对比实验结果进行研究分析,收集评估对比实验详细数据,与基于BIM研究形成的三维模型中的模拟效果进行比对。

④设计模型的优化。根据评估成果数据的分析结果,对实际评估对比实验存在误差的BIM技术方法、数据参数、操作方式等进行优化调整。对调整后的边坡树林化BIM设计技术方法、数据参数、操作方式进行二次操作,验证BIM设计研究结果和评估对比实验结果的对应性。

⑤形成BIM绿化设计经验。在以上利用BIM技术对边坡树林化的方案对比后,规范化整理、优化相关模型、数据库、素材库等,形成针对该地区的边坡树林化设计的BIM设计系统思路和方法,为后期边坡树林化的BIM标准化设计提供强大的资源支撑。

(2) 基于BIM的边坡生态修复技术选择和效果评估

①基于BIM的生态修复技术选择。选取三维网绿化技术、生态植生毯绿化技术、三联生态防护技术作为生态修复技术方案,利用BIM技术,使用Revit、GeoStudio、Civil

3D等软件，依托实验边坡模型，分别对以上三种生态修复技术进行三维建模，输入相关技术参数，模拟其工艺流程和建成效果等（图6.61）。

图6.61　5年内三维植被网（左）、生态植生毯（中）、三联生态防护（右）技术模拟

②评估指标。通过对赣东北地区已建高速公路边坡现状的调研分析，并结合相关资料从安全、生态、景观三个方面研究确定边坡树林化修复效果的评估指标，形成该地区高速公路边坡树林化修复效果评估体系。

③现场对比试验以实验边坡为基础，针对三种边坡生态修复技术方案进行现场对比试验，分别探究5年内逐年的边坡群落效果，收集评估对比实验详细数据，对比不同生态修复技术方案在不同时间段的边坡植物群落空间效果并分析其优缺点。

④边坡树林化技术以该地区高速公路边坡树林化修复效果评估体系为依据，根据评估指标对不同生态修复技术方案在现场对比试验中收集的相关数据进行标准化评价分析，筛选适合本地区的最优边坡树林化生态修复技术方案。

3. 结语

基于BIM技术在边坡生态修复技术的研究表明，将BIM技术与Revit、GeoStudio、Lumion等软件结合，其三维化、参数化、可视化特点可以很好地应用在景观设计中，通过对不同生长期的景观效果模拟及评估，可以提高方案设计的准确性及合理性。BIM技术的全生命周期的能力将被普遍应用于未来景观设计行业中，其不断提供经验来完善新的景观设计方法，并推广运用于其他绿化工程。

7 BIM+GIS+IoT 数字建管平台应用

7.1 平台设计总体概述

祁婺高速项目引入 BIM、GIS、北斗、物联网等技术应用，定制化研发基于 BIM 技术的项目管理平台——BIM＋GIS＋IoT 数字建管平台，由 OA 办公系统、BIM 管理平台、进度管理系统、计量管理系统、安全管理系统、质量管理系统、智慧监理系统、智慧工地管理系统、智慧党建系统等高度集成，是项目建设全方位动态化监管的大数据基础支撑，采用 1＋N 模式，实现 1 个指挥中心与 8 个管理系统间的数据自动传递及共享（图 7.1、图 7.2）。

图 7.1　BIM＋GIS＋IoT 数字建管平台首页登录界面

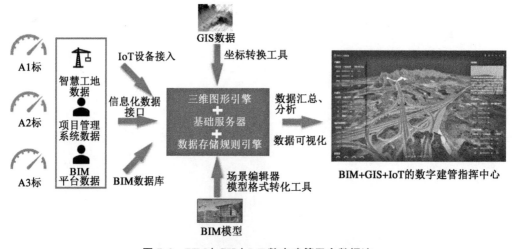

图 7.2　BIM＋GIS＋IoT 数字建管平台数据流

1. 总体设计原则

根据大型信息化系统的设计经验,制定以下设计原则。

(1) 应用专业化

应用系统应依据应用功能的关联度来划分,聚合度强的功能应归于一个子系统,同一个功能应避免出现在不同的子系统中,不出现功能重叠。耦合度低、非功能需求差异大的应用功能应尽量避免出现在同一个子系统中,以防不同功能之间的互相影响。应用系统的专业化还应强调有利于未来专业化运营,集中管理和资源共享的业务功能应归于一个子系统。

(2) 数据标准化

应强调数据一处获取,在数据中心整体范围内共享,并制定相应的数据标准保证数据的一致性,保证数据的原子性、唯一性和演绎性。

(3) 体验一致化

应从整合角度考虑系统建设,无论后台有多少独立的子系统,都应提供给用户"一个系统"的体验,通过应用平台这个单一入口使用各种功能,有一致的用户界面,访问各种信息。

(4) 访问灵活化

设计体现系统功能灵活性和信息移动化,实现用户任何时间、任何地点、不同设备的接入,提高工作效率。

2. 总体设计思路

在系统总体设计时,结合高速公路工程项目信息化综合管理平台的特点和信息技术发展,保持管理上和技术上的先进,使系统未来有不断发展和扩充的余地。

从技术上,要重点利用面向服务的架构(Service-Oriented Architecture,SOA)理念,基于 GIS 的可视化技术、智能终端技术和离线客户端等实现。从电子元数据和电子文件管控上,做到公路工程项目信息化综合管理过程电子文件和数据的安全性,数据上保证"一数一源"。从公路工程项目信息化综合管理的计算和服务架构上,通过云计算和云服务的模式,有效、便捷地利用建设工程行业规范数据和文件。从分布式架构上,保证从集团到项目上各管理层级的业务功能和监控管理需求。

从元数据概念的角度看,公路工程项目信息化综合管理文件元数据规范的范围不仅应包括文件的内容、结构和背景信息,还应包括元数据主动获取、迁移、利用整个流程,以及文件形成系统的元数据信息,应从真正意义上做到征地数据的"一数一源",推进资源整合与共享,避免重复投资,做到数据、文件有据可循,信息和文件数据的不可抵赖性。

在高速公路工程项目信息化综合管理平台云计算数据中心,利用云架构的服务模式,推动建设基于工程项目信息化的公共服务、互联网应用服务云计算数据中心和远程灾备中心，引导数据中心向大规模、一体化、绿色化、智能化方向布局发展。拓展工程项目信息化大数据服务，增强高性能计算、海量数据存储、信息管理分析服务能力。构建统一的工程项目信息化的云服务，推动各级单位和部门业务应用系统向云计算模式应用。

3. 总体设计架构

BIM＋GIS＋IoT数字建管平台总体架构包括交互层、业务层、应用支撑层、数据存储层、系统资源层。BIM＋GIS＋IoT数字建管平台总体架构图如图7.3所示。

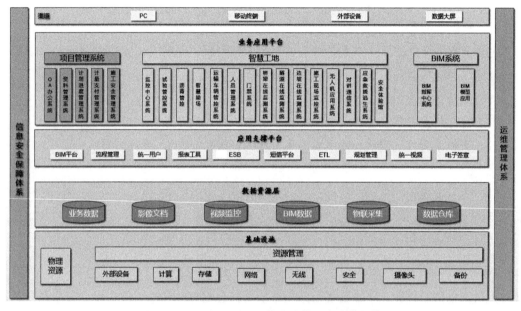

图7.3　BIM＋GIS＋IoT数字建管平台总体架构

（1）渠道层

渠道层为用户提供多种手段获取信息，使得用户在任何时间、任何地点都能获取关注的信息。

（2）业务应用平台

业务应用平台为项目管理系统、智慧工地资料管理系统、BIM系统三大部分。项目管理系统主要包含OA办公系统、资料管理系统、计划进度管理系统、计量支付管理系统、施工安全管理系统等应用系统；智慧工地管理系统主要包括监控中心系统、试验管控系统、沥青管控、智慧梁场、运输车辆管控系统、人员管理系统、门禁系统、桥梁在线监测系统、隧道在线监测系统、边坡在线监测系统、施工现场视频监控系统、无人机应用系统、对讲通信系统、应急救援逃生系统、安全体验馆等应用系统；BIM系统主要包括BIM指挥中心系统、模型应用BIM。应用范围涵盖祁婺高速项目业务职能，以提高管理效率，保证管理的标准、规范和统一。

270

(3) 应用支撑平台

通过建立公共应用平台、复用业务系统应用功能等手段，按照统一标准规范封装服务和数据对外发布，实现松耦合的信息资源共享，以及信息应用对业务的快速响应，降低信息化建设成本。应用支撑平台主要包括 BIM 平台、流程管理、统一用户、报表工具、ESB、短信平台、ETL、规划管理、统一视频及电子签章等，能实现应用的集成、数据的集成、业务流程的集成。

(4) 数据资源层

数据资源层是整个应用系统的信息中枢，借助于应用支撑平台中的 ETL 和 ESB，整合并存储业务数据，采集外部硬件设备数据，交换第三方应用数据以及统计相应的分析数据，初步形成统一的数据中心。

(5) 基础设施

按需提供给用户的服务是对所有设施的利用，包括计算、存储、网络和其他基本的虚拟化资源，用户能够部署和运行任意软件，包括操作系统和应用程序。消费者不但能控制操作系统的选择、储存空间、部署的应用，也有可能获得有限制的网络组件（例如防火墙、负载均衡器等）的控制，并实现服务管理的可视化、可控化和自动化。具体包括物理资源和资源虚拟化层，其中物理资源包括计算、存储、网络、防火墙和外场监控终端设施等。资源管理实现了对物理资源的按需分配使用的管理和监控。

(6) 信息安全保障体系、运维管理体系

确保祁婺高速项目信息化建设的可持续发展，使得信息化软硬件体系能够稳定、持续运行和改进完善。

4. 信息系统集成

开放系统接口，实现各系统之间的系统集成（包含统一用户管理、质量管理系统对接、安全管理系统对接、BIM 平台对接，图 7.4）。

信息系统集成采用基于 SOA 的集成方式进行设计，接口实现以 WebService 和 RESTful 方式为主，接口交互主要通过企业服务总线（Enterprise Service Bus，ESB）进行，接口标准和参数要求须符合应用系统接口技术标准体系、集团企业服务总线集成标准的规范要求（图 7.5）。

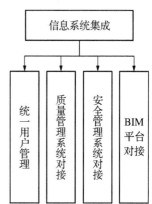

图 7.4 信息系统集成功能图

(1) 本系统支持与质量管理系统的对接

具体的接口协议及信息点表在系统实施阶段确定。

(2) 本系统支持与安全管理系统的对接

具体的接口协议及信息点表在系统实施阶段确定。

(3) 本系统支持与 BIM 平台的对接

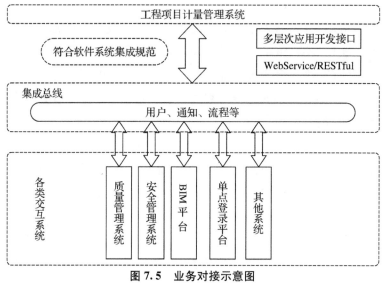

图 7.5　业务对接示意图

具体的接口协议及信息点表在系统实施阶段确定。

（4）本系统预留与单点登录平台集成接口

单点登录系统集成，读取相关数据，实现用户的统一认证单点登录。具体的接口协议及信息点表在系统实施阶段确定。

（5）统一用户管理

系统支持用户和权限统一管理，保证数据的安全性，对关键数据采取多种访问权限的控制，保证数据的完整性、一致性和有效性。系统管理员可以将系统权限进行划分和组合，授予相关业务管理员进行具体的权限分配工作。系统提供唯一的权限定义、分配管理界面，系统所有的权限都集中统一在此界面反映和分配，管理员能够通过此界面快速查询、修改、分配系统权限、用户权限功能。系统能够导出权限文本清单系统权限架构，如图 7.6 所示。

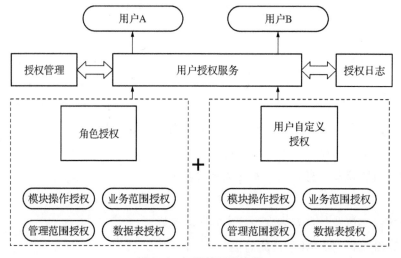

图 7.6　权限管理示意图

系统基于用户角色和用户自己的权限架构,用户和角色关系如图 7.7 所示。

其中,用户可以属于多角色,且用户权限继承自角色权限,如果涉及用户权限和角色区别较小时,系统可支持用户自定义权限,最终用户权限＝用户角色权限＋用户自定义权限,其中用户自定义权限＞用户角色权限。

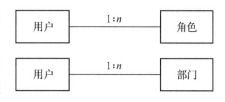

图 7.7 关系示意图

5. 系统模块架构与功能(图 7.8、表 7.1)

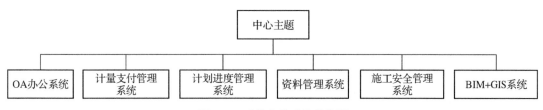

图 7.8 系统总体功能结构图

表 7.1 BIM＋GIS＋IoT 数字建管平台功能介绍表

系统	亮点功能	亮点简介	应用效益
BIM 管理平台	多元异构模型轻量化展示	集成各系统面板数据并在单构件模式下可查看构件质检表格、清单计量情况以及相应的 BIM 资料、工程资料等	快速查询各项图纸、报表等资料,以及质检、计量、变更情况,模型轻量化处理后时间节省 5—7 s,提高工作便捷性及效率
	施工进度可视化管控	BIM 依托施工进度进行施工模拟,系统应用 3 种色彩对现场已完工、施工中、未施工状态进行可视化展示	通过模型的色彩变化与施工现场形成动态化联动,可直观准确地掌握现场施工的进度情况。模型进度展示与实际进度时效误差仅在 1 天左右
OA 办公系统	信息化办公	公文上通下达	无纸化办公,全过程信息办公
质量管理系统	质检报表在线填写、审批、归档	通过内置挂接好的表库,在施工过程中可及时完成资料填写上报,监理在收到质检流程通知后在现场即可对工程部位进行检验,保证了资料的时效性和真实性	质量管理系统中共划分分部工程 7 273 项,分项工程 33 756 项,工序 166 359 道,表格总数 656 240 张。全线 64 万余张表格在系统流程流转,节约打印耗材约 10 万元,将以往纸质报验改为线上流转,提高各参建单位流程流转效率
	评定表自动评定合格率	自动完成表格填写、数据引用、表格流转、汇总评定、档案归档及数据共享等工作,全面有效提高公路工程文件材料过程管理水平	全线 3.3 万余张评定表格由原来的人员评定改为平台根据规范数据自动评定,节约监管人员的管理时间,有效解决了人员评定导致评定结果错误的问题

(续表)

系统	亮点功能	亮点简介	应用效益
计量管理系统	自动计量	质量检验合格后自动推送完成节点，自动计算本期计量数量，同时根据可计量节点自动生成本期计量清单	将项目全过程的计量工作由人工计量改为系统自动计量，常规15天的计量流程缩短为7天，工作效率提升约50%，并且有效遏制超前、超量计量
计量管理系统	变更管理	变更管理实现系统全过程流程管控，并且变更与计量紧密关联	目前共计113条工程变更流程在系统流转，变更流程摆脱以往线下烦琐的流程，线上变更全过程方便有效，变更信息数据可追溯，监管人员线上查看进程，有效解决了以往变更难以监管的问题
安全管理系统	安全管理自动评分	平台根据各标段日常使用情况及平台信息完整度实时评分并排名	安全管理系统记录进场人员1 560人，进场设备264台，安全会议77次，教育培训198次，技术交底81次，日常巡查1 088次，安全日志1 248份。帮助监管人员对各标段安全管理工作开展实时监控，对未完善的信息实时提醒，把安全管理工作细致化，实现BIM+安全管控
进度管理系统	自动进度报表	系统定期自动生成日报及月报	进度管理系统配置工程项目信息，按日申报日进度及按月申报月计划，系统在规定时间自动生成日报及月报，释放了以往施工单位繁重的工作量，让项目办更有效地掌握施工进度情况
智慧监理系统	实时监控和查询	即时管控，实现监理工作信息化全覆盖	95%的监理工作可在智能终端上完成，实现资料自动归档
智慧工地管理系统	自动预警	根据自身需求设置报警阈值，当监测到的数据达到这个阈值时，系统会自动发出报警信息并推送给用户	系统发出预警信息时，摄像头会自动捕捉施工现场，识别危险或违规行为，形成联动报警，减少安全事故的发生
智慧党建	党建引领	智慧党建系统融入党建领航、廉政建设等	为党建文化建设指引方向

7.2 BIM 管理平台

1. 系统架构

BIM 管理平台是以"BIM+GIS+IoT"三大技术为核心的智慧平台，是整个信息化的大脑，通过互联网、BIM、IoT、GIS 等技术将公路工程项目所有数据集成在 BIM 管理平台中，实现公路工程项目的万物互联、数据共享。BIM管理平台系统针对公路工程项目地形条件复杂，工程体量大、综合性强等特点，搭建虚拟内容场景，内设智能监控系统，集成各类传感监测设备，提供智能化的实时监测、事故预警功能，大大提高了安全预防等级和抢险效率。同时，让管理者对质量安全、进度、关键工点、关键指标全盘掌控（图7.9）。

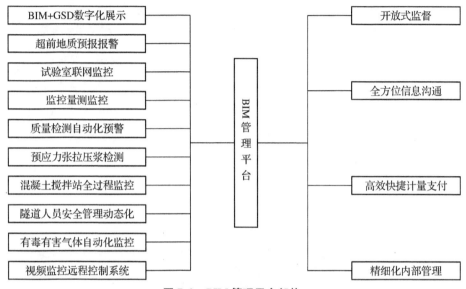

图7.9 BIM管理平台架构

BIM管理平台支持Revit、3DsMax、Tekla、SketchUp等多格式BIM上传，支持BIM在线轻量化浏览，支持模型构件树设置，按专业查看所需模型构件，可对BIM进行在线旋转、移动、缩放、剖切，对BIM进行在线审核和批注，参建人员通过系统客户端即可直接查看BIM的完整信息；创建数字化模型，并导入高清地形数据，通过系统完美展现实际地形，360°全方位观测，直观展示施工主体与周边地形关系，随时提取真实的GIS坐标数据及高程点；通过模型直观查看某个设计标段或施工标段长度，桥梁、隧道数量，通过选择模型查看工程数据，操作直观便捷，施工主体模型、地形模型、施工设施模型真实展示。在BIM指挥中心系统里，可以快速查询项目的概况，并可总览项目生产过程中的关键数据汇总，如产值、计量、WBS工序、安全检查、工序质检、现场监控、智慧管控等内容，掌握项目实时进展，辅助决策。为方便项目管理人员在日常工作中快速查询、录入相关数据，系统支持PC端、移动端两种浏览方式，数据信息完全同步。

2. 数字化集成

通过BIM信息集成技术，结合GIS和IoT，集成质检、计量、安全、智慧工地各项数据，施工过程中的质量检验和评定资料、计量支付和变更管理数据、安全网格化责任人和隐患清单、原材料信息、试验数据、隧道门禁信息、人员车辆管控信息等与BIM永久关联，形成工程模型大数据中心（图7.10）。

图 7.10 BIM＋GIS＋IoT 数字建管平台看板

3. BIM＋质检

通过 BIM＋质检数据面板，掌握现场的质检资料工程量统计、质检资料填报情况、工序质检进度情况，并支持通过系统跳转至质检系统中，对关键数据进行反查、核实（图 7.11）。

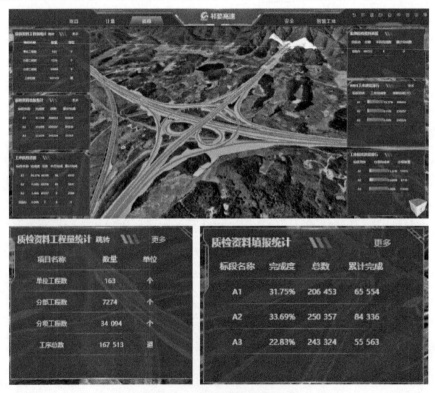

图 7.11 BIM＋质检数据看板

4. BIM＋计量

通过 BIM＋计量数据面板，查看工程项目的总体计量情况、各期工程的计量情况、各分部计量情况、各章节计量情况，并可对完成率进行快速分析，辅助管理人员对项目资金的应用情况进行全盘掌握，合理安排下一阶段的资金计划（图 7.12）。

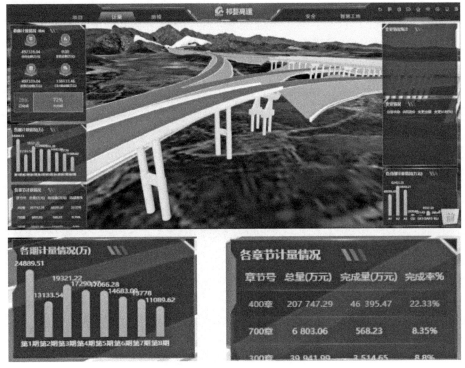

图 7.12　BIM＋计量数据看板

5. BIM＋安全

通过 BIM＋安全数据面板，掌握现场的安全检查情况、特种作业人员统计、隐患统计、危险源统计，并可结合项目的安全数据进行安全预警趋势分析，将 BIM 与安全管理有效结合起来，实现安全的可视化管理（图 7.13）。

图 7.13　BIM＋安全数据面板

6. BIM+进度

通过 BIM+进度数据面板，查询已施工构件部位的实时进度信息，支持在沙盘中进行进度的动态推演，BIM 依托施工进度进行施工模拟，通过模型的色彩变化与施工现场形成动态化联动，监管人员可通过模型了解进度的超前与滞后情况，从宏观上对项目的整体进度进行把握（图 7.14）。

图 7.14　BIM+进度数据面板

7. BIM+智慧工地

通过 BIM+智慧工地数据面板，查询建造过程中试验室压力机、万能机采集数据，支持在线查看视频监控，查看隧道门禁、隧道环境、人员、车辆进出场数据信息，查看水泥搅拌站、沥青搅拌、张拉压浆数据信息（图 7.15）。

图 7.15　BIM+智慧工地数据面板

综上所述，BIM指挥中心集成各项数据融合，通过各项数据面板，可实时掌握质检、计量、安全、智慧工地总体情况，并且，在单构件模式下，依托单构件模型，展示该部位下质检表格完成情况，支持表格数据查看清单计量完成情况、变更情况等。

7.3 OA办公系统

1. 基础管理

（1）组织人事管理

提供对企业的组织机构的管理，并以图形化的方式展现。在组织机构的基础上，企业可以定义完整的人事结构，包括部门、工种、职位、职能、成本中心、时间表等。

（2）通知公告管理

通过信息门户对公司新闻公告进行分类推送，公告的发布需经过流程审批。可对新闻公告发布进行模板控制，实现集团公告统一模板。

（3）员工通讯录

统一的公司通讯录管理，对于高层领导联系方式可设置隐藏。

（4）个性化设置

提供个性化设置功能，员工可自由设置个人主题桌面、流程审批常用语、个人通讯录等。

2. 门户管理

（1）建立集团统一门户

建立内部信息门户：集团可用来集中发布最新的通知公告、规范制度、新闻、人事任命、会议日程等动态信息，让所有员工能快速了解到集团动态，拉近集团组织与员工之间的距离，从而增强员工的部分归属感。门户均可设置二级门户。

（2）建立内部各职能和业务部门

可根据不同职能部门和业务部门的工作内容性质，为各个部门设计出有针对性的部门内信息门户，同时可加强上下游部门对本部门的工作动态和发展的了解，从而打破组织内的信息壁垒，增强部门与部门之间的信息沟通和了解。

（3）信息与知识推送门户

企业在不断的发展过程中，肯定会有越来越多的知识已沉淀下来，结合知识管理的应用，信息门户可按照一定的逻辑和关注者对象，主动地推送相应的公司行政和业务知识，充分利用已有知识辅助日常业务工作。

（4）建立员工办公桌面中心

系统自动把员工日常工作内容推送到个人门户平台，进行汇总、跟踪、查询，包括自动把上级或其他同事所提出的申请推送到办公桌面上,还包括推送最新的知识提醒阅读、外部的门户信息、每天安排的计划日程、所需查看的邮件等等。

(5) 规范制度的整理与发布

实现制度文件在内部信息门户中的自动发布,便于员工快速查看最新制度文件。

(6) 信息系统整合门户

通过 OA 办公系统的信息门户,可全面整合企业中的其他三方系统,为所有员工提供统一的入口,实现单点登录(Single Sign On,SSO)和数据抓取。

3. 流程管理

(1) 帮助建立标准化的工作流程体系

电子化流程可用于对单位内部甚至对外部的部分衔接和沟通,通过电子化的方式执行,可消除不同的员工对纸质管理制度有不同的理解的现象,让所有工作岗位真正贯彻单位制定的规章制度,从而建立电子化的运营和规范作业体系。

(2) 数据丰富、协同,支持流程审批

解决以往当领导审批时只能了解到单一信息而很难直接决策的困境,通过协同、立体、全面的数据信息呈现,可帮助审批者全面了解相关的信息,例如,通过费用报销流程,审批者可直接了解到此次费用的产生人员、部门,以及是为了哪个任务、哪个项目,从而可直接了解详细的任务、项目进展情况;通过报销的金额,审批者可了解此笔金额同时分摊的对应人员、所在的部门成本或项目成本。

(3) 保留办公习惯,使流程处理功能灵活便捷

不改变传统工作习惯,灵活配置表单内容(图 7.16)

图 7.16 表单线上审批流程

（4）移动化审批同步

PC 端和移动端功能一体化（图 7.17）。

一键同步PC端的审批流程
移动端自动同步与适应流程表，无须重复移植，并且自动套用格式，美观

智能消息化流程推送
将流程处理与移动端的即时通讯（Instant Messaging，IM）消息结合，实现流程的消息化处理。

一键快速同步PC端的审批流程，智能化、消息化的流程处理

图 7.17　PC 端和移动端数据同步

（5）自由流程自定义审批路径

对于临时性事项，提供自由流程解决方案，发起人可自定流程审批节点，各节点可直接在流程中进行加签、转办等操作，自由度高，可灵活满足现行的办公习惯。

（6）固定流程

根据设定好的流程流转步骤和审批人自动流转，其中审批人可以是指定人员、指定岗位、指定角色。采用固定流程审批时，审批人不能更改流程，但可以在权限范围内进行加签、回退等操作，支持前进、回退、分支、选择、判断、收回、删除、委托、并发、会签、催办等功能。

（7）流程督办

各个部门领导对流程流转进行监控，在流程发起时或流转过程中，若需要对该事项进行督办，就可以发起督办，还可设置督办事项需要完成的时间。

（8）流程效率类报表，帮助内部流程管理优化

作为项目公司来说，在没有构建协同平台之前，没有一个较好的工具可以统计业务审批流程整体周期。通过流程效率分析，可以知道一个流程平均流转周期是多少，是哪一个审批节点耗时最长，是流程本身的问题还是人的问题，从而有效为管理者提供流程优化工具，包括但不限于公文管理、印章管理、合同管理等综合事务审批管理。

流程类型统计：对单位所有流程的统计，可全面掌控内部管理内容。

待办事宜统计：可分析各个部门、各个岗位、各个人员日常的工作承担量和分布。

流转时间分析：对各个流程的环节时效的分析，及时判断此流程是否存在过长现象。

流程效率排名：观察哪些流程最容易延时、哪个环节最容易滞后。

(9) 从规划、梳理到执行、分析、优化

流程规划——整体运作流程理解，关键有效流程识别；

流程梳理——行业流程模板借鉴，工作流程拆分引用，工作过程跨职能衔接；

流程执行——流程 e 化落地执行，流程运行监控督查，流程权限及信息管控；

流程分析——流程数据信息报表分析，流程效率报表分析，流程处理时效分析；

流程优化——关键流程分析优化，工作流程适时调整，组织机构职能重组（图 7.18）。

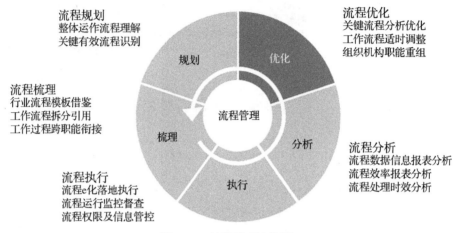

图 7.18　流程管理流线图

4．公文管理

(1) 发文拟稿跟踪

各级用户可根据实际需要撰写新公文（如进行收文登记、发文拟稿等），并可将扫描件、常用 Office 格式文件，甚至是办公自动化系统里的公文作为新公文的附件。新公文撰写完毕只需点击发送按钮便可发送给文件的下一步处理人，核稿人员可在线填写意见或手写批注，或者加盖个人印章，以代表本人的真实审核；系统根据不同的审核或处理人员对正文的修改过程，显示或隐藏修改痕迹。

(2) 收发文的过程审批、签核传阅

待办公文是指他人发送给自己办理的公文，系统提供的实时提醒功能会及时地告知用户当前需要办理的待办事务。

用户办理待办公文可对公文进行以下操作：

对正文、附件进行修改；

在文件处理表中输入批示意见；

通过手写签名或电子印章进行文件的签发批示；

将文件发送给选定人员。

当然，所有的操作都只能在权限设定范围内进行，同时系统还将如实地记录下文件办理的修改痕迹（当前用户对文件内容的修改，都会被系统自动记录下来），而文件处理表则通过"所见即所得"的权限设置记录下当前用户的批示意见及签名笔迹等信息。

(3) 收发文过程中的催办、督办

利用流程设计工具中的催办、督办设置项目，能简单地使流转中的公文处于系统监控中，达到催办、督办的目的。可对文件办理的具体步骤设定催办信息，催办期限一到，系统自动发送催办信息，催促文件办理延误人员及时办理文件。

系统记录下公文办理详细的处理信息，用户可随时查看到具体每份公文的每个步骤以及每一个办理人办理公文的时间及批示信息，可随时了解当前有哪些人收到公文但尚未办理的具体时间信息，使公文处理过程透明化、规范化。

(4) 灵活查询权限范围内公文

系统提供组合查询与模糊检索的灵活查询方式，用户可随时查找到自己办理过的文件或自己没办理过但在权限范围内的所有公文，查看公文的具体办理信息。用户可根据公文字段进行查询，或者进行全文检索。

(5) 授权他人办理公文，代理他人授权办理公文

领导或工作人员出差时，为避免公文的积压可授权他人代理自己的公文。可对不同的公文类型进行不同的授权，同时设定授权的具体时间，授权时间一过，系统自动取消授权。

公文授权操作完成后，被授权人员——代理人可立即收到授权人当前待办的授权类型公文，同时系统会以明显的提示信息告知代理人授权的有关信息，并将代理人办理的意见以项目公司××（代理项目公司××）的批示意见的形式如实记录。授权人出差回来后，便可直接在已办公文中查看到具有明显代理人办理标识的文件办理信息。

(6) 公文处理完成后的归档

公文管理平台支持与档案系统集成，实现公文档案一体化，公文收发结束后，可按档案管理要求自动归档到档案系统中。归档后的档案记录中可以查看到原先公文的文件内容。

(7) 定制自己常用的批示词语

用户在日常公文的办理中，经常会使用一些相同的句子、词语，如"同意""已阅""请速办"等，对于这类常用词语，若每次批示时都要输入则费时费力，本系统将提供常用词语的定制功能，系统管理员可为单位所有人员定制公用的常用词语，个人则可为自己定制自己常用的批示词语。常用词语定制后，用户在办理公文时便可用鼠标快速选择这些常用词语，从而避免了重复输入。常用词语分为公用常用词语和私有常用词语两种。系统管理员将单位人员经常用到的短语、词语定制成公用常用词语，方便所有用户在办文时输入；每个用户也可以制定自己的私有常用词语，方便自己办文。

(8) 个人签名与图章管理

每一个用户可以将自己的真迹签名与私章扫描加密存储于办公自动化系统中，可以在公文批示时直接调用。调用时需要确认签章密码，避免用户账号密码泄漏后被非法冒签。

(9) 对公文的日常维护

对公文的日常维护功能在于当前用户所拥有的权限，普通用户若没有管理权限是无法维护公文的。公文的日常维护功能包括：

删除文件：将无须保留的文件从数据库中删除。

结束流程：对于无须继续流转的文件，通过结束流程完成文件的特殊处理。

修改文件名称：修改正在流转或流转结束后的文件名称。

将文件归档：将处理完毕的文件归档到相应的档案系统进行管理。

(10) 公文统计

系统支持对个人或者部门所办理的公文进行各种数据统计，包括公文总数、已办公文、未办办公、在办公文、办结率等等。

综上所述，OA办公系统主要功能有收发文、考勤打卡、请假等，收发文实现了从项目办到施工单位公文的上通下达，传阅、审批、签发、归档等电子化流转方式，提高办公效率，实现无纸化办公、文档管理的自动化。通过移动平台实现了项目沟通的扁平化，工作的信息有效地沉淀，永久保存，进一步强化项目办的监控管理，及时有效监控各标段、各个人员的文件阅知情况，实时、全面掌握项目人员的工作在职情况。

7.4 计量管理系统

计量管理系统的功能架构如图7.19所示。

1. 计量管理

计量支付是贯穿于工程建设过程始终的核心的工作内容之一，也是确保工程质量的有效控制手段之一。高速公路工程计量是指高速公路工程施工过程中监理工程师对承包人已完成的工程量按照合同规定的条件，确认其质量合格工作量的价值。支付是指根据所确认的工程量按照合同单价通过计量支付报表计算出金额，出具证明提请业主，由业主付给承包人的款项。业主通过计量支付完成投资、实现业绩，承包

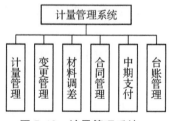

图7.19 计量管理系统功能架构图

人则通过计量支付回收成本、获取利润，监理通过计量支付达到对工程的投资、质量、进度进行控制的目标。它集中反映了包括承包商、监理、业主在内的建设者们的业绩、权利、义务，全面而准确地反映出公路建设中各工程项目进展、变更、新增、期中计量支付、索赔、违约及建立在这些数据基础上的汇总与分析，因此计量支付是合同管理的核心内容，是监理工程师对工程进度和质量进行控制的重要手段，是承包人从业主手里获得工程费用的唯一途径，是工程建设投资控制的重要手段。工程计量的正确与否将直接影响到

工程质量的控制及工程投资，也直接关系到业主和承包人的经济利益。

计量管理包括分项清单管理、预付款管理、计量支付管理。

(1) 分项清单管理

分项清单管理主要包括清单版本编制、清单编制、分项范本编制、工程编号编制、工程分解等功能。

①清单版本编制

清单版本编制主要用于区分各类清单的种类，如土建工程清单、机电工程清单、绿化工程清单。

②清单编制

清单编制就是把合同中已经确定的材料信息录进系统，需填写的材料信息有：细目号（材料的编码）、名称（材料的中文名称）、简称（材料的简称）、所属章节（材料的类别）、计算类型（该材料的计算方法）、计量单位（该材料的单位）、单价（该材料的价格，保留2位小数）、合同量（该材料的合同数量）、备注（该材料的补充说明）。

用户录入工程清单后，系统可以自动汇总，同时系统支持批量导入功能，方便用户的录入。

用户在进行批量导入时，只需先下载系统提供的标准 Excel 文件，在该文件中根据说明填完数据，便可以利用该 Excel 进行批量导入功能。

③分项范本编制

根据高速公路工程的特点，结合多年的工程经验，祁婺高速项目制定出一套完善的高速公路工程编号规则，用户可以利用该套规则，方便地给高速公路工程的各个部位进行半自动化编号，从而使高速公路工程每个工程单元都具有自己唯一的编号。

④工程编号编制

工程编号编制是按照相关的国家标准将大型工程逐步分解成工程标段—单位工程—分部工程—分项工程—工程单元，工程编号编制后，每个工程部位都有唯一的工程编号进行表示。

⑤工程分解

功能定位：

把现有工程清单中各个细目的工程量根据实际情况分配到各个工程单元中。

功能描述：

工程编号录入：录入高速公路工程单元的结构，如××桥、××桥上部结构、××桥下部结构。

工程量分解：根据实际情况把清单中各个细目的工程量分配到工程编号中去，系统对输入量进行有效性控制。系统自动统计已分配的工程量，并具有层层汇总功能。

(2) 预付款管理

预付款分为开工预付款、监理预付款、材料预付款三种。

①预付款申请

系统数字化了申请书、支付证书、付款通知单，用户在申请阶段需要填写开工预付款申请书，然后启动流程进行开工预付款的审批。

②预付款数据

封面：计量数据的封面资料由系统自动生成；申请书由各施工单位的合同工程师填报审批，需按项目办要求上传附件。

支付证书：申请书审批完成后，可启动支付证书的审批。

付款通知单：支付证书审批完成后，则可启动付款通知单的审批。

注：具体的审批流程将在和各项目办确认后配置实施。

③预付款审核

流程启动后有权限的用户可以对付款申请进行审核，系统会记录下审核的日志方便用户日后的追查，申请书审批完成后，系统自动生成支付证书，用户需要对支付证书进行审批，支付证书审批完成后，系统自动生成付款通知书，付款通知书审批完成后，代表该期预付款审批结束。

在上述表单的流程启动申报后，相关权限的人员均可继续点击列表中的表单名称，通过弹窗中的"流程跟踪"或"流程查看"，查看当前预付款的审批进度，并可酌情考虑是否需要通过其他方式通知审批人员进行系统审批。

（3）计量支付管理

计量支付管理模块（图7.20）的主要功能有：

①计量申请

计量申请是指施工单位对已完成的工程量可进行申请计量，施工单位在系统中新增合同计量单，即可启动流程进行申报。

②计量审核

监理单位、项目办对施工单位申报的计量进行审批。

③监理计量申请

监理单位根据合同条款对监理服务费进行申请计量。

④监理计量审核

项目办对监理单位申报的监理服务费申请进行审核。

⑤其他计量

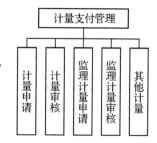

图7.20　计量支付管理架构图

2. 变更管理

合同变更是合同关系的局部变化（如标的数量的增减、价款的变化、履行时间、地点、方式的变化），用户在该模块中录入需要变更的清单和工程编号数据。完成审批以后，可在计量模块的变更中间计量单位对该变更工程进行计量。

3. 材料调差

项目办用户在支付证书的材料调差表单中手动录入需要调差材料的调差数量和调差金额，系统自动计算当期的材料调差总金额，在支付证书中生成报表，并显示在支付证书的"材料调差"中作为本期支付的付款项。金额填报时需要包含正负号，正号可以省略，负号必须填写。其中材料现行价格指数低于基准价格指数时，调差金额为负数；高于基准价格指数时，则为正数。

4. 合同管理

合同管理主要包括合同登记、合同支付、合同台账。

(1) 合同登记

管理员收集项目办完整的设备购置类、其他费用类合同，在系统配置里添加并生成合同类别树状图，用户根据所属类别登记本单位的合同后，再启动流程申报审批（图7.21）。

图7.21 合同登记业务流程图

①合同类别

由管理员在"系统配置—基本资料—合同类别"页面录入。其中合同金额将作为合同支付的计算依据，合同名称将作为后续表单的数据引用来源。

操作流程：

a. 管理员进入"系统配置—基本资料—合同类别"页面，选择合同类别节点，点击"新增"按钮，进入添加合同类别输入页面；

b. 在弹窗内录入项目办需要添加的合同类别；

c. 点击"保存"按钮，生成合同类别树状图，则新增合同类别结束。

②新增合同

操作流程：

a. 进入"合同登记"页面，选择合同类别，点击"新增"按钮，进入添加合同输入页面；

b. 在弹窗内录入合同信息等内容，并上传附件；

c. 点击"保存"按钮，保存合同及文件内容，则新增合同结束。

③流程申报

操作流程：

a. 选择一条已添加的合同，点击"流程启动"按钮，进入流程选择界面；

b. 选择一条合同流程，点击"下一步"按钮，进入流程负责人选择界面；

c. 选择下一步流程的负责人，点击确认，启动流程申报。

④合同流程处理

操作流程：

a. 选择一条合同信息，点击"流程处理"按钮，进入意见填写弹窗；

b. 填写流程处理意见，并点击"下一步"按钮，进入下一步流程的负责人选择界面；

c. 选择下一步流程负责人，并点击确认，完成个人流程处理环节。

⑤合同删除

操作流程：

a. 流程投稿人选择一条尚未启动的合同流程；

b. 点击"删除"按钮；

c. 根据弹窗提示选择确认，完成合同删除操作。

⑥合同流程处理意见查看

操作流程：

a. 选择任意合同流程，点击"处理意见"按钮；

b. 以列表形式查看当前合同所处的最新流程状态。

⑦合同附件预览下载

操作流程：

a. 选择任意合同流程，点击"附件"按钮；

b. 进入附件弹窗，点击预览或下载，对合同附件进行对应操作。

c. 点击"保存"按钮完成对合同查看编辑的操作。

（2）合同支付

项目办在此登记参建单位的合同支付情况，以付款通知单的形式进行记录，并上传附件点击保存，启动流程开始申报和审批（图7.22）。

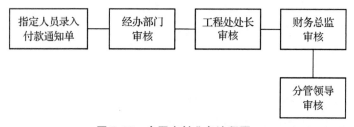

图 7.22 合同支付业务流程图

（3）合同台账

系统根据合同支付的付款通知单自动统计各参建单位的累计支付金额和累计支付比例。

查看合同台账：

合同台账显示的合同支付情况，由系统调取"合同支付"的最新一期付款通知单信息，并自动计算累计支付比例。进入合同管理模块后点击合同台账，查看合同支付情况。在操作栏可查看付款通知单。

5. 中期支付

系统依据计量支付程序相关支付时间标准，自动设置相关资料提交期限及节点（用户可以修改），并提供多种提醒功能（系统内提醒、配套智能终端提醒、短信提醒），用户可以根据需要选择一种或多种提醒方式。

根据计量支付表单管理工作制度的需要，系统可以生成工程建设中所需的计量支付系列报表。所有报表都支持在线预览、在线打印、下载导出功能。

（1）封面

系统可以根据用户的需求，定制计量支付系列表单的封面，其中期数、合同段、承包人、监理单位等相关信息，可以自动配置生成。

（2）合同中间计量单

用于计量原合同清单，用户选择导入工程编号后，系统自动关联其工程名称、工程部位、里程桩号、设计图纸等相关信息，并且合同中间计量单支持单张启动、批量启动、单张审批、批量审批功能，大大减少了用户启动及审批的工作量。

系统会根据用户提供的编号规则自动给合同中间计量单编号，并且会自动按合同中间计量单的编号及状态（未启动、已申报、已审批）进行智能排序，方便用户进行查找及审批。

合同中间计量单位支持清单的批量导入，导入清单后系统会根据该细目号清单核查后数量、修编数量、变更数量及剩余量自动设置该细目号的申报上限，大大减少用户录入的错误率。

合同中间计量单位审批时，系统会自动记录审批数量的增减及审批日志，方便用户进行反查。

合同中间计量单位支持流程的回退（可回退至第一步或上一步）及加报功能，方便用户进行计量单的修改。

（3）变更中间计量单

用于计量变更清单，具备合同中间计量单的所有功能。

（4）清单支付报表

自动统计本期中间计量单中细目号的分项数量及金额，并可以显示细目号的单位、合同数量、单价、至上期末完成数量、至上期末完成金额、本期完成数量、本期完成金额、至本期末完成数量、至本期末完成金额。其显示格式可以根据用户的需要进行定制。

（5）清单支付台账

自动统计本标段清单完成的情况，方便用户检查本标段的清单计量情况。

（6）中期支付证书汇总表

自动统计本期计量进度款、付款项、扣款项的信息。其中付款项和扣款项都可以通过配置公式进行自动计算（如扣开工预付款、扣质量保证金、扣农民工保证金等），付款项和扣款项的子项都可以通过配置进行新增、编辑、删除。

对于中期支付证书中的材料调差，系统可以根据用户配置的系数进行自动计算，并关联至中期支付证书中去。系统会根据中期支付证书中的进度款、付款项、扣款项、材料调差等数据，自动计算出本期应支付的金额，并用大写中文和数字进行显示。

（7）付款通知单

系统根据本期已审批完成的中期支付证书的数据，自动生成付款通知单，并可以根据用户需要扣除税金及违约金。

6. 台账管理

系统根据合同支付的付款通知单自动统计各参建单位的累计支付金额和累计支付比例。

综上所述，计量管理系统通过 WBS 来实现系统间的数据互通，以现场进度完成且质量检验合格为基本计量条件，以现场进度完成且中间交工证书检验合格为基本计量条件，自动推送检验合格的 WBS 节点，自动计算本期计量数量，同时根据可计量节点自动生成本期计量清单；将项目全过程的计量工作由人工计量改为系统自动计量，常规 15 天的计量流程缩短为 7 天，工作效率提升约 50%，并且有效遏制超前、超量计量。

7.5 进度管理系统

进度管理系统的功能架构如图 7.23 所示。

1. 进度首页

进度首页对各项目进度信息进行集中展示，也可以点击查看各项目、各标段详细工程进展。

2. 进度信息

用户可以在系统中录入相应的进度信息，系统会自动根据录入的实际进度与已有的进度计划做对比，筛选出实际进度与进度计划起讫时间有异的工作内容，用汇总表的形式展现给用户，并且如果有工作内容延迟，系统会自动发出预警信息，用多种方式（系统内消息、配套智能终端提醒、手机短信提醒）提醒相关人员及时调整进度计划。

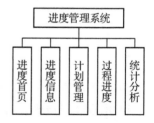

图 7.23 进度管理系统功能架构图

3. 计划管理

系统提供进度计划范本的编制和修改,用户可以自由地编制修改进度计划范本,并调整、细化进度计划形象。系统支持的计划有项目和标段的总体计划、阶段计划、年度计划、季度计划、月计划(图 7.24),用户可以根据项目需要进行编制、审批、修改、细化,系统提供可定制的电子表格及审批流程,并可以自动生成汇总报表及甘特图,生成的图表皆支持在线预览、打印及下载导出功能。

图 7.24 月计划申报表

4. 过程进度

系统的进度信息(日进度、周进度、旬进度、月进度、季进度、年进度、阶段进度)支持上报功能,系统提供可配置的上报审批流程,并配套有审批提醒功能,提醒相关人员及时处理审批事项。审批完成后的进度信息可供造价模块进行调用,方便用户在审批计量支付表单时,调阅相关的进度完成信息(图 7.25)。

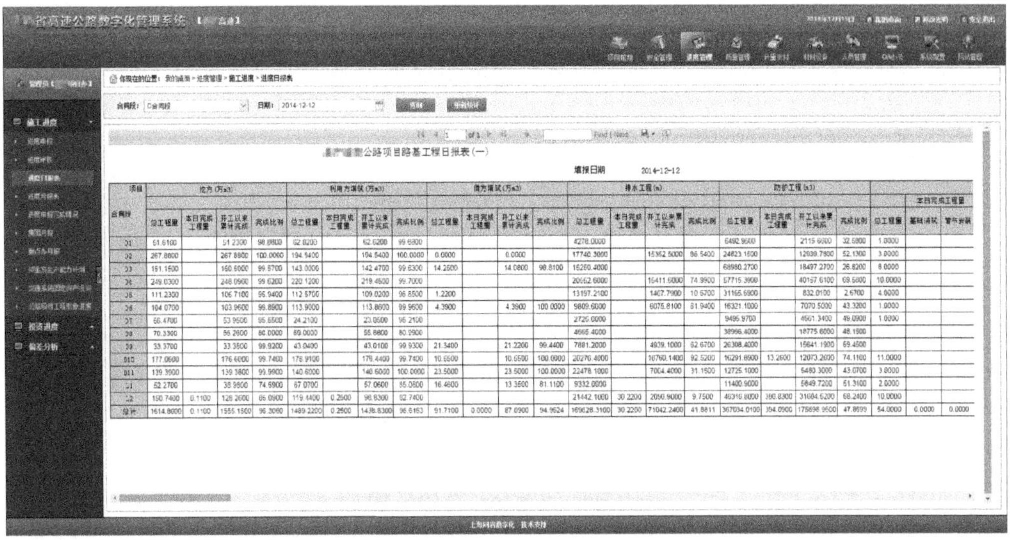

图 7.25 进度统计分析

系统自动根据用户录入的进度计划与实际进度信息生成统计报表，报表会按完成状态（已完成、未完成）进行分类并显示完成百分比，方便用户进行查看。

5. 统计分析

系统自动采用报表、柱状图、曲线图等方式展现项目、标段的计划进度对比情况并智能预警提醒。

进度分析功能可以对集团旗下各条建设期高速公路项目进行进度统计，自动生成图表，对进度偏差较大的项目提供自动报警，方便集团用户管理旗下各条高速公路项目，并及时采取相应措施（图7.26）。

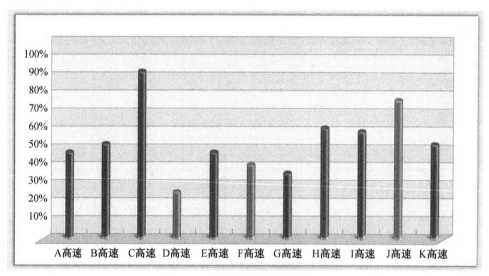

图 7.26　总体进度统计及展示

对集团旗下各项目、各标段的工程进度进行对比展示，包括项目与项目之间的进度评比、标段与标段之间的进度评比，以及项目和标段内各分项的进度评比等，从多个视角多方面提供进度数据，为集团（总部）用户决策做出数据支撑（图7.27）。

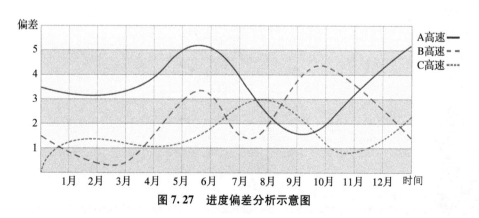

图 7.27　进度偏差分析示意图

进度分析功能以曲线图、柱状图和数据表等多种形式汇总展示项目、标段、分项工程等对象的进度偏差数据,并提供分析图表的下载与打印功能。偏差分析功能可以由用户设置偏差报警值,对偏差超过报警值的项目进行提醒。提醒方式有系统消息、手机短信、email 等。

综上所述,进度管理系统配置工程项目信息,进度计划模块通过 WBS 节点状态实现 WBS 同一部位的自动进度的报表汇总展示,并把此过程展现到 BIM 平台系统,直观查看整套流程的过程,便于发现过程中的问题,释放以往施工单位繁重的工作量,项目办更有效地掌握施工进度情况。

7.6 质量管理系统

1. 质量管理体系

质量管理系统(图 7.28)能够协助项目质量管理者完善建设工程项目质量管理体系,建立相应的规章制度,使工程质量管理实现工作制度化、管理规范化、执行标准化、数据科学化、流程信息化,显示施工、监理单位等参建单位的质量保证体系,体现各单位质量管理人员结构、责任分工、相应的管理办法,共享工程质量相关的法律、法规、规范、政策文件、表格等,以此来建立建设工程项目质量管理的高效工作体系。

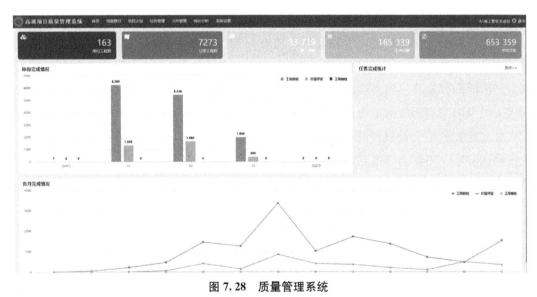

图 7.28 质量管理系统

质量管理体系的建立主要体现在质量管理活动过程中对工程结构划分、质量管理用表、表格审批流程、规范标准要求、质量检验频率控制等规范标准性的控制。

2. 质量管理计划

工程项目质量管理计划是项目进行管理和施工的前提和基础,是控制施工质量的关键和保证。通过质量管理计划明确整个工程的质量总体目标,并通过质量管理系统将目标逐级分解,纵向确定各分部分项工程的质量目标,横向确定每级管理人员的质量目标,以及实现质量管理目标应该采用的质量规范标准、质量检测频率、质量检测方法。最后,制定为实现这些质量目标所应采取的质量保证措施。

(1) 质量管理目标

项目业主通过系统下发项目质量管理总体目标,施工单位根据项目质量管理总体目标,将目标分解细化到相应的单位分部、分项工程中,在质量管理实施过程中实时将目标执行情况进行反馈,当目标出现偏差时可以及时进行调整。

(2) 工程结构划分

系统提供标准的公路工程结构划分模板,施工单位能够快速通过系统实现标准的工程结构划分,并确定质量管理用表和检测规范要求,项目业主及监理单位能够通过系统进行工程结构划分的审核及查看,并支持生成与打印划分报表。

(3) 质量检验计划

系统实现快速建立公路工程试验实体质量检测计划,计划内容根据工程类型及设计工程量来确定工程检测项目、检测频率、检测要求及检测方法,并能够与实际检测情况形成闭合,反映实际检测情况与检测计划的对比情况。

3. 分部分项工程质量责任卡

根据质量责任体系精细化管理要求,要在分部、分项工程建设过程中建立质量责任卡,文件的流转均按照平台定义好的流程进行,而且在流转过程中自动记录文件的传入时间、传出时间以及文件当前的状态,不仅方便相关人员查看文件的流转情况,而且可督促相关人员及时完成相应的工作。

相应流程可结合证书授权(Certificate Authority,CA)认证或账号角色绑定让责任人员确认签字,用移动端重点实现定岗、定责、定时间、定标准的标准化管理,并结合绩效考核,实现违约必受处罚的责任联动机制。

4. 自检和抽检标准

在系统中按照公路工程质量评定标准和新工艺的检验标准,对原始记录、分项自检、评定指标进行维护,为质检员在现场采用移动端进行施工自检提供重要的参考,提供一线的工作效率。

5. 移动式质量检验、控制

根据工程质量技术规范,结合相关要求,对每个分项工程的施工质量、检验标准、检验指标、实际合格指标进行采集录入,自动生成检验记录和转序申请单。

6. 质量检查和跟踪

问题整改反馈质量问题的整改处理情况是管理和决策者必须了解的内容，业主、监理、施工单位和有关部门通过质量检查和质量分析发现的质量问题的类型及发生的部位，可通过系统及移动端进行上报，有关部门将质量问题处理意见上报确认后下发相应的整改通知书。施工单位根据整改要求进行整改，并通过系统及移动端进行回复，实现质量检查、整改、验收、复核的动态管理和全过程跟踪。系统自动统计汇总各类型、各工程部位质量问题发生及整改情况。

当项目发生质量事故时，能够通过系统快速地进行质量事故报告，进行事故调查时系统能够对事故发生部位相应情况进行查询分析，为质量事故调查提供依据，并且能够通过系统进行调查报告和事故处理方案的报审（图 7.29）。

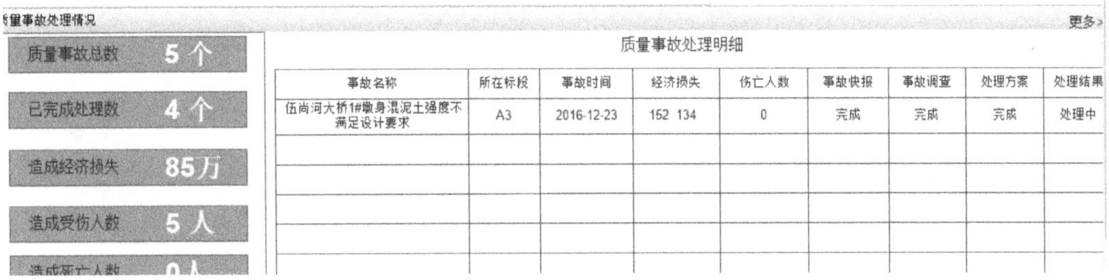

事故名称	所在标段	事故时间	经济损失	伤亡人数	事故快报	事故调查	处理方案	处理结果
伍尚河大桥1#墩身混泥土强度不满足设计要求	A3	2016-12-23	152 134	0	完成	完成	完成	处理中

图 7.29 质量事故处理情况表

7. 数据接口

系统通过开发数据接口的方式将试验数据、智能张拉压浆数据、App 采集数据实时接入系统，并将数据引用到相应的质量表格中，最终自动生成质量评定。从源头上解决数据来源问题，保证数据的真实性，避免人为干预。通过数据互通互联，避免原始数据重复录入，减少数据录入工作量，提高工作效率。

8. 工程质量验收

（1）施工过程质量验收

施工过程质量验收主要包括分项、分部工程的质量验收。系统设计包括过程质量验收计划的建立、过程质量验收完成情况及合格情况，并能够形成相应的统计图表月报等。

（2）竣工验收

公路工程竣工验收可分为验收准备、竣工预验收和正式验收三个环节，系统设计中应该能够体现这三个环节的验收过程，各环节应该包括验收计划、验收情况、存在的问题、问题处理情况，并形成相应的统计图表。

9. 统计报表

传统项目质量管理月报需要每月由人工去汇总项目质量管理数据，工作量十分繁重，并且人工统计的数据容易出错，甚至会有人为作假，从而使得项目的相关月报成了鸡肋，无法真实反映项目的质量管理情况，并且增加了相关单位的工作量。

系统直接汇总项目质量管理过程中形成的数据，避免人为干涉，直接生产项目质量管理情况施工月报、监理月报及项目月报，大大提高管理效率，并且避免人为作假。

综上所述，质量系统通过内置挂接好的表库，实现电子资料流程化，检验申请信息化。通过 CA 数字签章，保证了资料的时效性、真实性及合法性。全线 64 万余张表格在系统流程流转，节约打印耗材约 10 万元，将以往纸质报验改为线上流转，大幅度提高各参建单位流程流转效率。系统单位工程数 163 项，分部工程数 7 273 项，分项工程数 33 744 项，工序总数达 165 209 项，挂接表格多达 65 万张。运用工作结构分解、计算、审计及互联网络技术实现文件材料的事前计划、事中控制及事后检查，发挥计算机速度快及准确性高的优势，实现公路工程文件材料用表体系建立、计划编制、表格填写、数据引用、表格流转、汇总评定、档案归档及数据共享等工作，全面有效提高公路工程文件材料过程管理水平；全线 3.3 万余张评定表格由原来的人员评定改为平台根据规范数据自动评定，提升管控水平。

7.7 安全管理系统

1. 安全检查

根据具体工程专业类型可能发生的隐患，制订安全检查计划，定期、不定期组织安全检查工作，检查过程中如发现安全隐患及时通报，并发出整改通知，施工单位限期整改并及时回复，相关单位对整改情况进行复查，形成统一的安全检查标准体系（图 7.30、图 7.31）。

安全生产检查计划

序号	检查形式	检查时间	检查人员	检查目的	检查内容	检查要求
1	日常检查	2016-06-30	柳梦璃	保证施工安全	机械设备	机械设备正常
2	专项检查	2016-07-01	云天河	保证施工安全	食品安全	食品质量安全
3	日常检查	2016-05-08	猩心	保证施工安全	防火防爆措施	防火防爆措施完善
4	专项检查	2016-06-12	叶文清	保证施工安全	现场作业人员安全防护用品	安全防护用品齐全
5	综合检查	2016-05-23	章北海	保证施工安全	施工用电安全	安全用电
6	日常检查	2016-05-07	[illegible]	保证施工安全	立杆基础	是否平整
7	专项检查	2016-07-02	姜世离	保证施工安全	食品安全	食品质量安全
8	综合检查	2016-06-23	詹雨桌	保证施工安全	脚手架与防护栏杆	是否符合规范
9	综合检查	2016-07-12	张毓文	保证施工安全	脚手架与防护栏杆	是否符合规范
10	季节性检查	2016-05-22	魏延	保证施工安全	防火防爆措施	防火防爆措施完善
11	季节性检查	2016-07-12	张梦超	保证施工安全	机械设备	机械设备正常
12	季节性检查	2016-06-06	马金鹏	保证施工安全	脚手架与防护栏杆	是否符合规范
13	节假日检查	2016-05-23	张北斗	保证施工安全	施工用电安全	安全用电
14	节假日检查	2016-06-06	刘世亮	保证施工安全	现场作业人员安全防护用品	安全防护用品齐全
15	节假日检查	2016-06-21	方振斌	保证施工安全	现场作业人员安全防护用品	安全防护用品齐全

图 7.30 安全检查计划

日常检查 专项检查 综合检查

安全日常检查情况统计

合同段	本月检查情况			累计检查情况			不合格项目分布图	月检查情况对比图
	检查次数	不合格项数	处理项数	检查次数	不合格项数	处理项数		
A1标段	31	70	60	100	210	209	查看分布图	查看对比图
A2标段	30	66	66	123	247	245	查看分布图	查看对比图
A2标段	30	43	43	143	187	184	查看分布图	查看对比图

图 7.31 安全检查情况统计

2. 安全管理体系

参考成熟的 ISO9000 质量管理方法，为确保安全管理目标的顺利实现，势必需要建立一套完整的安全管理体系，包括安全管理方针目标文件，安全组织机构图，安全保障体系框图，安全岗位职责说明书，参建方资质等级证书，安全管理制度文件，安全技术保障措施文件，安全人员的履约、签到、日常工作记录管理。针对信息化系统和目前安全实际业务的特点，同时结合 5W2H 分析法，此处更加偏重于安全生产组织机构的设立与职责的分工。通过建立对象存储服务（Object Storage Service，OBS）与安全岗位职责、实体结构物的工程分解之间的关联，确保安全生产责任制的实现，保证人人有责，处处有人管，防止“隐患盲区”的出现，为后期的安全考核及安全问题隐患分析提供数据支撑。

3. 安全生产风险评估

完成安全管理组织结构体系建设后，势必需对项目安全生产风险进行评估，以便了解项目的危险因子、项目风险状态、项目风险等级，增强安全风险意识，改进施工措施，规范预案预警预控管理，有效降低施工风险，严防重特大事故发生，并为安全生产风险管理计划提供坚实的数据支撑。对评估结果进行记录、编辑供各个用户查询，对项目危害辨识、评价结果进行汇总、查询并将其作为风险控制计划表的依据，最大程度地提供安全风险回避的解决方案。

4. 移动端安全管理系统

施工安全管理的应用场景有很大一部分在现场实现，通过建立移动端的施工安全管理系统，可实现对现场实时、及时的管理指令下发以及管理数据登记上报。从问题发现、问题整改处理、验收复核、销项归档建立电子化的闭环管理机制，实现全过程可追溯。

5. 安全培训与会议

从业人员的安全教育与培训不仅是法律法规的强制性要求，也是对于安全管理重要因素之一——人员管理的具体业务操作，通过教育与培训，树立安全观念，并通过安全培训、会议、三级教育的手段，从人员的观念上杜绝安全隐患，防止由于人员思想麻痹或“安全无知”而造成安全事故。模块实现了对各级单位组织召开安全教育培训和安全会议的通知，以及人员登记表和记录表的管理（图 7.32）。

安全教育培训记录

培训编号	培训类型	培训对象	培训人数	培训内容	培训人	培训时间	培训课时	不合格人数	培训附件
0801	安全教育	项目部职工	9	公路水运工程安全生产监督管理办法	赵明	2016-02-03	3	1	附件查看
0711	安全教育	现场管理人员	10	规划安全生产	[illegible]	2016-05-01	11	1	附件查看
0626	安全教育	项目部职工	8	施工现场临时用电	周玮学	2016-06-26	2	0	附件查看
0514	安全教育	项目部职工	6	劳动防护用品管理制度	赵明	2015-05-08	2	0	附件查看

图 7.32　安全教育培训

6. 人员管理

对各合同段人员的管理情况，包括各类人员总数、应配备的专职安全员数、本月进场人员、本月退场人员、特种作业持证率、合同履约在场率及人员信息一览表等（图7.33）。

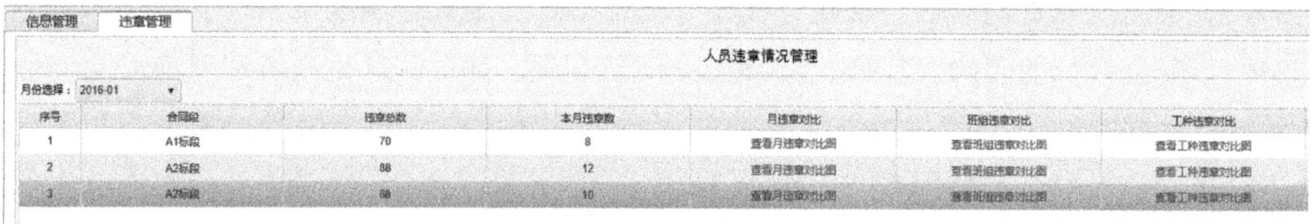

图7.33 人员违章管理界面

7. 机械设备管理

对施工单位的机械设备情况进行登记管理。

8. 安全费用

编制安全费用使用计划，总监办审核后报现场管理机构。施工过程中施工单位整理安全费用的相关证明材料，向监理报审，并填报安全生产措施费台账。每月编制《安全生产措施费支付申报表》，随本期财务支付月报上报。

9. 安全工作分析

系统平台通过对各项安全管理业务数据进行全面采集、过滤，建立相关的分析模型，对数据进行多维度的分析，利用图形、图表、流程图、数据指标分析方式展现安全管理工作的效率、工作量投入、安全员的工作绩效和态度等功能（图7.34）。

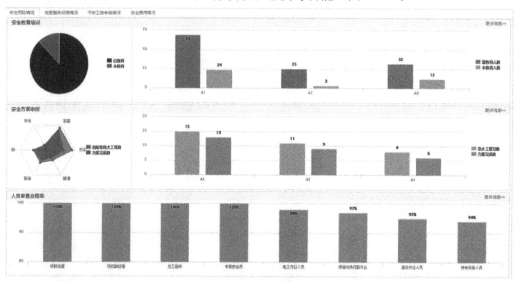

图7.34 安全系统数据分析展示

综上所述,安全系统人员进场后自动生成人员二维码,二维码信息包括人员信息、教育交底记录、应急处置卡、健康卡等,祁婺高速项目制作二维码 18 850 张。基于系统中完善的人员信息,在安全教育培训、安全技术交底中,通过实时上传活动照片的方式,确保培训、交底的真实性。在项目现场,班组长通过手机 App 即可完成班前教育交底记录。安全管理人员通过手机 App、电脑可随时查看班前培训情况,进行班组评价,查看项目班组排名。

7.8 智慧监理系统

1. 系统及功能模块介绍

智慧监理系统是一款针对工程项目工作开发的专业化平台管理软件。系统将所有的监理工作划分为 6 大工作模块,40 余项子功能(图 7.35),覆盖 95% 的监理工作。各工作模块植入工作流程及提示信息,引导监理人员完成相应的工作,系统全过程记录监理工作信息,从而实现后台实时监控与随时查询功能。系统具备模块化、流程化、可视化、数字化、无纸化等特点,支持多系统数据集成接入,适用于交通建设工程监理项目实施过程的动态管理,能够即时管控人员、工作、隐患、数据等动态,基本实现监理工作信息化全覆盖,有效规范监理行为,为工程质量做加法、为监理负担做减法。

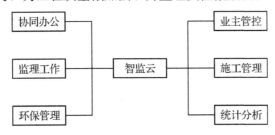

图 7.35 智慧监理系统功能架构图

(1) 业主管控

本模块用于工程建设过程中指挥部管理产生的相关的数据上传归集及查看,分为质量整改督办和质量情况通报。

(2) 监理工作

本模块用于工程建设过程中现场产生的监理工作相关的数据上传归集及查看,包括监理指令、监理旁站、监理巡视、监理日志、监理月报、会议纪要、质量隐患排查、质量保证体系、质量情况通报、监理细则、监理通知单、监理计划等子功能。

(3) 施工管理

本模块用于工程建设过程中现场产生的施工管理相关的数据上传归集及查看,包括首件认可、施工日志、施工月报、质量保证体系、重大专项施工方案、质量情况通报、质量方案、质检计划、工序报验、随手拍等子功能。

(4) 环保管理

本模块用于工程建设过程中现场产生的环保相关的数据上传归集及查看，此模块的子模块包括环保指令、环保检查。

2. 监理工作模块应用

监理工作模块用于记录监理工作内容、数据，形成工作报表，使监理单位及业主能够通过系统及时准确地获得项目质量信息，有效地控制项目的质量，包含旁站、巡视、监理日志、监理指令等子功能（图 7.36）。

图 7.36　监理工作模块

巡视：专监使用移动端工作，对现场的巡视情况进行实时记录（图 7.37），系统自动记录和校验巡视位置，自动生成巡视成果资料。

图 7.37　智慧监理巡视

旁站：监理旁站功能通过固化旁站监理项目，自动关联工程部位，根据旁站项目选择数据表单，监理员现场移动端操作（图7.38），旁站位置自动采集与校验，自动生成监理旁站成果资料。

图7.38　智慧监理旁站

指令：专监发现现场存在质量问题时，在移动端进行实时记录，填报指令信息和整改意见，经总监审核后推送给相应的施工人员，施工整改完成经专监和总监审核后完成指令闭合。系统自动生成监理指令和回复单资料成果。管理人员管理采用GPS、5G、基于位置服务（Location Based Services，LBS）对监理日常工作进行监控（图7.39）。

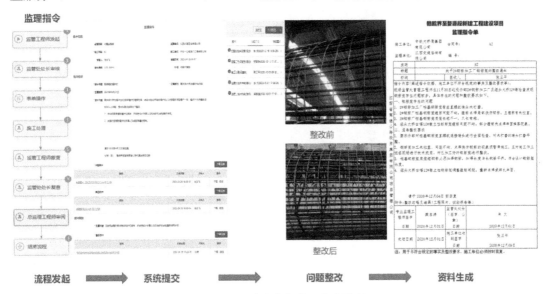

图7.39　系统上发起监理指令流程

工序报验：通过标准化的工序报验流程，报验全流程在现场由移动端完成，系统自动校验质量抽检数据的合格性；流程结束后系统自动生成监理抽检资料，电子签名认证，数据不可篡改，保证了隧道等隐蔽工程数据的真实可靠（图7.40）。

图7.40　智慧监理工序报检

随手拍：监理巡视现场，发现隐患点或标准点，随手拍照（视频）上传，添加信息描述，及时反馈给接收人员，待查阅人员查阅后系统自动留底记录（图7.41）。

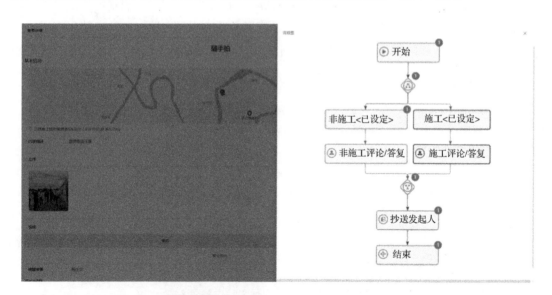

图7.41　随手拍线上流程发起

系统内部集成其他重要功能，如App采集端视频设备自动调取、影像资料压缩技术、断点续传及Wi-Fi自动上传、数据暂存、标准化电子资料生成等。

3. 监理工作智能化应用

(1) 可视

工序报验：

一是监理履职，监理通过手机 App 端接收报验消息，到建设现场进行工序验收，并全程记录；二是线上流程，施工单位发起报验，监理通过手机 App 进行工序报验，进度数据自动更新；三是生成资料，工序报验通过线上流转，系统自动生成抽检记录。

(2) 可控

指令、隐患整改：

展现隐蔽工程闭环管理，利用智监云平台对过程中隐患处置、整改联系单形成线上闭合，实现闭合结果可追溯。

监理巡视旁站：

通过"巡视""旁站"等功能演示，展现监理工作新方式带来的成效。规范监理行为——平台助力，监理人员考核由履约向履职转变；提升工作效率——数字赋能，冗余烦琐的工作程序向信息化、数字化流程转变，以数字化工作模式为监理工作增质提效；打造品质工程——智慧驱动，监理模式由传统向高质量发展转变，提升实体质量。

(3) 可溯

通过宣传视频的形式，展示祁婺高速路桥隧隐蔽工程数字化管控亮点。视频内容包含智监云应用及成效，以视频宣传片的形式在会场播放。

(4) 可享

通过展板的形式，展现数据同源、协同共享。与 BIM+GIS+IoT 数字建管平台对接。对涉及质量和安全生产的数据进行自动采集、全程监控、实时管理，实现工程智慧化建设，构建工程智慧建设与行业智慧监管互联互通的工程质量安全智慧管理体系，实现项目建设管理、施工质量管控、安全生产管控、远程视频管控、试验检测管控、人员管理六个智慧化。进度与计量同步对接。统一编码体系，实现"质量—进度—计量"业务数据协同与一体化管理。

4. 智慧监理全景展示

系统包括信息采集和平台管控两个部分。其中，信息采集是记录监理人员每天的工作内容；平台管控是相关管理人员查阅监理人员的工作信息，通过系统提供的数据分析预警，以便防控项目质量、安全方面存在的隐患。

传统的管理软件仅仅把工作从线下转换为线上，而智慧监理更强调的是跟踪监理人员的真实工作轨迹，自动记录并整理监理人员的工作成果，提炼、分析成果数据，最终为管理工作提供科学依据（图 7.42）。

图 7.42　移动端随时随地记录数据并上传平台

系统让管理者可以全面深入地检查监理的全部工作，也可以全面实时地掌握工程建设的进展动态；让监理人员工作效率更高，工作方式更科学。

5. 智慧监理应用展示

（1）实现灵活共享的协同作业

系统打通了项目业主、监理企业和施工企业的沟通屏障，提供了项目参建方实时沟通平台，实现了对项目的实施管控，有利于实现对项目的统一管理（图 7.43）。

祁婺高速施工地点分散，协同复杂，对施工管理要求高。参建各方通过系统随时、随地了解现场工地实时动态，上传的数据和影像资料在各个平台间互相流转，减少沟通成本，提升协作效率。

在祁婺高速现场，监理工作已经实现 95% 线上流转，实现一机上传、一页浏览。监理通过智能终端上传现场照片、视频，记录现场施工情况、人员到位情况及存在的问题。这些带着人员名称、位置和时间信息的文字和影像记录被上传到云端，存储于云服务器中。

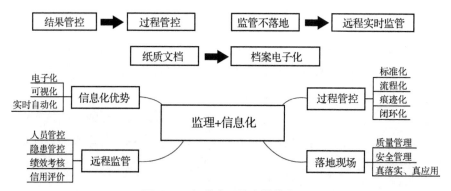

图 7.43　智慧监理信息管控中心

管理层人员在平台的页面上即可查阅记录，浏览工地实况。

（2）实现高效可控的现场管理

通过 GPS 或北斗定位系统（终端设备决定），真实地反映出监理人员的实时 GIS 分布情况，促使监理人员工作更加自律，提高工作责任心，增强履职能力。通过现场实时录入工作信息而形成有文字、有数据、有影像的数字化的工作信息，保证了监理行为的有效性和规范性，保障了工程质量、安全监理工作落到实处（图 7.44）。

针对监理工程师在现场发现的问题，即可将监理指令第一时间发送给施工单位各相关责任人。时效性大大加强，问题整改的动作也比以往更快，工作更加高效。同时，能够适时提醒监理指令的整改落实情况，对超期未完成整改的加以及时监管，使得施工质量、安全更为可控。

图 7.44 水印＋人员定位管理

（3）生成真实可溯的监理记录

系统保证数据和过程的真实性、客观性和可溯源性，减少各方因工作产生的推诿扯皮，工作起来更顺畅。

在智慧监理系统中，监理工作全过程透明化。不仅仅有文字，还有照片和录像等真实影像相对应，既保证了工作的真实性，又可永久保存于数据库供随时快速检索与调取，使得监理工作行为留下了可视化的痕迹，监理资料也能够被方便地追溯。监理在现场上传的数据，带有人员姓名、时间、地点、工程部位等信息（图 7.45）。

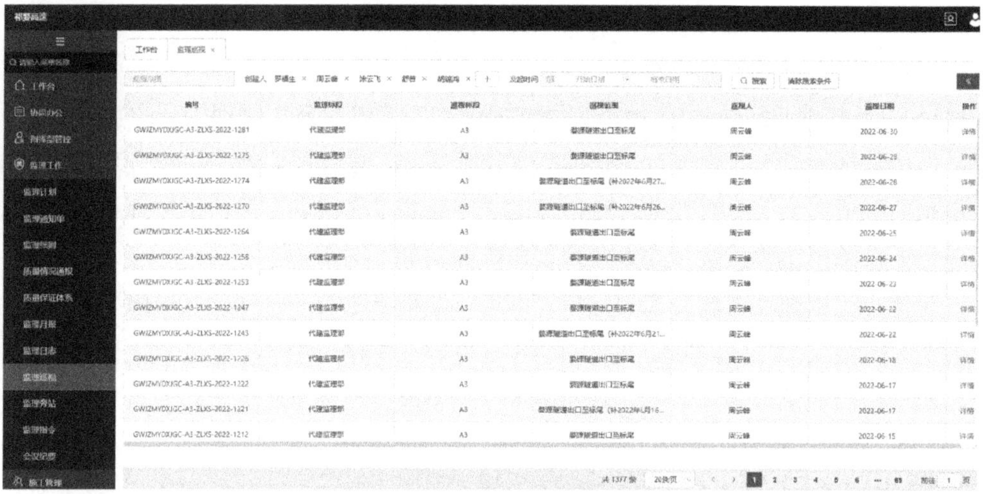

图 7.45　系统监理数据记录

（4）创新监理工作模式

智慧监理系统实现监理工作从线下搬到线上的可行性，95％的监理现场工作可以通过平板完成，得到明显的提速增效，在江西省高速监理行业中是一项创新性举措。

相比传统监理方式的操作时间冗长、程序复杂，信息化工作方式显得更加高效便捷。祁婺高速 95％的监理日常工作已实现从记录本到智能终端的转变，信息共享、智能互联。现场监理人员仅需完成现场数据采集工作，剩余的数据整理、报告生成工作由智慧监理系统自动完成，并自动对资料进行分类归档（图 7.46）。

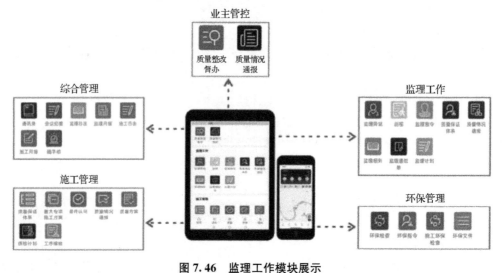

图 7.46　监理工作模块展示

综上所述，智慧监理系统借助互联网手段，通过大数据等新技术的应用，研究通过智慧监理平台实现智慧监理的目的。通过智慧监理平台，95％的监理现场工作均通过移动端完成，解决了监理数据真实性和及时性问题，依托监理＋信息化服务，建立工程管理大数据中心。智慧监理系统通过在线审批替代原有的手工签字模式，可实时跟踪和查看审批进度，自动统计每个节点的办理时效，便于事后追溯，有效提升公司及指挥部内部的信息公开透明度，实现监理工作无纸化，同时对关键部位亦形成高效监管。通过现场平板录入方式，每天可约节省现场监管人员1小时的工作时间。相较以往传统监理模式，智慧监理运用新思维、新技术，优化监理工作手段。

7.9 智慧工地管理系统

智慧工地管理系统主要包括隧道门禁、智慧梁场、试验管控、路基路面管控、运输车辆管控、人员管理、施工现场视频监控、门禁、对讲通信、有毒有害气体检测、应急救援逃生、VR安全体验馆等应用。通过集成搅拌站、张拉、压浆、喷淋养护数据，实现智慧梁场管控、试验管控。视频监控结合监控识别于一体，借助无人机巡航，实现360°智能化监控。结构在线监测对桥梁、边坡、隧道进行自动化监测及自动化数据采集。智能隧道门禁系统可实现人员、车辆实时定位，以及全方位信息可视化展示，有效提升智能化施工及管理水平。

智慧工地管理系统用户根据自身需求设置报警阈值，当监测到的数据达到这个阈值时，系统自动发出报警信息并推送给用户；现场实时监控摄像头联动，在系统发出预警信息时，摄像自动捕捉施工现场，识别危险或违规行为，形成联动报警，减少安全事故的发生（图7.47）。

图7.47 智慧工地管理系统

7.10 智慧党建系统

智慧党建系统融入党建领航、掌上学习、三会一课、群团活动、信息公开、廉政建设多方位于一体，嵌入微信小程序。

智慧党建小程序的主要模块有：

（1）项目动态

发布项目的最新动态。

（2）通知公告

发布相关通知、公告、决议。

（3）党建领航

展示上级的最新动态和优秀的案例。

（4）掌上学习

在线学习、测试平台。

（5）三会一课

组织生活的基本形式，展现支部活动情况。

（6）群团活动

展现工会、共青团的活动形式。

（7）信息公开

展现党务公开和公示栏。

（8）廉政建设

展现廉政教育和廉政文化（图7.48）。

图 7.48　智慧党建系统

7.11　智慧工地应用

针对工程项目自身规模大、分布广、周期长、工业化智能建造技术要求高等特点，围绕施工过程中的"人、机、料、法、环"五大因素，通过智能化、精细化和绿色化的管理和技术手段，开发智慧工地管理系统，实现对施工全过程的指挥监督与管理。系统包括前端感知采集、云平台数据处理及客户终端应用，建立统一的数据字典框架及信息交互标准协议，打通各工艺环节之间的数据壁垒，实现数据的集成与交互。大力推进智慧检测技术、创新智慧建造技术、深化指挥施工技术、强化智慧管理体系，建立互联协同、智能生产、科学管理的施工项目信息化生态圈，实现集中预制生产管理精细化。

系统框架采用"1+N+1"的系统架构，即为1个"智慧工地"系统总平台、N个子系统管理模块（"N"为智慧工地涉及的核心子系统模块）、1处信息化管控中心建设。具体建设框架如图7.49所示。

7 BIM+GIS+IoT 数字建管平台应用

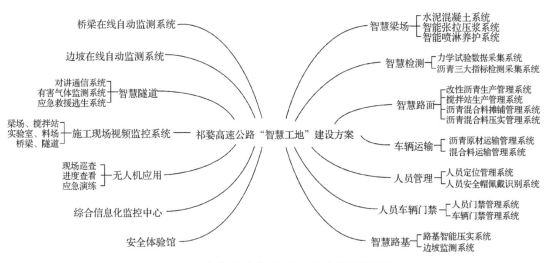

图 7.49 祁婺高速公路智慧工地应用建设框架

1. 视频云监控

祁婺高速项目在隧道、梁场、搅拌站、钢筋加工厂、架桥机等区域一共设置监控点 70 处,通过远程视频监控前端图像采集设备,基于有线网络、5G 等网络实时传输图像数据,实现对项目重点区域进行实时监控、录像、侦测抓拍、远程督查、应急指挥、现场取证;同时加强安全生产隐患提前排查预警,并实现管理部门远程调度、现场录拍、全天候无间断的现场管理,使项目的施工过程能得到远程实时监控(图 7.50)。如 AI 智能预警未佩戴安全帽事件均第一时间通过短信信息推送至现场安全员,并整改闭合。

图 7.50 系统视频监控功能

2. 人员门禁管理系统

人员进出梁场、隧道等施工场所时,通过人脸识别开关闸门,一人一闸(图 7.51)。

并且，可以在LED屏幕上实时显示该人员的信息，如姓名、出入时间、所在班组、位置等。同时，系统分组统计所有进出梁场、隧道等场所施工人员数量，例如钢筋加工组人数、钢筋绑扎组人数、模板安装人数、张拉组人数、场所施工总人数等，提供人员进出记录、分班组统计人员进出信息、场内人员信息、场外人员信息等报表。

系统在各分站采集进场、出场人员的信息，通常人员在进入入口时读取到一次信息（包括时间、个人信息等），作业完毕后在该入口再次读取到一次信息，则视为一个完整考勤记录，记录下进出场时间以及工作时长。通过查询，可以了解到各时间段或考勤周期的所有入场工作人员的考勤记录。人员实名制门禁系统可以有效地控制进场人员，掌握进场人员的信息，极好地控制施工现场人员的固定性。此外，人员实名制系统还有记录考勤的作用，提高了劳务管理的效率。

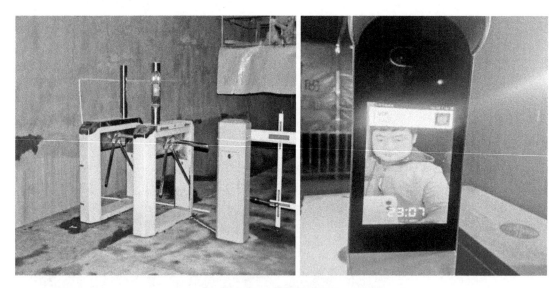

图7.51 人脸识别闸机

3. 有害气体监测系统

隧道施工期间，成立专门的毒害检测队伍系统，该系统由自动监控与人工监控系统组成，并作为施工工序管理，由现场施工负责人主管。在开挖面需要进行气体监测的地方，安装相应的监测装置，利用检测仪实现对该区域毒害气体的监测，以便及时将实时气体浓度消息传递至后台，做到及时防范、安全预警，保证隧道工作更加正常安全地进行。有害气体监测系统主要包含监控服务器、前端感知监测器、传输接口转换器等。

隧道环境监测是通过传感器采集施工现场状况，监测内容包括CO、CO_2、O_2、SO_2、PM_{10}（粉尘）及风速等，经过数据处理分析传入后台，可显示现场环境监测指数；对于超过临界值的数据进行实时报警，确保管理人员及时采取措施，保证隧道内部施工人员的安全（图7.52）。

7 BIM+GIS+IoT数字建管平台应用

图 7.52 气体监测

4. 对讲通信系统

对讲通信系统为在隧道内维修、抢救、巡逻等人员与管理人员之间建立灵活的通信联络，覆盖隧道内、隧道出入口、隧道管理区域、工作井区域、逃生通道、事故救援工作区域及重要设备机房等区域。它可以通过控制中心的调度基地台对隧道内工作人员传送信息、通知及命令等，对突发事件及时进行命令和人员调度，并且可以通过拨号系统与外线电话建立线路（图 7.53）。

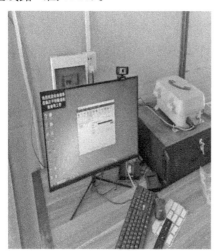 

图 7.53 对讲通信系统

隧道工作范围内作业人员配置手持台，管理用房的调度用基地台能选呼、全呼、组呼内部专用无线手持台。系统采用双向异频半双工方式通信；手持台之间可相互通话，采用异频单工方式通信。在隧道内通过敷设漏泄同轴电缆实现无线通信系统信号覆盖，与其他通信子系统合用漏泄同轴电缆，在隧道范围内其他区域则通过安装室内、室外天线进行无线调度对讲通信信号覆盖。

5. 搅拌站智能化

(1) 搅拌站信息化中央控制室

将传统的搅拌站控制间转移至搅拌站之外的独立操作室,结合全过程视频监控及智能化配合比控制系统,完成信息化独立中控室的建设(图7.54)。改善工作人员作业环境,配合比数据操作人员不可更改,数据实时智能监管。

图7.54 搅拌站信息中央控制室

(2) 水泥混凝土搅拌智慧生产系统

系统在混凝土生产过程中实时监控各掺料用量,包含骨料比例、水泥量、粉煤灰量、水胶比、外加剂用量等,动态统计分析每日、每周以及任何时间段关键指标波动情况。混凝土生产过程中,超限信息实时通过短信或微信等方式告知质量管理人员,如搅拌站站长、试验室主任、后场监理。可查询历史数据从管控系统正式运转至查询时止,历史数据可长期保存至使用期结束(图7.55)。

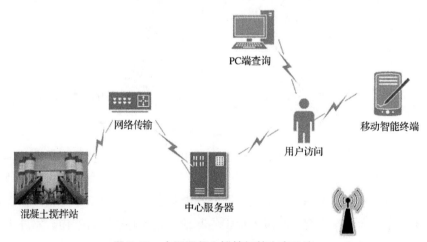

图7.55 水泥混凝土搅拌智慧生产系统

(3) 搅拌站智能生产管理系统

系统实时监控每分钟水稳的级配、水泥剂量、水泥用量搅拌时间等质量指标。实时监控每盘混凝土的级配、油石比、温度、搅拌时间等质量指标；随时查看生产情况，并通过专家系统进行动态质量分析，实时动态分析混合料的级配、油石比、水泥剂量等指标波动情况；按照时间及各类条件进行历史数据查询，数据存储在独立数据库中，可长期保存；实时微信报警，确保在第一时间获取搅拌站超标信息，及时通知整改（图7.56）。

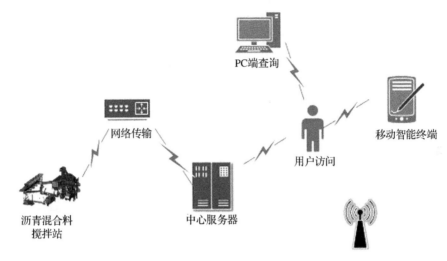

图7.56 搅拌站智能生产管理系统

6. 梁场智能化

(1) 预应力智能张拉检测系统

实时张拉数据分析：系统能实时显示各梁板的梁型、各束钢绞线的张拉方式、张拉时间、张拉力设计值、钢绞线理论伸长值、实际张拉力、实测伸长值、实测伸长值与理论伸长值的偏差、实测回缩值，并能实时绘制"F-S""F-T""S-T"曲线图。张拉数据按照张拉时间的先后顺序排列，并具有按时间查询的功能。

张拉数据汇总：包含多项目张拉信息汇总、线路张拉信息汇总、标段张拉信息汇总和桥梁张拉信息汇总。

数据报警与处理：系统根据上传的数据自动进行分析，当数据超过预设的报警条件时，系统在软件平台上自动发布预警、报警事件。办公自动化系统按照系统预设的事件处理流程，进行人性化的统一管理，自动向相关工程技术管理人员发送报警消息，通知相关人员对事件进行快速处理。

(2) 预应力智能压浆检测系统

系统实时显示压浆过程数据，包括出浆压力、压浆输送速度、压浆量、压浆时间等数据，可实时在线监管每台压浆设备的状态、压浆过程，并可实时同步查看压浆数据曲线等。施工管理人员可在线实时查询调阅已完成的压浆报告，观察压浆过程是否违规，同步生成相关报告，并可在线打印相关报告。系统实时将压浆过程中的预警数据推送给管理人员，接受监管部门的监督，使得压浆资料成为质量监督部门掌握现场工程质量的第一手资料。监管人员也可在线实时调阅压浆资料，实时监督压浆的进度及质量（图7.57）。

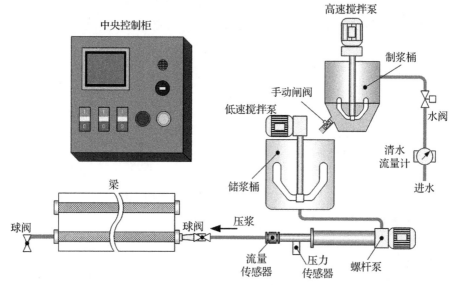

图7.57 预应力智能压浆检测系统

（3）智能喷淋养护系统

智能喷淋养护系统是控制预制梁均匀喷雾的养护装置，达到全天候、全湿润的养护质量标准。通过监测传感器来测定梁面温湿度、设备状态（是否处于喷淋状态）、喷淋时间以及流量大小。当梁面温湿度达到养护标准以上时，梁体自动养护小台车自动停止运行；当监测到梁面温湿度不满足养护标准时，梁体自动养护小台车开始运行并喷淋养护，并可根据当前温湿度高低自动调整喷淋流量大小（图7.58）。喷淋系统从供水到工作完

图7.58 梁体自动养护小台车

毕，实现全自动控制，大大降低了劳动强度，提高了劳动生产率。同时，系统还实现了生产数据全程记录存储，为质量追溯起到保证作用，各级用户可有效控制生产质量及生产进度，及时调整生产计划，达到精细化管理。

智能喷淋养护系统主要包含以下四个功能：

①配置台座信息：通常 30 台座，预留最大 99 台座，可扩展；

②显示台座状态：湿度、温度、喷淋状态；

③设定喷淋时间：喷淋 1~999 s 可设；时间间隔 1~9 999 min 可调；

④生成喷淋报表。

7. 沥青施工智能管控系统

(1) 沥青三大指标检测采集系统

①试验仪器内置平板电脑，内置试验数据处理软件；

②仪器配置无线网络模块，开机后可与公网进行连接；

③仪器开启后，自行联网与"信息系统平台"对接，从"信息系统平台"获取"工程项目""标段""样品名称""规格""等级""检测参数""名称""样品产地"列表；

④试验开始前，试验人员通过仪器内置平板电脑选择"工程项目"（如沪宁高速）、"标段"（如 LM1 标）、"样品名称"（如道路石油沥青、改性沥青）、"标号"（如 70 号、SBS）、"等级"（如 A 级、I−C）、"检测参数"（如 15 ℃延度、5 ℃延度）、取样地点、取样时间、样品产地信息；

⑤试验结束后，试验仪器内置数据软件根据试验检测规范计算试验结果（根据规范要求修约的平均值），并将计算结果自行发送至"信息系统平台"（图 7.59）。

图 7.59 沥青三大指标检测采集系统

(2) 改性沥青生产管理系统

系统自动采集改性沥青生产过程中的配料质量、发育温度、发育时间等基础数据。获得采集基本信息后，建立数据分析模型，进行生产稳定性、计量稳定性、关键参数日变化趋势等评价。生产过程中生产的数据超过设定阈值将实时发送相关人员进行短信、微信预警（图 7.60）。

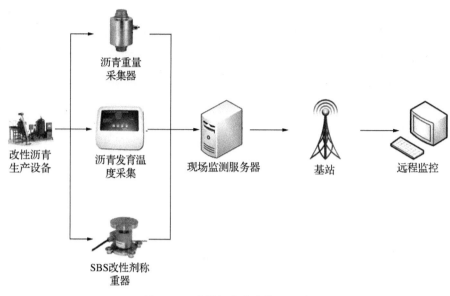

图 7.60 改性沥青生产管理系统

(3) 沥青混合料摊铺管理系统

系统实时观测沥青摊铺机的行走速度、阶段的摊铺里程。实时观测沥青混合料铺面的温度，及整个断面的温度分布情况。根据摊铺机编号、桩号等条件，查询摊铺作业状态，包括摊铺具体位置、摊铺轨迹等信息（图 7.61）。

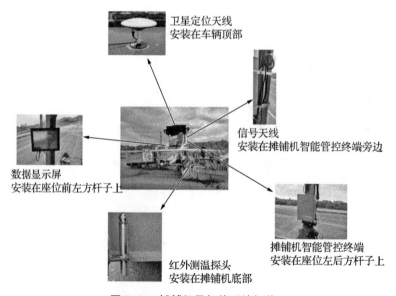

图 7.61 摊铺机及智能系统加装

(4) 沥青混合料压实管理系统

①施工在线，实时查看当前压实设备的位置信息、温度信息、速度信息等；

②轨迹统计，根据位置信息实时统计桩号轨迹、压实遍数等信息；

③根据实时采集的数据计算当前压实的工作状态,引导操作人员按照正确的施工方案进行施工;

④设置一定阈值,进行现场声光预警、微信预警(图7.62)。

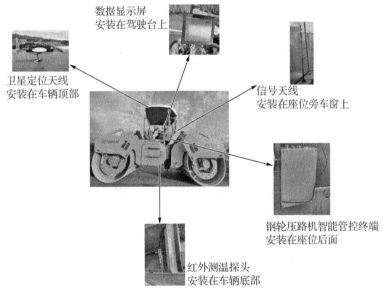

图 7.62　压实机及智能系统加装

(5) 混合料运输管理系统

系统通过对运输车辆加装定位器,对运输车辆进行实时定位,对运输路线轨迹进行实时查询,并设置历史轨迹查询回放、车辆速度预警、电子围栏预警等功能,实现任意桩号的混合料的运输信息查询,包括开始运输时间、开始摊铺时间、摊铺桩号、结束摊铺时间,并推算混合料的搅拌质量状况,进行质量溯源。提供混合料的运输周期查询,可查询到任一车辆的运输信息,包括运输周期、时间等信息,对于运输时间周期予以阈值的限制。

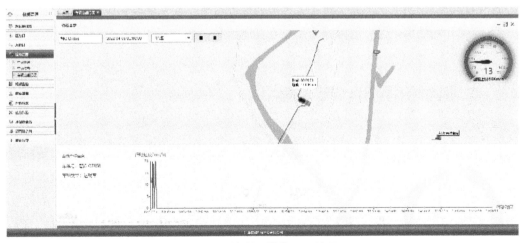

图 7.63　混合料运输管理系统展示

8. 人员定位及车辆出入管理系统

通过佩戴智能安全帽,实现施工作业区域内不同工种的作业人员的实时定位管理,自动记录工作人员的坐标信息。当发生突发情况时,作业人员能在第一时间内发出救援信息(图7.64)。同时,管理人员可设定作业区域的安全范围,通过手机 App 进行人员考勤管理,当作业人员超出安全电子围栏范围时,系统自动预警提示告知管理人员。车辆进出施工区域时通过识别提前录入的车牌自动开关闸门,一车一闸。当遇到非本单位车辆进入该工程现场,可以将其添加至软件的黑名单,同时需将该黑名单下载到专用控制器里面,无论是脱机还是在线监控状态,一旦摄像机识别到该车牌,将不允许该车进场。

图 7.64 人员定位管理系统

9. 应急救援逃生系统

高速公路隧道施工应急救援通道具有足够的耐压强度和抗冲击性,使其在隧道发生坍塌时,不至于被损坏,或因变形量过大而无法通过。同时,公路隧道施工新型通道还应符合人体工程学原理,并兼顾牢靠性,在满足公路隧道施工应急救援功能的同时,其管道连接方式应简单、拆装方便。结合人员考勤定位系统,当事故发生时,救援人员可根据该系统所提供的数据、图形,迅速了解有关人员的位置情况,及时采取相应的救援措施,提高应急救援工作的效率,保障洞内施工作业人员的生命安全。

7.12 运维阶段 BIM 技术应用

由于 BIM 技术特别是交通建设领域的 BIM 技术起步较晚,发展时间较短,现阶段将 BIM 技术成功应用于工程运维阶段的典型项目较少,大多数项目对于 BIM 技术的应用仍处于探索阶段。但通过一些正在实施的 BIM 项目可以看出,很多运营和养护单位都对 BIM 技术展现出很高的热情,且最终中标的实施单位多数为勘察设计企业。总体上而言,BIM 技术在运维阶段的应用前景光明。可以预料的是,在未来1—2年将会有大量实施效果较好的标杆项目涌现出来。BIM技术在运维阶段主要包含以下应用范围：

(1) 建设期资料管理

在公路项目周期中，传统的基于管理系统的运营维护工作是在施工阶段完成后才开始的，养护数据也是在运营阶段开始积累。通过BIM技术，可以将设计、施工的信息经过充分的交流和控制后与运营养护阶段的信息集成为一个整体，使各个过程之间及项目各参与方之间进行有效的沟通与合作，实现数据共享。

(2) 设备设施管理

借助设备设施管理系统，可以实现设备设施的电子集成交付，实现管理者可随时查看设备的状态参数，实现日常运营维护中的设备信息管理、维护管理及应急预案管理，从而提高管理效率，降低管理成本。

(3) 结构安全信息管理

通过将结构健康监测系统的数据接入BIM管理系统中，与建设期资料、养护资料等综合考虑，可实现结构安全信息的综合评定、预警、处理，从而得到更加可靠、更为全面的结构安全信息，实现结构安全状态的精细化管理。

(4) 运营养护管理

传统养护中，多数是以某个工程节点作为最小粒度的，如×桥、×隧道，大量的养护信息存在于报告之中，无法形成可以深度挖掘的养护大数据。通过BIM技术可将养护粒度精确到构件级别。借助物联网技术，养护工作人员可通过手持终端快速定位至病害构件，上传病害最新信息。养护管理部门可根据病害状况第一时间安排养护作业。当数据积累到一定数量时，可从海量数据中寻求养护资金投入更合理、更高效的方式。

8 BIM 成果交付管理

交付 BIM 数据应依据交付的合格标准要求，包含 BIM 技术用点、模型成果等内容。通过对 BIM 的交付内容、格式和深度的规范，将各分包单位的模型有效地统一起来。同时，在不同的阶段交付不同精度和深度的模型，减轻系统硬件的压力，提高工作效率。

8.1 BIM 成果交付范围

8.1.1 交付内容

BIM 成果交付应在 BIM 实施导则和 BIM 技术标准约定的范围内，与所表达施工作业要求相一致，涵盖建筑全生命周期所有数据信息，从前期策划阶段开始，贯穿到整个生命周期。其中每个过程都会产生相应的数据信息及传递过程的过程管理与记录。BIM 成果交付包括但不仅限于以下内容：

（1）阶段模型及外部链接数据（电子文档）；
（2）建筑信息模型在各阶段的应用成果（电子文档）；
（3）阶段模型的碰撞检测报告（纸质文档及其扫描电子件）；
（4）建筑信息模型应用的过程管理记录（纸质文档及其扫描电子件）；
（5）在公路工程设计与建造过程中为交付物制定具体的项目级合格标准。

8.1.2 数字化资产交付

集成数字化交付结合 BIM 技术的数字化交付，是对交付实物、竣工模型、竣工资料的整合交付，三者关联的连接纽带是位置编码。位置编码是交付实物、竣工模型对象、竣工资料数据的唯一身份识别号（Identity Document，ID），通过位置编码可以精确检索到实物、虚拟对象、对应资料。如何高效、准确地对 BIM 赋予位置编码，打通模型与实物、资料数据三者的接口，是实现后续 BIM 与运维系统融合应用的基础。

结合 BIM 技术应用的数字化交付业务场景，设备定义和数据录入可通过设备族库平台，由中标厂商进行在线数据进行，运营人员可集中精力用于资料审核，进而节省设备定义和录入的投入。基于 BIM 技术的档案资料协同管理平台，将运维阶段需要的信息包括维护计划、检验报告、工作清单、设备故障时间等列入 BIM 中，可实现高效管理与协同，提高设备资料信息的准确性。在现场交付验收环节，现场人员可使用移动 App 调用模型，并可按专业进行筛选验收。可视化模型会指引验收人员快速定位验收实验设备，在 App 页面完成现场的验收填报，通过验收的实物可现场打印二维码编码张贴。

这样的创新交付场景可极大地提高现场验收效率，加快运营接收速度，提高运营系统初始数据的准确性。同时，在现场就能通过业务场景操作完成对"实物＋虚拟物＋后台数据"的位置编码绑定，实现数字化资产交付，为未来 BIM 进一步用于运维业务提供基本条件。

8.2　BIM 成果交付格式

8.2.1　几种常用 BIM 软件文件格式

能输出 BIM 格式文件的软件有很多，凡是包含信息、模型的建筑电子文件，都能称为 BIM 格式文件，以下是一些常见的 BIM 格式文件。

（1）CGR：Gehry Technology 公司 Digital Project 产品使用的文件格式。

（2）DWF：Design Web Format，Autodesk 开发的一种用于网络环境下进行设计校审的压缩轻型格式，这种数据格式是一种单向格式。

（3）DGN：Bentley 公司开发的支持其 MicroStation 系列产品的数据格式，2000 年以后 DNG 格式经更新升级后支持 BIM 数据。

（4）PLN：Graphisoft 公司开发的为其产品 ArchiCAD 使用的数据格式，1987 年随 ArchiCAD 进入市场，是世界上第一种具有一定市场占有率的 BIM 数据格式。

（5）RVT：Autodesk Revit 软件系列使用的 BIM 数据格式。

（6）STEP：Standardized Exchange of Product，是制造业（汽车、航空、工业和消费产品领域）CAD 产品广泛使用的国际标准数据格式，主要用于几何数据交换。

（7）VWX：2008 年开始 Nemetschek 公司开发的为其 Vectorworks 产品使用的 BIM 数据格式。

（8）NWD：Navisworks 数据文件，所有模型数据、过程审阅数据、视点数据等均整合在单 NWD 文件中，绝大多数情况下在项目发布或过程存档阶段使用该格式。基于此格式的还有 NWF、NWC。NWC 是 Navisworks 缓存文件，中间格式，由 Navisworks 自动生成，不可以直接修改。NWF 是 Navisworks 工作文件，保持与 NWC 文件间的链接关系，且将工作中的测量、审阅、视点等数据一同保存。

8.2.2　BIM 交付数据格式

基于 BIM 设计交付的目的、对象、后续用途的不同，不同类型的设计模型应对其适合的数据格式进行规定，并在保证数据的完整、一致、关联、通用、可重用、轻量化等方面探索合理的形式，以作为完整的数据资源，供建筑全生命期的不同阶段使用。为保证数据的完整性，保持原有的数据格式，尽量避免数据转换产生的数据损失，可采用 BIM 建模软件的专有数据格式（如 Autodesk Revit 的 RVT、RFT 等格式）。同时，为了在设计交付中便于浏览、查询、综合应用，也应考虑提供其他几种通用的、轻量化的数据格式（如 NWD、IFC、DWF 等）。

基于 BIM 所产生的其他各应用类型的交付物，一般都是强调数据格式的通用性，建议这类交付成果采用标准的数据格式（如 PDF、DWF、AVI、WMV、FLV 等）。

以政府审批报件为依据形成的设计交付物，主要用于政府行政管理部门对具体工程项目设计数据的审查和存档，应更多考虑其数据格式的通用性及轻量化要求。对于 BIM 及基于 BIM 的其他各类应用的交付物，建议采用标准的数据格式（如 IFC、DWF、PDF、AVI、WMV、FLV 等）。

对于政府审批报件用的设计交付物，我国尚没有明确的交付要求，企业若想了解此类交付物在国际相关的标准和规范，可参考新加坡政府制定的《新加坡 BIM 指南》、澳大利亚政府制定的《国家数字建模规范》等国家标准，以企业内部管理要求为依据形成设计交付物数据格式。

企业内部交付的 BIM，主要用于工程项目，及通过项目形成标准模型、标准构件等具有重用价值的企业模型资源。

对于企业内部要求提交的模型资源的交付格式，考虑模型的重复使用价值，应采用提交设计中所使用 BIM 建模软件的专有数据格式、企业主流 BIM 软件专有数据格式以及可供浏览查询的通用轻量化数据格式。

基于 BIM 各类应用的交付物，主要用于具体工程项目交付数据的存档备查，应保持与商业合同规定相同的交付格式。

按 BIM 交付物内容区分，交付数据格式包括：BIM 设计模型及其导出报告文件格式、BIM 协调模型及其模拟协调报告文件格式、BIM 浏览模型格式、BIM 分析模型及其报告文件格式、BIM 导出传统二维视图数据格式、BIM 打印输出文件格式等。

8.3 BIM 交付资产管理编码

资产管理编码在企业设备资产管理中有着至关重要的作用，是设备资产管理的基础。多数企业的资产编码方案中一般希望通过编码反映出设备资产的类别和重要的属性，但不同企业的设备资产管理的角度不同，所以分类方法和属性对于企业制定编码规则十分重要。

8.3.1 编制目的

城镇交通设备、设施资产不同，具有种类多、专业性强、价值高、使用地点分散、资

8 BIM 成果交付管理

产变动频繁、资金比重大、管理难度大等特点，而且需要经过设计、建设、运营使用等不同的管理阶段。因此，为满足祁婺高速设备设施各阶段的管理需求，必须有唯一的编码来相互区分，以规范严谨的编码架构对资产的全生命周期进行系统化管理。

为规范祁婺高速公路的资产管理工作，制定了祁婺高速 BIM 资产管理编码。编码标准中主要包含了资产分类编码规则、资产编码规则、资产位置编码规则三部分的内容。

8.3.2 资产分类编码规则

1. 固定资产分类编码规则

（1）编码原则。固定资产分类采用 6 位数字，按大、中、小三级分类结构编码，每段的代码从 1—99 按顺序排列，如图 8.1 所示。

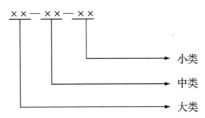

图 8.1 固定资产分类编码规则图

（2）编码示例如表 8.1 所示。

表 8.1 固定资产分类编码示例

级别层次						
数据位置	1	2	3	4	5	6
层次意义	固资大类		固资中类		固资小类	
示例						

2. 设施设备分类编码规则

（1）编码原则。根据设施设备维修维护管理需要，在固定资产分类基础上细化分类到第四级甚至第五级，第四级、第五级分类代码从 1 到 99 按顺序排列，即固定资产和设施设备构成父子关系，如图 8.2 所示。

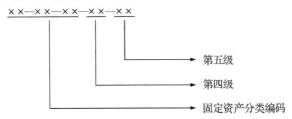

图 8.2 设施设备分类编码规则图

8.3.3 资产编码规则

1. 固定资产编码规则

固定资产编码由字母"F"和10位数字组成,10位数字表示流水号,由资产系统随机产生,如图8.3所示。

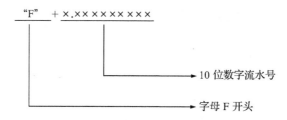

图8.3 固定资产编码规则图

2. 设施设备编码规则

设施设备编码由字母"E"和10位数字组成,10位数字表示流水号,由资产系统随机产生,如图8.4所示。

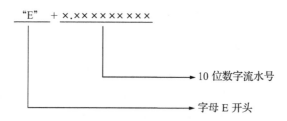

图8.4 设施设备编码规则图

3. 列管物资编码规则

列管物资编码由字母"M"和10位数字组成,10位数字表示流水号,由资产系统随机产生,如图8.5所示。

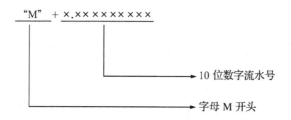

图8.5 列管物资编码规则图

祁婺高速实施的 IT 技术 9

9.1 BIM软硬件实施要求

9.1.1 BIM软件实施要求

1. 常用BIM软件对比分析

随着BIM技术的成熟及知名度的扩大,BIM软件的数量也越来越庞大。目前国内外从事BIM软件开发的平台公司种类较多,相较于国内平台公司开发的BIM软件产品,国外的BIM软件技术起步较早、软件功能相对比较成熟、产品较多,而且规模较大、优势突出、系统性好,可实现的BIM功能强(建模功能、信息集成功能、信息共享功能、可视化功能等)。目前,主流BIM平台有如下四个。

(1) Autodesk平台

Autodesk平台,国内BIM用户习惯称其为A平台。Autodesk公司借助AutoCAD的天然优势,相较于其他BIM平台公司,最先进入我国BIM市场,Revit建筑等系列软件产品在民用建筑市场有着较大的市场份额,旗下产品包括人们熟知的Architecture、Structure、MEP、Naviswork、Quantity Takeoff、Robot Structural Analysis、Ecotect Analysis等。其特点是:Autodesk公司只做平台,工具软件开发几乎全部外包;软件授权易于获取;软件产品齐全;旗下软件几乎无支持二次开发的个人用户插口开放;输出文件数据格式多样;共享效率低。

(2) Bentley平台

Bentley平台,国内BIM用户习惯称其为B平台。Bentley公司旗下的软件产品在工厂智能化设计和基础设施(道路、桥梁、市政、水利等)领域有着不错的表现,软件产品包括MicroStation、ProjectWise、Mechanical Systems、Building Electrical System、ContextCapture系列软件等。其特点是:Bentley公司既做平台,也开发工具软件产品;软件授权不易获取;具有强大的图形处理能力;支持参数化建模;旗下软件几乎无支持二次开发的个人用户插口开放;输出文件格式统一(DGN格式);共享效率高。

(3) Nemetschek平台

2007年Nemetschek收购Graphisoft后,ArchiCAD、AIIPLAN、Vectorworks三个产品合为一家,公司旗下软件产品Vectorworks主要针对美国市场,AIIPLAN主要针对德语市场,ArchiCAD是BIM市场最早的一款核心建模软件(仅限建筑专业),但因其跨专业功能配套的不友好,在我国BIM行业中应用较少。其特点是软件产品细分市场不合理,国内用户较少。

（4）Dassault 平台

Dassault 平台，国内 BIM 用户习惯称其为 D 平台。Dassault 公司开发的产品在工程领域超大规模建筑和复杂形体的建模能力、表现能力、信息管理能力较其他三个平台公司的产品有明显的优势，在 CATIA 基础上开发的多款产品均有二次开发插口开放，输出文件格式可实现批量化转化，数据交互能力强。

通过各大软件综合对比分析，结合项目特点，选择适合祁婺高速的 BIM 应用软件（表 8.1）。BIM 和 BIM 应用不限于单一软件，以完成项目目标为出发点，考虑软件技术特点和性能价格比及各参加单位的使用习惯，同时也考虑软件之间的数据交换，对 BIM 软件的使用做如下原则要求：

①保证模型质量：模型的准确度和深度应达到标准要求，具体体现为建模软件的专业性。

②保证进度要求：模型的建立、修改、配合方便快捷，具体体现为建模软件的易学性、易操作性。

③保证设计图纸的出图质量和效率：具体体现为利用建模软件快速生成符合公路工程施工图标准的施工图纸。

④保证数据传递：应能导出通用格式的模型及数据，满足信息传递要求，体现为建模软件接口的通用性。

⑤降低 BIM 应用的成本及费用：在保证 BIM 应用效果和需求的情况下，降低投入成本，达到合理投入产出比，具体体现在 BIM 软件的成熟性、价格、易用性、软硬件配置成本等方面。

⑥保证几何信息无损传递：应能导入不同软件建模的模型成果，并导出为主流模型格式。

⑦更多的 BIM 应用功能：应能在集成软件上实现尽可能多的 BIM 应用，尽量减少多软件切换应用的情况。

⑧降低 BIM 应用的成本及费用：在保证 BIM 应用效果和需求的情况下，降低投入成本，充分考虑 BIM 软件的成熟性、价格、市场占有率等因素。

表 9.1　常用 BIM 软件对比分析

序号	软件名称	特征描述
1	Revit	软件提供了多种工具，可为建筑设计、MEP 工程、结构工程和施工领域提供支持，拥有全面的功能。强大的族功能，上手容易，价格低廉；可进行局部碰撞检查，不需要对全部构件进行检查，节省检查时间；利用显示功能，可自动跳转到问题构件；国内最为常用

(续表)

序号	软件名称	特征描述
2	Bentley	可以支持DNG和DWG两种文件格式,这两种格式是全球95%基础设施文件格式;可直接编辑,非常便利;可以将模型发布到Google Earth,可以将SketchUp模型导入其中;支持任何形体较为复杂的曲面;记录编修流程,可以比较图形编修前后的差异;具有管理权限以及数位签章功能;目前国内应用较少,其主要应用在基础设施建设、海洋石油建设、厂房建设等等
3	Tekla	可以追踪修改模型的时间以及操作人员,方便核查;内设有4D管理工具;内设有结构分析功能,不需要转换,可以随时导出报表;国内钢结构应用最为广泛的BIM软件,具有强大的钢结构设计、施工以及制造的能力
4	ArchiCAD	支持macOS系统,彩显工具简单易用,拥有丰富的物件资料库以及支持外部程序;最早的3D建模软件,可以自动生成报表,通过网络可以共享信息,在土建方面比较优秀
5	CATIA	与其他软件相比,CATIA的优势在于拥有赏心悦目的界面、易用而强大的功能,广泛应用于航空航天、汽车制造、造船、机械制造、电子/电器、消费品行业,它的集成解决方案覆盖所有的产品设计与制造领域,其特有的电子样机(Digital Mock-Up, DMU)模块功能及混合建模技术更是推动着企业竞争力和生产力的提高

2. 祁婺高速应用软件

基于设计协同平台建立设计全周期BIM流程,从方案设计阶段到施工图BIM交付,确保BIM技术在设计过程中的应用。

根据现阶段设计软件应用情况和山区高速公路的特点建立多元BIM软件应用方案。总体设计运用OpenRoads、InfraWorks、EICAD等BIM软件搭建项目实景模型,道路设计使用OpenRoads、EIBIM等软件完成路线设计、横断面设计、场地设计、工点设计等,桥梁设计使用Revit、Bridge Designer等软件完成桥梁总体设计、桥梁结构设计、配筋设计以及桥梁的深化设计应用等,隧道设计使用Inventor、Civil 3D等软件完成隧道洞身设计、洞门设计,以及隧道的配筋设计和深化设计等。通过对国内外多种BIM软件的使用,使得各项BIM应用点能够高效地实施(表9.2、表9.3)。

表9.2 设计阶段BIM应用软件一览表

三维设计专项	平台	软件	用途
概念和方案设计	Autodesk	InfraWorks 2018	三维概念设计
	Mcheel	Rhino/Grasshopper	复杂曲面建模和参数化建模
	Autodesk	Inventor	桥梁建模
	Esri	ArcMap	卫片处理
	Bentley	MicroStation	点云数据处理

(续表)

三维设计专项	平台	软件	用途
初设设计	Autodesk	Revit 2018	桥梁建模
	Autodesk	Civil 3D 2018、EICAD3.0	道路建模
协同设计	Autodesk	Vault	设计协同数据管理
模拟分析	Autodesk	Navisworks Manage 2018	轻量化数据，合并模型，施工模拟
	Adobe	Photoshop	图片处理
	Adobe	Adobe After Effects	非线性编辑
	Adobe	Adobe Premiere	非线性编辑
	Autodesk	Robot Structure	有限元分析
		Fuzor	可视化模拟分析
		Lumion	效果表现

表 9.3 施工阶段 BIM 应用软件一览表

三维设计专项	平台	软件	用途
施工图深化	Autodesk	Revit 2018	建模
	Mcheel	PowerCivil、OpenRoads Designer	隧道总体设计
	Bentley	ConceptStation、Civil 3D	倾斜摄影
算量	鲁班	鲁班算量	算量
模拟分析	Autodesk	3DsMax	轻量化合并模型，施工模拟效果展示
		Navisworks	
模拟分析	自主研发	DnnTOS	交通导改
其他		Fuzor	施工模拟效果施展
		Lumion	

9.1.2 实施 BIM 的硬件要求

BIM 正向设计打破了传统的设计流程，使得设计不再是专业本身的独立设计，更强调专业间的高度协同。而协同设计很大程度是指基于网络的一种设计沟通交流手段，形成这种交流手段的硬件设施包括两个方面：支持 BIM 设计软件的个人计算机和实现各专业交流的中心服务器。BIM 设计软件既包括三维的模型软件，也包括二维的平面软件，其实现的功能比较多，软件的性能比较高，因此对于计算机的配置要求较高，主要体现在图形图像的显示能力、后台数据的运算能力和信息交互处理能力。从各专业设计对功能使用的要求考虑，建议从以下两个层级进行区分：

标准层级：满足各设计专业建模、多专业协同设计、管线综合、采光日照性能分析；

高级配置：高端建筑性能分析，精细渲染。

BIM 正向设计需要应用到多专业的协同设计。Revit 软件中的工作集协同方法是通过局域网进行的，当工程设计项目体量较小或资源配置有限时，可以以某台个人计算机为服务器，实现 BIM 软件数据和信息的存储共享。当数据的存储容量、用户数量、吞吐量较大，使用频率较高时，需要考虑搭建中心服务器。

祁婺高速 BIM 硬件环境包括服务器、客户端（台式机电脑、手持移动终端等）、网络存储设备。

1. 服务器

考虑数据的实时性高、现场环境复杂、公共网络实时联通有难度的特点，同时结合管理及项目实际情况，采用项目统一部署模式，服务器一是具备数据备份用途，二是为不在项目现场的互联网用户提供服务（表 9.4）。

表 9.4 项目管控中心服务器硬件指标

硬件	配置
应用（渲染）服务器	处理器：2×Intel Xeon E5—2690 v4 2.6 GHz 主板：P710 Motherboard-Dual CPU 显卡：Quadro P2000 5GB 4DPHP 内存：2×32 GB ECC 2400 MHz RDIMM 硬盘：2×480 GB 主流 SATA 6 GB 热插拔固态硬盘 网卡：双千兆网卡 电源：2×750 W 热插拔电源
数据服务器	处理器：Xeon 613016C/125 W/2.1 GHz×2 内存：32 GB TruDDR4 2666 MHz（2R×41）×2 硬盘：2×480 GB 主流 SATA 6 GB 热插拔固态硬盘，2 TB 2.5" 10 KHDD×10 网卡：双千兆网卡 电源：2×750 W 热插拔电源

2. 客户端

在项目现场，项目的参建各方采用普通的电脑作为客户端，即可和项目上的渲染服务器、Web 服务器进行交互，来进行基于 BIM 项目的管理工作，推荐配置如表 9.5 所示。

表 9.5 平台客户端配置参数

名称	项目客户端
CPU	内核主频：四核 3.2 GHz 及以上 支持最大内存：16 GB 以上 CPU：64 位处理器
显卡	显存容量：4GB 以上 接口类型：HDMI/DVI/VGA

(续表)

名称	项目客户端
内存	8 GB DDR3 及以上
硬盘	1 TB 及以上
显示器	任意尺寸显示器支持分辨率 1 920×1 080 以上
操作系统	Win7 Pro 64bit 及其以上

同时在管控中心部署大型展示终端，用于模型数据展示、视频监控、统计信息展示等，并用 VR 方式进行技术交底、安全教育等。

3. 网络配置

接入方式：互联网专线（光纤）。

带宽：100 M，上下行对称。

9.2 网络接入与数字建管平台

9.2.1 祁婺高速城域光纤网络应用

祁婺高速 BIM 技术应用硬件平台主要由业主、BIM 咨询单位、平台单位、设计咨询、施工承包商和现场监管处共同出资建设，形成一个贯穿整个工程实施过程的临时网络。

BIM 技术应用网络是利用工业现货和本地电信网络资源，由二层网络构成。基于客户/服务器模式，采用 C/S 架构，为 BIM 技术应用协同平台提供硬件支持，同时还可与工程建设管理其他相关系统接口分享 BIM 信息及数据。

1. 一级平台建设

BIM 技术应用一级平台，主要用于 BIM 设计和 BIM 协同施工管理，除按合同规定由平台建设单位和施工管理平台提供方实施的系统管理平台外，其他均由江西省交通工程集团有限公司出资搭建。中心服务器设备是基于最初开工线路数量的 BIM 技术应用使用需求确定系统容量和硬件配置，此后则根据开建线路的数量扩容或循环使用。

设计用途的 BIM 一级平台在高速公路项目设计开始时搭建，主要用于设计阶段各参与方的 BIM 系统工作、设计成果审核以及递交和归档。

协同施工管理用途的一级平台在高速公路项目施工准备阶段搭建，施工承包商、代建监理部的 BIM 技术应用通过协同施工管理平台与设计用途的 BIM 一级平台链接，实现 BIM 技术应用的协同与信息及数据共享，完成设计成果的审核以及递交和归档。

BIM 技术应用一级平台应与运维平台进行接口，共享施工阶段的 BIM 应用成果及数据，实现数字化竣工移交等功能。

江西省交通工程集团有限公司 BIM 工作小组，通过集团公司 OA 系统，从 BIM 一级应用平台获取轻量化 BIM，监督并审核各方形成的 BIM 数据模型及设计成果。

BIM 咨询方通过其设置的 BIM 咨询管理服务器及网络设备，实现对各设计方和施工方的 BIM 技术应用成果进行管理和技术支持，包括培训、BIM 数据审核、平台维护与管理等。

平台建设单位应与总体设计通过同期招标确定，数字建管平台供应商应在施工招标开始前通过招标确定。

2. 二级平台建设

BIM 技术应用二级平台，主要用于设计和协同施工管理。

（1）用于设计的 BIM 技术用二级平台在开建线路设计招标时完成，确定全线设计咨询单位后，根据合同的要求，分别由设计单位在 BIM 咨询方的指导下建成，并接入 BIM 技术应用一级平台。在工程施工竣工时，除代建部的二级平台继续保留外，其余由各设计承包商撤除。

（2）协同施工管理二级平台在施工招标结束后，确定各标段的施工承包商和现场监管处，再根据合同的要求，分别由各施工单位在协同施工管理平台供应商的指导下建成。在工程施工竣工时，由各施工单位撤除。

3. 平台搭建关键技术

平台搭建的总体工作流程包括一级平台和二级平台硬件搭建、软件安装和服务器运行环境配置工作；存储服务器安装与调试工作；一级平台和二级平台数据管理部署调试工作；一级平台和二级平台二次开发族库、数据模板、出图模板和模型转换软件发布与调试工作；一级平台和二级平台信息归档和数据备份调试工作；一级平台和二级平台数据报表统计调试工作。

9.2.2 网络接入管理

BIM 网络接入的管理随着面向对象的不同而不同，本节根据不同面向对象对网络接入管理进行详细介绍。

1. 业主

（1）一级平台服务器的安装调试。在平台单位完成购买服务器软硬件设备后，须配合平台单位完成服务器、防火墙、路器等硬件设备的安装与调试。

（2）接入单位的 IP 地址分配。各参建单位接入平台的二级服务器 IP 地址由业主网络管理员统一分配并与对应的二级服务器网卡绑定，禁止自行修改。业主网络管理员须对 IP 地址段进行统一的分配和管理，并协调解决 IP 地址冲突问题。

各参建单位二级服务器可采用双网卡配置，一块网卡绑定接入一级平台分配的 IP 地址，另一块网卡可接入公共互联网，实现局域网内用户的双向访问。这样既可以访问 BIM 协同设计平台的虚拟局域网络，也可以同时访问外部互联网。

各参建单位局域网内的 Revit 用户端主机通过二级交换机连接至二级服务器，其 IP 地址可由各单位根据内部网络管理要求自行设定。

（3）服务器按期备份。Revit Server 一级服务器上的 Revit 中心文件模型由网络存储器按照备份规则进行自动备份，防止一级服务器发生意外，业主机房管理人员须对网络存储器进行备份规则设定，且每月定期检查。

除此之外，业主机房管理人员还须对一级服务器上的 Revit 中心文件模型进行周期性手动备份，以月为周期，使用大容量移动硬盘进行手动增量更新备份，且移动硬盘的日常存放地点不能放在业主机房内，原则上应保持放置在业主运营公司的办公楼机房，避免水灾、火灾等意外情况的发生。

2. 平台建设方

（1）业主一级服务器 Revit Server 的软件调试。在业主机房完成一级服务器的硬件调试后，平台建设方须在机房统一管理下，对一级服务器的 Revit Server 软件环境进行安装和调试，安装 Windows Server 2012 操作系统、IIS 7.0 Web 服务器，使用 Revit Server 软件调试等。

（2）参建方二级服务器 Revit Accelerator 的软件调试。在参建单位完成二级服务器的硬件调试和电信运营商的宽带接入后，平台建设方须前往参建单位驻地现场，使用业主分配的 IP 地址完成二级服务器对业主机房一级服务器的平台网络接入，为二级服务器安装 Revit Server 软件并调试为 Revit Accelerator 加速器。

（3）对参建方网络管理员的平台维护技术培训。平台建设方为参建方现场完成平台接入调试后，应随即开展对其网络管理员的 BIM 协同设计平台的维护技术培训，发放平台维护操作指南，以确保其掌握平台维护的基本知识和操作流程。

3. 参建单位

（1）网络管理员的确立：在中标后应立即确立网络管理人员名单，并报送业主和 BIM 咨询方，由 BIM 咨询方与之取得联系，发放本标准手册，指导其发起软硬件、网络接入的采购与洽谈。

（2）软硬件与网络的建立：在中标进场并确定办公场所后，按本标准要求采购相关软硬件和网络设备，同时与电信运营商洽谈广域网（Wide Area Network，WAN）光纤接入，并通知 BIM 咨询方到现场帮助完成平台接入的调试。

（3）二级服务器的日常管理与维护：网络管理员应根据发放的平台维护操作指南，进行日常设计过程中的二级服务器管理与维护，具体工作包括本单位 Revit 用户端的网络维护、二级服务器的备份维护、权限冲突的协调和平台故障的保修等，并将平台运行情况向

BIM 咨询方按期报告。

4. Revit 用户端使用者

（1）Revit 用户端命名：所有接入平台的 Revit 用户端须严格按规则对 Revit 用户进行命名，命名采用"单位名称缩写－操作者姓名"的中文命名方式，以方便平台的权限管理与历史日志追踪，避免在使用时引起冲突。

（2）Revit 用户端使用者的平台同步操作：Revit 用户端使用者的平台同步操作须严格按照《祁婺高速交通工程 BIM 设计应用指南》进行，严禁违规操作。

当发生权限冲突时，应及时上报其单位内的网络管理员并寻求帮助，或立刻联系 BIM 咨询方协调解决，禁止自行违规操作。

9.2.3 网络性能指标

1. 局域网

局域网（Local Area Network，LAN）指参建单位自己筹建的内部局域网，各 Revit 用户端使用交换机进行连接组网，并接入 Revit Accelerator 二级服务器。

参建单位 LAN 的带宽须满足 1 000 M 的传输速率要求，以保证二级网络中 Revit 模型同步的性能。

2. 广域网光纤专线

参建单位通过租用当地电信运营商的光纤网络接入业主服务器，以串联起分布在不同地点参建方的局域网，形成一个更大的虚拟局域网。

参建单位租用电信运营商的光纤 WAN 带宽须满足 1 000 M 的传输速率要求，以保证其二级服务器与业主一级服务器的静默网络传输要求。

3. 业主机房网络

业主机房的内部 LAN 网络带宽须满足 1 000 M 的传输速率要求。由 Revit Server 一级服务器、网络存储器、防火墙、核心路由器等构成，属于业主的资产管理范围。

9.3 BIM 实施 IT 人力资源

9.3.1 祁婺高速 IT 信息部门的管理统筹

为保证 BIM 良好有效地实施，江西省交通工程集团有限公司专门建立了 BIM 实施人力平台，并成立了集团公司固定的 BIM 技术领导小组，专职于 BIM 技术应用协同设计平台祁婺高速项目的正常运作及功能升级。同时，在项目上成立 BIM 创新办公室，办公室负责人来自集团公司信息化部门，办公室成员来自 BIM 咨询单位、平台建设单位，并将 BIM 咨询方和平台建设方纳入项目办统一管理，所有人员应熟知协同设计平台的工作原理及网络架构。

BIM 实施人力平台主要负责 BIM 技术应用协同设计平台的管理工作，其职责范围包括：

(1) 按要求制定 BIM 技术应用协议设计平台技术标准。
(2) 协调、监督各参与方的 BIM 技术应用管理平台搭建情况。
(3) 配组成员的平台日常维护工作务。

9.3.2　BIM 咨询方组织协调与培训支持

BIM 咨询方应安排两人作为交通集团平台管理小组的专职成员。该两名成员应熟知协同设计平台的工作原理，具有协同设计平台搭建的经验，并具备相应的硬件架构知识。作为小组的技术顾问，两名人员主要负责协助业主搭建 BIM 技术应用协同设计平台，其职责范围包括：

(1) 督促平台建设方数字建管平台安装搭建工作的具体实施。
(2) 督促平台建设方数字建管平台的故障排除。
(3) 协助平台建设方平台的访问权限设置。
(4) 负责数字建管平台日常运行状态检查。
(5) 配合业主完成协同设计平台与数字建管平台的接入调试工作。
(6) 汇总各参建单位的数字建管平台接入情况，并向业主公司递交报告。

9.3.3　各参建方 IT 管理员配备

各参建单位应挑选具备相应硬件架构知识的人员参与到业主平台管理小组中，专门配合业主及平台建设单位完成平台搭建工作，其职责范围包括：

(1) 配合平台建设方完成数字建管平台日常维护管理工作。
(2) 负责本单位数字建管平台标准执行情况的落实。
(3) 监督本单位数字建管平台使用，并负责向 BIM 咨询单位汇报。

9.4　项目 BIM 培训

9.4.1　培训方案

为了有效地使用、维护平台中所有子系统功能以及实施要素，培养优秀的运营者和维护专家，制定培训方案，内容包括培训对象、培训课程等。

培训对象包括系统管理人员、系统高级用户（业主方领导或上级单位主管领导等）、系统一般用户（业主方、施工方等六方参建单位普通人员等），不仅应为系统管理人员、运营人员提供系统的教育培训，还应提供系统持续运营所需要的各类技术，保证项目业主内部人员的独立操作和独立运营。

培训课程包括IT教育培训、应用支撑平台开发技术培训、应用系统管理培训、系统操作技能培训、管理规范流程培训、数据中心运维管理培训、IT运维体系管理技术培训、网络运管和信息安全等专业知识培训等，具体如图9.1所示。

图9.1 培训方案

9.4.2 培训目标

1. 系统一般用户

掌握系统的总体工作原理和设计思想，了解系统中的各项业务管理流程。

熟练掌握系统的日常操作，能够熟练应用系统进行各类申请的操作，完成各类申请的填报和提交；相关业务的负责人可熟练使用系统对申请单进行审批，熟练应用系统进行数据查询和分析。

2. 系统高级用户

掌握系统的总体工作原理和设计思想，了解系统中的业务管理流程。

熟练掌握系统的日常操作，能够熟练对系统相关申请进行审批操作；能够熟练进行系统相关数据的查询和分析；熟练使用系统提供的统计及分析功能。

3. 系统管理员

能够进行用户、角色的新建、删除、修改和相应权限的分配、修改、收回等日常的权限维护。

能够进行各个接口运行情况的监测和维护，能够对接口程序出现的问题进行简单诊断。

能够进行数据平台中主题数据库的建立、更新和维护工作，数据仓库的维护工作以及BIM专业数据库的维护工作等；掌握系统的工作原理；掌握系统的安装和操作（包括操作系统、数据库、应用软件）；能够承担系统的日常维护和例行维护工作，处理简单的故障。

9.4.3 培训组织

为了有效地实施教育培训，BIM咨询方和项目业主通过协商选定教育培训对象、制定培训课程、选定教育培训内容，实施配合系统开发阶段的教育培训。讲师人员的选定和教育培训环境的准备由双方协定（图9.2）。

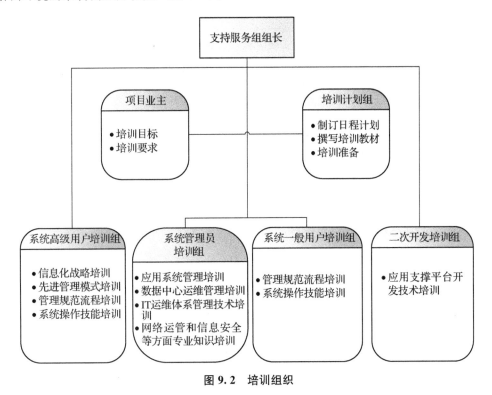

图9.2 培训组织

9.4.4 培训内容

为了使有关人员正确理解本系统的建设过程，提高其系统的应用水平，培养系统建设、运营以及系统管理的专业人员，将采用差别化的教育培训手段讲授培训课程。培训课程概要如表9.6所示。

表9.6 培训课程

培训主题	培训对象	主要培训内容	时间	培训讲师	教材
项目管理知识全面导入培训	业主的管理、业务、技术人员	BIM管理在大桥建设项目上的应用；工程应用实例	项目启动后3日	项目经理	系统应用实例
系统实施方法论培训	业主的管理、业务、技术人员	信息化的工程项目管理实施方法；基本技术培训；新技术走向软件开发；规范、标准和方法	项目签约后10日	项目经理	实施方法论研讨
系统应用培训	业主等参与工程建设人员、管理与应用人员	综合分析与成果查询应用；各业务模块的具体功能应用	安装调试后，试运行前5日	项目实施人员	系统操作手册
系统网络管理培训	网络管理技术人员、系统维护技术人员	关于系统安装、调试、维护；关于网络方面的维护培训；关于数据与安全管理方面的培训	部署阶段	项目经理	系统网络管理教程；系统管理手册；数据库管理教程
技术培训	对技术感兴趣的人员	二次开发培训；各业务模块的设计思想和结构培训	部署后	项目经理	开发文档；技术文档

探索与展望 10

10.1 BIM 数字平台

祁婺高速项目通过采用同一套 WBS，基本实现质量与计量系统间的数据互通，目前质量质检资料已经全部在线上填写，系统自动评定合格率，中间交工证书审批完成后自动推送数据至计量系统，实现自动计量。下一步从管理水平上入手，避免人为填报数据的时效性误差，通过对检验申请的时间节点控制，实现自动展示进度数据的雏形。然后利用技术手段，对自动进度的数据进行自动纠偏。

根据目前已经安装的智慧梁场、试验管控、运输车辆管控、人员管理、施工现场视频监控、隧道门禁等应用设备，结合 BIM 平台，深挖发掘智能设备展示面，做到软硬件的深度契合，进一步提高 AI 监控设备的监控画面感应能力和智能分析手段，提高智慧工地应用效益。

为保障项目 BIM 应用实施工作的顺利开展，一是对项目各参与方持续进行 BIM 技术与平台应用的相关培训，不断提高思想认识和 BIM 技术水平，让一线的管理人员和施工人员充分认识到 BIM 技术带来的便捷性，从思想行为上重视 BIM 技术；二是要加大对 BIM 平台应用的考核力度，提高参建各方运用 BIM 平台的积极性，实现运用 BIM 平台对建设管理的提质增效。

BIM 协同信息管理平台作为一项信息化管理技术平台，服务于项目全生命周期，还有很长的路要走。基于当前国内的工程发承包管理模式，项目管理方作为推动 BIM 技术发展的中坚力量，聚合各项施工信息，从技术层面的运用逐步扩展到管理层面的全面运用，以优化资源配置、深化信息融合、加强协作沟通的方式，助力参加各方管理效率的提升，并已显现出它强大的作用。随着 BIM 技术的进一步探索，可依据不断积累的信息资源，从大数据化的角度进行数据挖掘和信息加工，为项目管理决策提供更有力的帮助。

目前，祁婺高速项目正在探索并使用该套 BIM 协同信息管理平台，该平台目前仍属于深化研制阶段，由于它是项目边运行边进行模块调整，尚有许多未完善的内容，需要后期进行优化，部分模块的使用功能还未开放，处于调试阶段，后期也会随着项目进度而逐步开放。相信这款基于祁婺项目管理的协同信息管理平台，在不远的将来一定能得到推广应用并取得市场肯定。

BIM 数字平台在未来有着广阔的展望。随着技术的不断发展和应用范围的扩大，BIM 数字平台将在以下五个方面发挥重要作用：①BIM 数字平台将成为整个建筑生命周期中各种数据的集成和管理中心。它能够整合建筑设计、施工、运营和维护等阶段的数据，包括几何数据、属性数据、时间数据、成本数据、设备数据等，提供全面的项目信息和多维度的分析能力。②跨领域协作：BIM 数字平台将促进不同领域和专业之间的协作和集成。它将成为建筑项目各方（桥梁设计师、道路设计师、隧道设计师、结构工程师、机电工程师等）共享信息、协同设计和决策的中心。通过数字平台，不同领域的专业人员可以实时共享和协作，提高项目的协同性和效率。③智能化分析与决策支持：BIM数字平台将具备更强大的智能化分析和决策支持功能。借助机器学习、人工智能和数据挖掘等技术，平台可以对大量的建筑数据进行分析和预测，提供更准确的信息和决策支持，帮助项目团队优化设计、规划施工、管理运营等方面的决策。④虚拟和增强现实应用：BIM数字平台将与虚拟现实（VR）和增强现实（AR）等技术相结合，提供更丰富和沉浸式的体验。通过VR和AR，用户可以在虚拟环境中浏览和检查建筑模型，进行模拟演练和碰撞检测，实时查看和比对设计与实际施工的差异，提高设计和施工的准确性。⑤数据驱动的运营和维护：BIM数字平台将为建筑的运营和维护阶段提供强大的支持。通过将建筑模型与传感器网络和物联网（IoT）设备相连接，平台可以实时监测建筑的性能和能耗，进行预测性维护和节能优化。同时，平台还可以提供设备管理、故障诊断和维修指导等功能，提高建筑的可持续性和运营效率。

10.2　BIM 软件

在《美国国家建筑信息模型标准》中，BIM 被定义为 Building Information Model，Building Information Modeling 和 Building Information Management。在我国《建筑信息模型应用统一标准》（GB/T 51212—2016）中，建筑信息模型被定义为在建设工程及设施全生命期内，对其物理和功能特性进行数字化表达，并依此设计、施工、运营的过程和结果的总称，简称模型。在环境与建筑业信息化中，核心的三项技术分别为硬件技术、软件技术和信息系统集成技术。针对 BIM 软件（系统）开发而言，服务于建筑信息模型的建立与应用，同时更要考虑信息系统集成技术。这也就促使了 BIM 软件（系统）从多个维度进行开发与创新。

现如今，BIM 建模软件众多，一个较大的工程，不是一款软件能独立完成的，因为专业和工程特点不同，需要多款软件配合应用，这就需要解决不同软件间的数据交互问题。

模型信息的传递方案在国际很多标准中都有定义。但时至今日，建设行业内尚无一套成熟的方案落地应用。在建设行业中最常用的数据交换标准有 GBXML、DXF、PDF、IFC 等。

以 GBXML 为例，其内容和结构分离，学习较为方便且互操作性比较强，应用困难小。XML 的规范统一学习和扩展学习基本可以做到触类旁通，减少了学习成本。它还可以支持多种编码，可扩展性比较好。但是，XML 的缺点也十分明显，一方面其语言采用树状存储，插入和修改都比较困难；另一方面其数据量庞大，效率相对较低，而且没有数据库的管理功能完善，应用的便利性存在疑问，且其属于置标语言，标准间通信较难。阻碍其发展的最关键因素是存储文件过大造成了推广的困难。目前基于 XML 的优点，其在性能分析计算方面的应用相对广泛。

DXF 是 AutoCAD 的一种绘图交换文件，是可以与其他软件进行数据交换的一种文件格式。DXF 格式只支持有限的图形对象，因此用途有限。实质上它的重点是在于 2D 图形，只带有少量的 3D 几何交换信息，对于 BIM 软件数据交换来说不能完全满足使用要求。其作为矢量化的数据格式可以分为两类，即 ASCII 格式和二进制格式。它们分别对应了更好的可读性但占用存储空间大和占用存储空间小但读取速度快的特点。该格式文件由标题段、类段、表段、块段、实体段、对象段和结束组成。在每段下又通过组的形式进行存储表达，而最终依赖于组码和组值来对组进行定义。

IFC 标准的目标是为建筑行业提供一个不依赖于任何具体系统的，适合于描述贯穿整个建筑项目全生命期内产品数据的中间数据标准（neutral and open specification），应用于建筑物生命期中各个阶段内以及各阶段之间的信息交换和共享。

对于建模软件的二次开发，应以通用模型开发为主，以可视化编程和使用宏开发为主。Dynamo 和 Automation API 便于掌握，生成的模型可以做到统一规范，同时对于异形复杂构件也有很好的支持。可以将软件中需要烦琐调用功能的一个建模过程简化为输入参数后交由计算机批处理运行功能函数的过程。通过二次开发形成的模型，也可以在参数化施工模型中使用。对于过于复杂的模型及在 BIM 基础上进行的施工管理工作扩展，如施工现场管理等，可以交由合作软件商进行 Revit API 或组件应用构件（Component Application Architecture，CAA）开发。这两种开发方式功能强大，且不局限于建模软件本身的功能，可以将施工管理的一些信息加入模型信息中，也可以以 BIM 为基础进行施工管理功能开发。

10.3 展望

目前国内 BIM 技术尚处于探索应用阶段。祁婺高速项目在江西省 BIM 示范项目高标准要求下，力求在设计、施工周期内做到各个业务口的务实应用，将项目信息化管理平台与施工紧密融合，从根本上解决项目各参与方基于纸介质方式进行信息交流形成的"信息断层"和应用系统之间的"信息孤岛"问题，各参建人员均可从信息模型中获取所需的参数和相关信息，不需要重复录入数据，避免数据冗余、歧义和错误。

在项目建设的众多环节多次尝试使用 BIM 去解决问题甚至革新工作方法，为项目产生实际价值，通过 BIM 技术在项目临建选址及布置、交通枢纽导改、倾斜摄影土石方复核等方面的应用，节约的资源、时间、经济成本都是可观的；无人机及倾斜摄影技术的大面积应用使得全线进度被实时监管，有效减少路线长导致的现场监管遗漏等问题。但在实际应用过程中，限于当前管理及技术水平，项目BIM技术应用还存在一些具体问题。

（1）项目管理人员和各参建方对BIM技术认知不够全面深入，有的对BIM技术的认知还停留在动画展示层面，有的对BIM技术比较排斥。在这个认知基础上，不能在项目实施过程中主动应用BIM技术及平台，遇到施工技术问题不会想到利用BIM技术去解决。

（2）项目电子资料填报存在时效性问题，项目施工工序验收存在与资料填报人员衔接等问题，导致资料填报实时性不够，平台反映进度的准确性有时出现偏差，同时计量中要想与材料调差自动关联，达到自动材料调差，还需进一步研究与开发。

（3）地方标准申请难度大，需要获得支持。虽然项目团队BIM水平在实践中不断提高，编制了项目级的BIM标准，但项目BIM标准的专业性和普遍性需要得到专家的进一步指导，BIM标准的申报需省级主管部门的政策支持和指导，助力项目级标准申报地方标准。

（4）平台功能齐全，但各模块的数据互联互通还需进一步研究，平台部分子系统因底层架构等原因导致数据调用困难，不能够完全发挥BIM在项目管理中的作用，部分智能设备网络线路不稳定，现场硬件时有破坏，数据采集时有缺失。

上述创新应用点可为未来国内公路交通企业BIM技术的发展运用提供宝贵的经验，并为BIM技术在公路交通行业的创新发展提供重要工程实践支撑，相信祁婺高速"BIM引领、智见未来"的创新思想在我国城镇交通领域将具有广泛的应用和推广前景。

附录　荣誉与奖励

祁婺高速项目积极探索 BIM+信息化助力项目全过程建设应用，自开工建设以来斩获丰硕果实，获奖 40 项，包括科技创新奖 20 项、优秀科普奖 3 项、软件著作权 4 项、专利 7 项、工法 1 项、试点示范工程 3 项以及先进单位荣誉称号 2 个。